国家出版基金项目
NATIONAL PUBLICATION FOUNDATION

General Textual Research
on Dissemination of Editions of
Marxist Classical Works

马克思主义经典文献传播通考

杨金海　李惠斌　艾四林　主编

Karl Marx

孙建茵　王绍文　著

《政治经济学批判》刘曼译本考

辽宁人民出版社

© 孙建茵　王绍文　2021

图书在版编目（CIP）数据

《政治经济学批判》刘曼译本考 / 孙建茵，王绍文
著. —沈阳：辽宁人民出版社，2021.4
（马克思主义经典文献传播通考 / 杨金海，李惠斌，
艾四林主编）
ISBN 978-7-205-10166-4

Ⅰ. ①政… Ⅱ. ①孙… ②王… Ⅲ. ①《政治经济
学批判》—马克思著作研究 Ⅳ. ①A811.22

中国版本图书馆CIP数据核字（2021）第040530号

出版发行：辽宁人民出版社
　　　　　　地址：沈阳市和平区十一纬路25号　邮编：110003
　　　　　　电话：024-23284321（邮　购）　024-23284324（发行部）
　　　　　　传真：024-23284191（发行部）　024-23284304（办公室）
　　　　　　http://www.lnpph.com.cn
印　　　刷：辽宁新华印务有限公司
幅面尺寸：160mm×230mm
印　　张：30
字　　数：360千字
出版时间：2021年4月第1版
印刷时间：2021年4月第1次印刷
责任编辑：王　增
装帧设计：晓笛设计工作室　舒刚卫
责任校对：刘再升
书　　号：ISBN 978-7-205-10166-4

定　　价：138.00元

马克思主义经典文献传播通考

编辑委员会

出版委员会

　　本丛书研究得到"教育部哲学社会科学研究'庆祝中国共产党成立百年'重大专项"资助

总序

呈献给读者的这套"马克思主义经典文献传播通考"，旨在立足于21世纪中国和世界发展的历史高度，对我国1949年以前马克思、恩格斯、列宁等重要著作的中文版本进行收集整理，并作适当的版本、文本考证研究，供广大读者特别是致力于深入研究马克思主义经典作家原著的读者阅读使用。计划出版100种，4年内陆续完成编写和出版工作。

一、"马克思主义经典文献传播通考"概念界定

"马克思主义经典文献传播通考"在我国学术界是一个全新的概念。之所以这样说，是因为过去从未有人用过这一术语，甚至未曾有过这一理念。在我国学术界，对中国传统经典文献的考据乃至通考性的整理研究并不鲜见，包括对儒、释、道等经典的通考性整理研究成果十分丰富，但对近百年来中文版马克思主义经典文献的考据以及整理性研究只是近年来才逐渐为人们所认识，至于在此基础上的通考性整理研究还几乎没有进入人们的视野。所以，首先有必要对这里所说的"马克思主义经典文献传播通考"这一概念

的含义进行说明。

第一，这里所说的"马克思主义经典文献"，主要是指中文版的马克思、恩格斯、列宁的著作，斯大林的重要著作也适当列入。这些经典文献在中国的翻译传播，如果从1899年初马克思、恩格斯的名字和《共产党宣言》的片段文字传入中国算起，迄今已有120年时间，而且经典著作的翻译传播今天仍然在进行中。但为了工作方便，我们这里主要收集整理1949年以前的经典文献。原因是中华人民共和国成立后的经典著作翻译成果比较系统、完整，又使用比较标准的现代汉语，翻译术语也比较一致，在可见的时间内不需要进行深入的考证说明，同时我们人力有限，也无力做如此浩大的经典文献整理研究工作，只好留待后人去做。再则，这里所列入的主要是比较完整的经典著作文本，不包括片段译文文本，因为这些片段译文太过繁多复杂，我们也无力进行全面的整理研究。当然，个别十分重要的片段译文，也会在考据说明中论及，有的还会附上原文或部分原文。但总体说来，片段译文整理研究工作，也只能留待后人去作分门别类的整理研究了。

第二，这里所说的马克思主义经典文献"传播"，主要是指上述经典文本的翻译、出版，有时也会涉及学习、运用这些著作及其社会影响的情况。这些经典文献在我国的片段翻译传播从清末就开始了。其中，中国资产阶级改良派、革命派等都做过一些工作，但那时人们只是把马克思主义作为西方学术思潮之一来介绍，并没有自觉地把它当作指导中国社会发展的思想来研究运用。真正自觉把马克思主义作为指导中国革命的思想是十月革命之后的事。毛泽东曾经说过："十月革命一声炮响，给我们送来了马克思列宁主义。"①正是从这个意义上说的，是完全正确的。也正是在这个意义上说，李大钊是马克思主义中国化的第一人。在李大钊的引领下，五四新文化运动期间，马克思主义经典文献在中国的翻译传播形成了高潮。在这一时代大潮的推动下，1920年8月，陈望道翻译的《共产党宣言》完整中文译本在上海出版，这是我国历史上第一本完整的中文版马克思主义经典著作，从此开始了大量翻译马克思主义经典著作的历程。特别是1921年中国共产党成立后，我们党更加自觉地有组织、有计划地翻译经典著作。在土地革命战争、抗日战争、解放战争期间，在十分困难的条件下，这一工作始终没有停止。特别是在延安时期，于1938年5月5日马克思诞辰纪念日，中共中央成立了"马列学院"，其主要任务之一就是翻译马列经典著作。以此为阵地，我们党所领导建立的马克思主义翻译和理论研究队伍做了大量工作，到1949年中华人民共和国成立前，主要的马克思主义经典著作中文文本基本上都出版了。同时，在国民党统治区和日伪军占领区，很多进步人士和出版机构特别是三联书店，为马克思主义经典著作的翻译出版作出了重要贡献。设在苏联的莫斯科外国文书籍出版局的中文部为翻译出版中文版马克思主义经典著作作出了特殊重要的贡献。我们这套丛书就是要系统地反映经典著作翻译传播的这一历史过程。同时，也适当反映学习、运用马克思主义理论的历史面貌。

　　第三，这里所说的马克思主义经典文献传播"通考"，主要是指对上述经典文本的考据性整理和研究。文献考据或考证研究是中国学者作

---

① 毛泽东：《论人民民主专政》，载《毛泽东选集》第四卷，人民出版社1991年版，第1471页。

学问的优秀传统，也是中国学术的一个显著特点。比如古代的经学研究，一定要作相关的文字学、训诂学、版本学、辨伪学、音韵学等的考证研究。没有这些考证工作，得出的结论就靠不住。我们力求继承这个传统，同时，借鉴现代文献学研究方法，来从事马克思主义经典文献传播研究。按照古今文献考据方法，我们将深入考证研究马克思主义经典著作等文献传入中国的各个方面、各个环节，包括文本考据、版本考据、术语考据、语义考据、语用考据、辨伪考据、人物事件考证等。（1）文本考据是对经典著作文本的翻译以及文本内容进行考证研究。如对《共产党宣言》1949年前多个中文版本的翻译情况进行考证并进行各个文本内容的比较研究，考证前人对有关重要思想理解的变化。（2）版本考据是对经典著作等文献的出版性质和版次的考证研究。如《共产党宣言》的某个中文译本是否一个独立译本、是第几次印刷等，都要考证清楚。（3）术语考据主要是对经典著作中的重要概念、术语以及人名、地名的考证研究。如"社会主义"这个概念在历史上曾经有多种译法，这就需要考证清楚。（4）语义考据是对概念含义变化的考证研究。如对"社会主义"的理解在历史上曾经多种多样，需要考证清楚。（5）语用考据是对概念的运用和发展的考证研究。（6）辨伪考据是对有关文献的真假进行考证研究。如有的文章不是马克思写的，而被误认为是马克思写的，后来收入了《马克思恩格斯全集》中文第一版中，这就需要澄清。（7）人物事件考证是对翻译者、传播者以及相关事件等进行考证，以期弄清经典文献翻译出版的来龙去脉。进一步讲，每一类考据又有很多种具体研究工作。如文本考据，包括中外文的文本载体形式研究、文本内容类别研究、文本收集典藏研究、文本整理利用研究、经典作家手稿研究、翻译手稿比较研究、文本研究的历史发展概况研究等。一句话，要做到"辨章学术，考镜源流"。这样，我们的文献考证工作才能做扎实。

同时，还力求借鉴西方解释学的方法，对有关重要概念作更深入的考证研究。既要对某一概念作小语境的考证，即上下文考证，又要作大语境考证，即对当时人们普遍使用此类术语的情况以及当时的历史文化背景作考证研究。进行这些考据工作很有意义，但绝非易事，这就要求我们掌握马克思主义经典著作的翻译史、传播史以及当时整个社会的语言文字环境，还要掌握外文，能够进行外文和中文的比较研究、各个中文版本的比较研究以及相关版本的比较研究。只有这样，才能准确把握经典作家思想的含义，对有关文本、译者的工作等作出公正合理的评价。

在这里，"通考"工作的两个方面即文献整理与考证研究是不可分割的。一方面要把这些文本整理出来，另一方面要把这些文本以及相关的问题考证研究清楚。文献整理是前提和基础，没有前期的文献收集整理就不可能进行深入研究；但考证研究又能够反过来促进文献整理，帮助我们进一步弄清文献之间的关系以及发现新文献，比较完整地再现经典文献的历史风貌。

第四，"马克思主义经典文献传播通考"是一个跨学科、跨专业、综合性、基础性的概念。总体上说，它是马克思主义学科的范畴，但也是文献学、传播学、翻译学、语言学、历史学、文化学、思想史等学科的概念。所以，要深化考证研究工作，需要各个学科的学者共同努力。我们这里只能为各个学科的研究做一些基础性工作。

还需要说明的是，正如大家所知道的，对任何概念的界定都有其局限性，它只能大致说明事物的本质、内涵，而不可能囊括一切。"马克思主义经典文献传播通考"这个概念也是如此，因为它涉及问题、学科太多，不可能十分精确，故而只能作上述大致说明。对这项工作内涵的理解，大家还可以进一步探讨。我们的想法是，"行胜于言"，无论如何，先把这一工作开展起来，在以后的工作中再逐步完善。

二、马克思主义经典文献传播通考何以必要

开展马克思主义经典文献传播通考这项工作之所以必要，是因为事出有因，且势在必然。总体而言，这是中国改革开放40多年实践发展的必然，也是马克思主义理论界乃至整个社会思想文化界深入研究探讨一系列重大理论问题的逻辑必然。

"问题是时代的呼声。"20世纪80年代和90年代初，伴随着改革开放的推进，人们对以往所理解的马克思主义基本理论、基本观点等提出了不少质疑。特别是在"什么是马克思主义""什么是社会主义"这些重大问题上，人们普遍感觉到过去没有弄清楚，需要重新加以理解。邓小平曾经说过："不解放思想不行，甚至于包括什么叫社会主义这个问题也要解放思想。"[1]他后来又强调说："什么叫社会主义，什么叫马克思主义？我们过去对这个问题的认识不是完全清醒的。"[2]于是，如何真正全面而准确地理解马克思主义、社会主义成为改革开放时代的大问题。围绕着这个重大时代课题展开了多方面讨论，形成了很多不同

---

① 《邓小平文选》第二卷，人民出版社1994年版，第312页。
② 《邓小平文选》第三卷，人民出版社1993年版，第63页。

观点。

为回答时代面临的课题，人们重新回到"经典文本"，力图把握马克思主义、科学社会主义最原初最本真的含义。这种情况反映到理论界，就提出了"回到马克思"的口号。由此很多学者发表了一系列文章、著作，讨论了各种解读马克思主义经典文本的方式，如"以马解马"即用马克思的话解读，"以恩解马"即以恩格斯的话解读，"以苏解马"即以苏联式马克思主义解读，"以中解马"即以中国化马克思主义解读，等等。这些讨论对人们从不同角度深化对马克思主义的认识发挥了积极作用，但是，问题依然没有被很好解决，因为对文本的理解各有不同，争论仍然不可避免。

随着探讨的深入，人们进一步追问起"文本翻译"问题。有人力图回到经典著作的外文文本即欧洲语言文本，认为中文版的"文本翻译"存在问题。例如，有人认为《共产党宣言》中的"消灭私有制"翻译错了，影响了对所有制改造的理解，这是我们在很长时期内追求"一大二公"社会主义所有制的根源所在，应当翻译为"扬弃私有制"，即对私有制既克服又保留。此种理解似乎可以为改革开放政策提供理论支撑，但也有对马克思主义经典著作的实用主义解读嫌疑，由此同样遭到了批评。

随着对经典文本翻译问题探讨的深入，"版本研究"被提上日程。人们发现在不同历史时期，翻译者对经典著作中重要术语的翻译是不同的，这表明中国人对马克思主义重要观点的理解是在不断变化、不断深入的。比如，在中华人民共和国成立之前，《共产党宣言》有6个完整而独立的中文译本，其中对"消灭私有制"的翻译均不完全相同。1920年陈望道译本是："所以共产党的理论，一言以蔽之，就是：废止私有财产。"1930年华岗译本是："所以共产党的理论可以用一句话来综结，就是：废止私有财产。"1938年成仿吾、徐冰译本是："在这个意义上，共产党人可以把自己的理论归纳在这一句话内：废除私有财产。"1943年8月博古译本是："在这个意义上，共产党人可以用一句话表示自己的理论：消灭私有财产。"1943年9月陈瘦石译本是："从这一意义上说，共产党的理论可用一句话概括：废除私产。"1949年莫斯科译本是："从这个意义上说，共产党人可以把自己的理论概括为一句话：消灭私有制。"可见，关于"消灭私有制"这一重要语句的译法有一个越来越准确的过程。原来译为"废止私有财产"等，只看到了这一观点的表象，只有译为"消灭私有制"才能抓住实质，即从经济制度上解决资本主义国家的社会问题。陈瘦石（当时生活在国民党统治下的知识分子）译为"废除私产"，很不准确，甚至有曲解，因为共产党人要废除的是私有财产制度，而不是简单废除包括私人生活资料在内的私产。由于人们在不同时期、不同社会条件下对《共产党宣言》理解不同，这就需要深入研究这部书的各个版本，并在此基础上进行历史性的文本比较研究。

经典著作"版本研究"深化的一个重要标志应当说是对《共产党宣言》版本的全面考证研究。1998年是《共产党宣言》发表150周年。为纪念这部不朽经典，也为更好理解马克思主义的本质要义，中央编译局和中央电视台联合制作了大型电视文献纪录片《共产党宣言》，笔者作为本片的主要撰稿人，和老专家胡永钦研究员一起对《共产党宣言》的中文版本第一次作了比较全面的梳理，发现这部书总共有12个独立而完整的中文译本，中华人民共和国成立前后分别有6个译本。[①]后来中国人民大学的高放教授又作了进一步研究，认为连同中国香港、台湾等地中文译本，《共产党宣言》共有23个中译本。[②]此后，学术界研究《德意志意识形态》《资本论》等经典著作版本的成果也越来越多。通过版本比较研究，人们对经典作家思想的理解越来越深。

对经典文本、翻译、版本研究的深入，又促使马克思主义"传播史"研究兴盛起来。人们发现，只孤立研究某一经典著作的文本、翻译、版本还不够，要深入把握中国人对马克思主义基本观点理解的变化，还需要研究马克思主义在中国传播的完整历史，包括马克思恩格斯列宁名字的翻译、经典著作的片段翻译、经典文本的完整翻译以及出版传播等。比如，关于马克思的名字翻译在历史上就有十几种，包括"马克司""马尔克斯""马陆科斯""马尔格士""麦喀氏""马儿克""马尔克""马克斯"等。通过研究传播史，才能把各个历史阶段的各种经典著作文本的关系弄清楚，通过对其中话语体系主要是概念体系的研究，从整体上弄清中国人100多年来对马克思主义、社会主义的重要概念、主要思想观点的理解。比如"社会主义"一词，在1899年2月发表的《大同学》一文中被译为"安民新学"，这是按照中国传统儒家思想对社会主义的理解；后来借用日文翻译术语，学术界广泛认同并接受了"社会主义"一词的译法，但对它的理解仍然很不相同。比如，孙中山理解

---

① 杨金海、胡永钦：《〈共产党宣言〉在中国的翻译、出版和传播》，载《科学社会主义》1998年"纪念《共产党宣言》发表一百五十周年"特刊；又见杨金海：《〈共产党宣言〉与中华民族的百年命运》，载《光明日报》2008年7月3日。

② 高放：《〈共产党宣言〉有23种中译本》，载《光明日报》2008年10月16日。

的社会主义和后来共产党人理解的社会主义就很不相同。实际上，直到今天我们学术界乃至整个思想界对社会主义的理解还在深化。传播史研究就是要研究这种变化发展的历史，从中发现规律性的东西，澄清人们在一些重大理论问题上的模糊认识，特别是要避免重复劳动。因为有很多现在争论的问题在历史上曾经出现过，有的早已解决，但由于人们不了解历史，常常旧话重提，造成重复劳动甚至新的思想混乱。传播史研究可以有效弥补这方面的不足。

中央编译局的学者们在马克思主义传播史研究方面做了大量工作。从20世纪50年代开始，由于翻译马克思主义经典著作的需要，编译局前辈学者就在不断研究梳理前人的翻译成果，并开展了马克思主义传播史方面的初步研究和宣传普及工作。1954年，中央编译局举办了"马列主义在中国的传播"展览，之后编辑了《马克思列宁主义著作在中国的传播》一书；1957年，为纪念十月革命胜利40周年，又与北京图书馆（即现在国家图书馆前身）合作主办展览；1963年，中央编译局专家丁守和、殷叙彝出版了《从五四启蒙运动到马克思主义的传播》一书；1983年，为纪念马克思逝世100周年，举办了"马克思恩格斯著作在中国"展览，之后编辑整理并由人民出版社出版了《马克思恩格斯著作在中国的传播》一书；1998年，举办了"《共产党宣言》发表一百五十周年"展览，并与中央电视台合作创作了两集文献纪录片《共产党宣言》，笔者为主笔；2011年，为庆祝中国共产党成立90周年，建立了我国第一个"马克思主义传播史展览馆"，创作了8集文献纪录片《思想的历程》，并由中央编译出版社出版《思想的历程——马克思主义在中国的百年传播》一书，笔者为总撰稿；2018年，为纪念马克思诞辰200周年，在国家博物馆举办"真理的力量——纪念马克思诞辰200周年"主题展览。2018年，根据中央机构改革方案，中共中央编译局与中共中央党史研究室、中共中央文献研究室合并成立了中共中央党史和文献研究院，但中央编译局的牌子仍然保留，以便继续用该名出版马列著作，有关专家学者仍然奋斗在马克思主义传播史研究的前沿阵地。由笔者牵头、一批中青年学者参加承担的国家社科基金重点项目"马克思主义传播史研究"正在进行，其出版成果《马克思主义传播史（中国卷）》两卷本也即将推出。

我国各高校、科研机构以及有关学者在马克思主义传播史研究方面作出了重要贡献。1955年，苏联学者柯托夫的《马克思主义在俄国的传播》一书由于深翻译，在时代出版社出版；次年，苏联学者巴特里凯也夫的《俄国现代无产阶级的出现——马克思主义在俄国的传播》由孟世昌翻译，在上海人民出版社出版。受苏联专家的影响，中国学者也开始研究马克思主义传播问题。比如，北京大学的黄楠森教授等于20世纪50—60年代，就开始研究马克思主义哲学史，其中包括马克思主义传播史内容，70年代初编成油印本。改革开放后，他与施德福、宋一秀教授一起正式出版了三卷本的《马克思主义哲学史》；后来黄楠森又与庄福龄、林利一起主编了八卷本《马克思主义哲学史》，其中第四卷讲马克思主义哲学在俄国的传播与发展，第七卷讲马克思主义哲学在中国的传播和发展。北京大学的林代昭、潘国华于1983年编辑了《马克思主义在中国——从影响传入到传播》，作为"中国近代思想和文化史料集刊"出版。中国人民大学的林茂生于1984年出版了《马克思主义在中国的传播》一书。中国社会科学院近代史研究所的唐宝林于1997年出版了《马克思主义在中国100年》，后来又再版，影响很大。此外，还有其他学者发表了若干关于马克思主义传播史的著作和文章。如姜义华在1983年《近代史研究》第1期发表《马克思主义在中国的初期传播与近代中国的启蒙运动》一文；高军在1986年完成《五四运动前马克思主义在中国的介绍与传播》一书，由湖南人民出版社出版；王炯华于1988年出版《李达与马克思主义哲学在中国》；桂遵义于1992年出版《马克思主义史学在中国》等。

　　进入21世纪后，我国学者在马克思主义传播史方面的研究成果更多，视野更广阔，特别是深化了分门别类的研究。一是加强早期传播的研究。如王东等于2009年出版《马列著作在中国出版简史》；田子渝等于2012年出版《马克思主义在中国初期传播史（1918—1922）》；方红于2016年出版《马克思主义在中国的早期翻译与传播》等。二是加强分支学科传播史的研究，包括马克思主义哲学、经济学、法学、新闻学、文艺理论、党建理论、宗教理论等传播史研究。如谈敏于2008年出版《回溯历史——马克思主义经济学在中国的传播前史》；庄福龄于2015年出版《中国马克思主义哲学传播史论》；胡为雄于2015年出版《马克思主义哲学在中国传播与发展的百年历史》；文正邦于2014年出版《马克思主义法哲学在中国》；张小军于2016年出版《马克思主义法学理论在中国的传播与发展（1919—1966）》；丁国旗于2017年出版《马克思主义文艺理论在中国》等。三是加强地方传播史研究。如淮北市委党史研究室于2004年出版《中国共产党淮北地方史》第一卷，专门用一节讲述了"马克思主义在淮北的传播"；闫化川于2017年出版《马克思主义是怎样生根中国的——马克思主义在山东早期传播研究》；2017年，黄进华出版《马克思主义在哈尔滨传播的历史经验和现实启示》。四是加强对马克思主义翻译家和理论家的研究。如叶庆科于2006年出版《杨匏安：我国传播马克思主义的先驱》；郭刚于2010年出版《中国早期马克思主义的传播——梁启超与西学东渐》；笔者主编的《姜椿芳文集》《张仲实文集》分别于2011年、2015年问世，其中包括对姜椿芳、张仲实两位马克思主义翻译大家所作贡献的研究介绍；西南财经大学经济学院和马克思主义经济学研究院编《陈豹隐全集》于2013年之后陆续出版；湖南常德市赵必振研究会对我国马克思主义传播的早期学者赵必振的文献进行整理编纂，于2018年出版《赵必振文集》。五是加强对经典文本解读史、概念史的研究。如王刚于2011年出版《马克思主义中国化的起源语境研究——20世纪30年代前马克思主义在中国的传播及中国化》；尹德树于2013年出版《文化视域下马克思主义在中国的早期传播与发展》。近几年来，一些学者还发表了一系列关于马克思主义概念史的文章，深化了传播史研究。

随着马克思主义传播史研究的深化，系统性的马克思主义"文献编纂"乃至"马藏编纂"工作被提上日程。人们越来越发现，要完整把握马克思主义精髓，特别是要完整把握100多年来中国人对马克思主义理解的情况，需要系统整理马克思主义经典文献。在经典文献典藏方面，中央编译局做了较多工作。由于工作需要，这里的专家学者收集整理了国内最丰富、最齐全的马克思主义经典文献，其中包括中华人民共和国成立后所有中文版的马克思主义经典文献，以及各种外文版的马克思主义经典文献，也包括中华人民共和国成立前的不少经典著作文本文献。国家图书馆、上海图书馆等也拥有丰富的马克思主义经典文献典藏。但即使如此，也不能够满足马克思主义经典文本、版本以及传播史研究的需要，因为这些文献典藏总的来说具有零散性，特别是早期文献，分散珍藏在不同图书馆和有关机构的资料室，人们使用起来很不方便。为此，近些年来不少学者把文献考据研究与文献编纂工作紧密结合起来，推出不少成果。如吕延勤主编《马克思主义在中国早期传播史料长编（1917—1927）》（上、中、下卷），2016年由长江出版社出版；田子渝主编《马克思主义在中国早期传播著作选集（1920—1927）》三卷本，于2018年由湖北人民出版社出版。这些经典文献整理出版大大方便了马克思主义传播的考据研究。但目前的文献整理出版工作仍然有局限性，十月革命之前和大革命之后的经典文献整理出版较少。

于是，学者们提出应当编纂"马藏"。大家知道，中国历史上各个主要学派都有自己的典藏体系，儒家有"儒藏"，佛家有"佛藏"，道家有"道藏"。马克思主义作为在近现代中国影响最大的思想体系，也应当而且能够建立自己的典藏体系。顾海良教授是这方面的领军人物，他领导的北京大学《马藏》编纂工程于2015年3月启动，已经取得初步成果，于2017年5月4日发布出版第一批书共5卷，370万字。他认为，《马藏》编纂工作的任务是"把与马克思主义发展有关的文献集大成地编纂荟萃为一体"，这是很正确的。但这项工作太复杂庞大，需要众多学者一起来做才有可能最终完成。

最近几年，笔者根据中央编译局马克思主义文献典藏情况，围绕"马藏"体系建立也提出了一些想法。笔者认为，"马藏"体系应当包括三个层次：一是核心层，即马克思、恩格斯、列宁等经典作家的手稿以及最初发表的文献；二是基本层，即《马克思恩格斯全集》历史考证版即原文版（亦称 MEGA 版）、《列宁全集》俄文版等经典著作的外文版本，《马克思恩格斯全集》中文第一、二版，《列宁全集》中文第一、二版，中国化马克思主义经典著作；三是外围层，包括经典著作各种版本的选集、文集、专题读本、单行本，以及研究马克思主义经典的代表性著作。这些经典文献有上千卷，可以与中国历史上任何典藏系列（如儒藏、道藏、佛藏）相媲美。①顺便说一句，"马藏"体系的建立将意味着中国现代文化典藏基础的确立，它和中国传统文化典藏一起构成中华文化的典藏体系，其意义远远超出了马克思主义经典著作文本和传播史研究本身。根据这个想法，我们不同单位或部门的学者应当根据自己的工作实际开展工作。"马藏"体系的核心层、基本层实际上一直是由中央编译局在做的，也比较完善了。我们今天最需要做的就是"补短板"，即把外围层中的各种零散的历史性的经典文本文献收集整理起来，供大家作历史性研究之用。这些历史性的经典文献也很多，所以应当首先把中华人民共和国成立前比较完整的经典著作文本整理出来，以供马克思主义经典文本、版本、传播史考据等研究之用。

于是，我们的"马克思主义经典文献传播通考"丛书也就应运而生了。可见，开展这项工作，不是我们一时激动的产物，而是我国学术界马克思主义理论研究逐步深化的逻辑必然，做好这项工作也是当务之急。这项工作做好了，不仅有助于马克思主义经典著作翻译和文本、版本、传播史的研究，也能够为建立完整的"马藏"体系提供历史上的各种基础文本，还有助于整个中国现代思想文化的研究和建设。

---

① 杨金海：《马克思主义发展史学科群建设之思——马克思主义传播史研究视角》，载《北京行政学院学报》2018年第1期。

三、马克思主义经典文献传播通考何以可能

今天进行马克思主义经典文献传播通考是否可行？回答是肯定的。如果放在20年前，做这项工作几乎是不可能的。因为那时大家还没有对马克思主义理论进行深入的文本、版本、传播史、概念史、解读史等考据研究的概念，更没有建立"马藏"的想法，所以，也就不可能有此思想动力。这是从主观上讲的。从客观上看也是如此。当时的研究还很不够，也还没有今天这样发达的信息技术，所以要弄清中华人民共和国成立前究竟有多少经典著作文本已经翻译出来、藏在何处，是很困难的，就更不用说把各种经典著作的不同文本收集起来并整理出版了。

经过长期的积累，特别是近几十年的经典著作研究，今天我们已经具备了进行马克思主义经典文献传播通考的基本条件。

一是越来越多的人意识到经典文献考据研究的重要性，不仅把马克思主义作为意识形态来研究，而且进一步把马克思主义作为科学的学术体系乃至"新国学"之重要内容来研究。长期以来，在我国有一种不正确的认识，就是认为马克思主义是一种意识形态，没有学术性，甚至不是学问。实际上，意识形态也有科学与非科学之分。马克思主义是一种科学的意识形态，由此决定了它具有科学性，完全可以作为学术来研究。之所以有人认为它不具有学术性，一方面，是因为这些人不懂马克思主义；另一方面，是因为我们马克思主义学界在学术、文化层面研究马克思主义不够，有分量的学术成果不多。要克服这一缺陷，就要努力借鉴其他学科的研究方法，包括借鉴我国传统的学术文化研究方法，拿

出可以与其他学科相媲美的学术成果来。例如建立"马藏"体系就是很好的学术性工作。2014年在成中英先生八十大寿庆祝会上，笔者尝试性地提出"新国学"概念。所谓"新国学"，就是包括马克思主义学说在内的中华学术体系，是当代整个中华文化的基础。我们以往所说的"国学"实际上是"老国学"，即以儒、释、道为主的中国传统学术体系，今天这样讲还说得过去，但实际上已经不准确了，再过若干年就更不科学了，因为我们今天还有马克思主义学说。毫无疑问，自五四新文化运动以来，马克思主义在我国已经逐步成为中华学术体系的重要组成部分，可以与传统的儒、释、道等相媲美，因此不能把它排斥在国学之外。类似情况，在历史上是有过先例的。大家知道，佛学是西汉时传入中国的，是外来文化，但2000年后的今天，谁还能说它不是中国文化之一部分呢？马克思主义也是这样，况且它比佛学的作用要大得多，它传入中国才100多年，就深刻改变了中华民族的命运，也深刻改变了中国传统文化，已经成为当今中华文化的重要组成部分乃至核心部分。随着时间的推移，将来我们的国学体系一定会把"马学"加进来，形成"儒、释、道、马"并驾齐驱、以"马"为魂的繁荣发展局面。当然，"马学"作为"新国学"的重要组成部分并为人们所接受，还需要努力构建自己的学术体系。比如要借鉴中国传统学术文化研究的方法，像整理编纂《四库全书》那样，把马克思主义"经""史""子""集"等都整理出来，形成蔚为壮观的经典体系、学术体系，供后人研究之用。此外，我们对马克思主义的各种研究也要具有深厚的学理性。这样，"马学"作为科学的学术体系才能够完善起来。"知难行易"，应当说经过这些年学界同仁的共同努力，已经有越来越多的人意识到马克思主义经典文本整理和考据工作的重要性。这就为顺利推进这项工作奠定了思想基础。

二是这些年有关马克思主义经典文本整理研究的成果越来越多，使得我们基本知道了有哪些经典文本、版本及其传播、珍藏等情况。特别是近几年来，这些研究成果每年都在成倍地增长。很多深藏密室的历史文献被挖掘出来，包括一些经典文本、马克思主义经典著作翻译家、出版家、教育家以及取经潮、取经路线、传播方式等，成为学界研究的热点。与之相伴随，马克思主义经典著作原文版、手稿的收集整理和深度研究成果也越来越多。中央编译局的学者在这方面的成果较多。笔者在经典文献研究方面也做了一些工作，如与冯雷共同主编了37卷"马克思主义研究资料"丛书；与李惠斌主编了40卷"马克思主义经典著作研究读本"丛书。王学东主编了64卷"国际共产主义运动历史文献"丛书。这三套丛书均由中央编译出版社出版。清华大学艾四林主编了20卷"马克思主义经典著作导读"丛书。北京大学聂锦芳主编了12卷"重读马克思——文本及其思想"丛书。其他单位学者在这方面的成果也越来越多。这些经典文献的收集整理和相关大型丛书的编辑出版，以及学术界同仁的大量相关研究成果的发表，为我们推进马克思主义经典文献考据工作提供了丰富资料。

三是马克思主义经典文本考据研究队伍日益壮大，经验日益丰富，方法不断更新。不仅马克思主义理论界很多学者在从事这方面工作，而且其他各界学者也参与进来，包括翻译界、历史学界、民族学界、宗教学界、文学艺术界等方面的学者近些年来都在积极挖掘整理、考据马克思主义的有关历史文献，使得马克思主义经典文本考据研究逐渐成为

"显学"。自2004年中央马克思主义理论研究和建设工程实施以来，培养了一支老、中、青结合的马克思主义学术队伍。各个大学马克思主义学院相继建立，各级社会科学院的马克思主义研究机构日益建立和完善，党和政府、军队研究机构里马克思主义理论研究队伍不断扩大，社会思想文化界对马克思主义理论的研究、宣传和普及工作在加强，这些都大大加速了马克思主义学术队伍培养和学科建设的步伐。特别是近年来，一批优秀的中青年马克思主义学者茁壮成长。他们思维敏捷，年富力强，外语水平很高，知识结构新颖，研究方法现代，不仅能够借鉴中国传统的考据方法，也能够借鉴西方解释学方法等进行研究，越来越具备了中外比较研究、历史比较研究的能力，由此，成为经典文本考据研究的中坚力量。

四是当今发达的信息技术为我们查找、收集、研究经典文本文献提供了快捷便利的条件。进行深入的经典文献考证，需要掌握大量国内外文献资料。比如要用到马克思手稿，而原始手稿的大约三分之二珍藏在荷兰皇家科学院国际社会历史研究所档案馆，三分之一珍藏在俄罗斯国家社会政治史档案馆；要考证经典文本的翻译，还会用到日文版经典著作文本，而这些大多珍藏在日本，个别文本分散珍藏在我国各地的图书馆。要大量使用这些资料在过去几乎是不可能的，但是在今天，通过网络信息技术，就可以比较好地解决这些问题。再者，随着我国现代化事业的推进，我们的经济实力越来越强，在马克思主义经典文本研究方面的投入越来越多。这些物质力量的增强为我们开展这样大规模的整理编纂工作提供了保障。

总体而言，经过马克思主义学界同仁的长期努力，中国已经成为当今世界最大的马克思主义经典著作翻译和研究国家。特别是近些年来，我国学者关于经典文本考据研究的理念越来越新、成果越来越多、队伍越来越强、保障条件越来越好。随着马克思主义学院的建立，马克思主义理论教学和科研工作越来越受到重视，学科体系建设越来越完善，我们的研究成果也越来越有用武之地。这些都为我们深入开展大规模的经典文献整理和研究提供了现实可能性。

四、"马克思主义经典文献传播通考"丛书编写的思路和原则

马克思主义经典著作是学习和研究马克思主义理论的基础文本，历来为人们所重视。在我国马克思主义传播史上，曾经翻译出版过很多种经典著作的中文本。比如，《共产党宣言》总共有至少12个完整的中文译本；《资本论》在1949年以前也有好几个中文译本。这样说来，光是1949年以前翻译出版的经典著作文本或专题文献文本就有上百种。这些不同的中文译本反映了中国人在不同历史时期对马克思主义经典著作理解的不同水平。

编辑这套丛书的直接目的，是要把1949年以前的主要经典著作文本原汁原味地编辑整理出来，并作适当的考证说明，供大家作深入的历史比较研究、国际比较研究之用；从更长远的目的看，是要为建构完整的中国马克思主义典藏体系、学术体系、话语体系乃至为建构现代中华文化体系做一些基础性工作；最终目的，则是要通过历史比较，总结经验，澄清是非，廓清思想，统一认识，破除对马克思主义错误的或教条

式的理解，全面而准确地把握马克思主义理论精髓，弘扬马克思主义精
神，继承马克思主义理论，在此基础上深化对中国化马克思主义的理解
和研究，为推进当代中国马克思主义、21世纪马克思主义，确保科学社
会主义伟大事业长久发展提供科学的理论支撑。

　　本丛书体现如下特点，这也是丛书编写工作所力求遵循的原则：第
一，体现历史性和系统性。本丛书主要收集1949年以前的经典著作中文
译本，对1949年以后个别学者的译本也适当收入。中华人民共和国成立
后由中央编译局翻译出版的经典著作，由于各大图书馆都可以查到，且
各种译本变化不大，故不在收录范围。对所收集的历史文献力求系统、
完整，尽可能收集齐全1949年以前经典著作的各种译本，按照历史顺序
进行编排。对同一译本的不同版本，尽可能收集比较早且完整的版本。
对特别重要的片段译文作为附录收入。第二，突出文献性和考证性。力
求原汁原味地反映各种经典著作的历史风貌。为此，采取影印形式，将
经典著作的文本完整地呈现给读者。同时，要对文本的情况进行适当的
考证研究，包括对原著者、译者、该译本依据的原文本、译本翻译出版
和传播的情况及其影响等作出科学说明。这些考证研究要有充分的史料
根据，经得起历史检验。要力求充分反映国内外有关研究成果，特别是
要充分反映我国改革开放以来在经典著作文本、版本研究方面所发现的
新文献、取得的新成果。第三，力求权威性和准确性。一方面，所收集
的经典著作文本力求具有权威性和准确性。力求收集在当时具有权威性
的机构出版的、质量最高的经典译本，避免采用后人翻印的、文字错误
较多的文本。另一方面，考证分析所依据的其他文献资料，也力求具有
权威性和准确性。要选择国内外在该研究领域最具权威性的专家学者的

最具代表性的观点和最有影响力的文章。再者，对文本有关问题的阐述，比如，对人名、地名、术语变化的说明，或对错字、漏字等印刷错误的说明等，要具有权威性和准确性。第四，力求做到史论结合、论从史出。本丛书的主要任务是对经典文本以及相关问题进行历史性的考证梳理，但考证不是目的，而是手段，根本目的还是要深化对马克思主义基本理论和基本观点的全面的、准确的理解，并最终用以指导实践。所以，在考证研究的同时，要始终牢记最终目标，以便从历史文献的分析研究中得出令人信服的科学结论。所以，在每一经典文本的考证说明中，都既要说明经典文本文献的来龙去脉以及考证梳理的情况，又要从中得出若干具有启发性的结论，以帮助读者正确认识经典著作中的有关重要思想，特别是要在统一认识、消除无谓争论上下功夫。这样，该丛书就不仅能够为读者提供原始的经典著作文本文献，还能够为读者进一步研究这些文本提供尽可能丰富的、具有权威性和准确性的相关文献资料，并提供尽可能中肯的观点和方法，从而能够使丛书成为马克思主义典藏的重要组成部分而流芳后世。

基于上述考虑，本丛书采取大致统一的编写框架。除导言外，各个读本均由四个部分组成。一是原著考证部分，其中包括对原著的作者、写作、文本主要内容、文本的出版与传播情况的考证性介绍；二是译本考证部分，包括对译本的译者、翻译过程、译本主要特点、译本的出版和传播情况的考证梳理；三是译文考订部分，包括对译文的质量进行总体评价，对有关重要术语进行比较说明，对错误译文、错误术语或错误印刷进行查考、辨析和校正性说明；四是原译文影印部分，主要收入完整的原著译本，同时作为附录适当收入前人关于该书的片段译文。

通过这样的考证研究，力求凸显这套丛书的编辑思路，即对经典著作的文本、版本有一个建立在考据研究基础上的总体性认识。每一本书都要能够回答这样一些问题：如这本书是什么，它在马克思主义发展史上的地位如何，它在世界上的传播情况怎样，它是什么时候传播到中国的；该中文本的译者是谁，译本的版本、传播、影响、收藏情况怎样；该译本中的重要概念是如何演化的，中国人对这些概念的理解过程怎样，对我们今天的理论研究和实践探索特别是对解决今天有关重大理论问题的争论有何启示，等等。这些问题回答好了，就能够帮助读者更深入地理解经典著作中的思想观点，并能够从文本的历史比较、国际比较中把握中国化马克思主义发展的思想历程，从而为进一步深化马克思主义理论研究提供深厚的思想资源和学理支撑。

"日月光华，旦复旦兮。"我们是怀着一种迎接中华民族伟大复兴的历史使命感、对马克思主义学术文化的深深敬畏之情来做这项工作的。一是敬畏经典。近百年来，为振兴中华民族，为推进中国思想文化的现代化，无数志士仁人历经千辛万苦把马克思主义真经取回来，并通过翻译研究形成了汗牛充栋的马克思主义经典文献，由此奠定了中国现代文化的典藏基础，为实现中华文化从传统形态向现代形态转化作出了巨大贡献。我们面前的这些文献，正是在马克思主义传播过程中形成的"马藏"中的重要经典文本。拂去历史尘埃，整理、考证和再现这些经典文献的历史原貌，发掘其中的深厚文化意蕴，敬畏之心油然而生。能够通过我们的工作使这些闪耀着历史光芒的典籍和伟大思想更好地传承下去，为中国现代文化体系的建设打下坚实的典藏基础，正是本丛书作者和编者的共同期愿所在。二是敬畏先驱。近百年来，一代又一代翻译家和理论家薪火相传，把马克思主义经典引进中国，特别是在民主革命时期，很多翻译工作是在十分困难和危险的条件下进行的，有不少先辈为此贡献了一生乃至宝贵生命。他们的事迹可歌可泣，他们的艰辛堪比大唐圣僧玄奘西天取经，他们的历史功绩和伟大精神将在历史的天空熠熠生辉！能够通过我们的这项工作，让一代代后人记住这些历史人物和历史故事并将先辈们的宝贵精神传承下去，我们将备感荣幸。三是敬畏责任。面对百年来形成的浩如烟海的马克思主义经典文献需要研究整理，面对百年来一批批可敬可爱的译介者需要研究介绍，面对百年来马克思主义中国化的伟大历程需要梳理继承，我们需要做的工作太多太多。由此，不论是作者还是编者，都不能不对自己所从事的这项工作产生出由衷的敬畏之情。唯有通过努力，精心整理好这些文献，为最终形成完整的中国特色马克思主义典藏体系作一点贡献，为马克思主义学说在中国乃至世界千秋万代薪火相传做一点铺路工作，才能告慰马克思主义经典作家，告慰这些理论先驱和翻译巨匠们！

2018年是马克思诞辰200周年，《共产党宣言》发表170周年；2019年是中国先进分子自觉选择马克思主义作为观察中国和世界命运之思想武器100周年；2020年是《共产党宣言》第一个完整的中文译本问世100周年；2021年是中国共产党成立100周年，这一个个光辉的历史节点展现出马克思主义在中国发展的强大生命力。在这个新时代的新时期，陆续出版大型丛书"马克思主义经典文献传播通考"，对推进马克思主义理论研究和建设工作，有着特殊重要的意义。

需要说明的是，对于经典文本的研究，往往会有仁者见仁、智者见智的情况。所以，尽管我们在组织编写工作中努力体现上述编写思路、原则和精神，书中的观点也不一定都很成熟，不可能与每一位读者的观点完全一致。加之每位作者研究角度不同，水平各异，每一本书的结构、篇章、内容、观点都不尽相同，其权威性也不尽一致，其中很可能有疏漏和错误之处，谨请读者批评指正。

该丛书在设计、编写和出版过程中，得到了各方面的大力支持。清华大学马克思主义学院将这项工作列入重要议事日程，作为该院马克思主义传播史研究中心重大项目，艾四林院长以及各位同事对此项工作给予大力支持。中共中央党史和文献研究院（中央编译局）十分重视对马克思主义传播史的研究，对此项研究给予各个方面的支持。国家出版基金将该丛书列入资助项目，辽宁省委宣传部将此项目列入文化精品扶持项目。辽宁出版集团和辽宁人民出版社在丛书的选题策划和编辑出版中做了大量工作。在编写过程中，中共中央党史和文献研究院（中央编译局）信息资料馆、国家图书馆、上海图书馆、清华大学图书馆、北京大学图书馆、国家博物馆等单位给予鼎力支持。本丛书中汲取了我国学者大量的研究成果。该项目顾问、我国马克思主义理论界德高望重的陈先达教授、赵家祥教授等专家对丛书的编写工作给予热情指导，编委会成员和各位作者为丛书的编写付出了辛勤劳动。

谨在此一并致以衷心的谢意！

杨金海

2019年5月5日于清华大学善斋

目
录

CONTENTS

导言

　　《政治经济学批判。第一分册》（以下简称《政治经济学批判》），是马克思公开发表的第一部严格意义上的经济学著作。这部著作在马克思主义发展史上的地位如何？想来没有什么比马克思本人的表述更有说服力了。1858年，在《政治经济学批判》正式出版之前，马克思在写给斐迪南·拉萨尔的书信中说："它是15年的即我一生中的黄金时代的研究成果"，"这部著作第一次科学地表述了关于社会关系的重要观点"。①在这部著作中，马克思基于唯物主义历史观对劳动二重性、商品二因素、货币的本质、物化等方面的分析，揭示了商品生产关系的实质。恩格斯在他给马克思的《政治经济学批判》所做的书评中也给予《政治经济学批判》较高的评价，恩格斯认为马克思的《政治经济学批判》的诞生标志着"科学的、独立的、德国的经济学也就产生了。这种德国的经济学本质上是建立在唯物主义历史观的基础上的"②。马克思和恩格斯的叙述足以说明《政治经济学批判》在马克思主义发展史上的重要地位。

　　具体来说，《政治经济学批判》在马克思主义发展史上的重要地位主要体现在两个方面：一方面体现在《政治经济学批判》中的"序言"部分的价值上，另一方面体现在《政治经济学批判》和《资本论》的关系上。就第一个方面而言，马克思在"序言"中精辟地阐释了作为

---

① 《马克思恩格斯文集》第十卷，人民出版社2009年版，第167页。
② 《马克思恩格斯文集》第二卷，人民出版社2009年版，第597页。

他的两大发现之一的唯物主义历史观，给唯物主义历史观的实质下了深刻定义。对此，列宁这样评价，这些思想是马克思"对运用到人类社会和人类社会史的唯物主义的基本理论"的"周密说明"。马克思在"序言"中提出的"两个决不会"的思想，同马克思在《共产党宣言》里提出的"两个必然"的思想，一个说明资本主义必然灭亡、社会主义必然胜利的总趋势，一个说明这种必然性实现的前提条件以及实现过程的长期性、复杂性和艰巨性，两个方面相互补充、相辅相成，共同揭示人类社会发展的普遍规律。《序言》部分以其独特的历史价值彰显了整个《政治经济学批判》的重要性。就第二个方面而言，《政治经济学批判》被看作是《资本论》的前传。这一点从《资本论》的副标题是"政治经济学批判"就能得到证明。另外，马克思在他于1862年写给路德维希·库格曼的信中，说明自己研究政治经济学计划的变动的时候，也提到了二者的关系，马克思说："我很高兴地从您的信中得知，您和您的朋友对于我的《政治经济学批判》都抱有十分浓厚的兴趣。第二部分终于脱稿，只剩下誊清和付排前的最后润色了。这部分大约有30印张。它是第一分册的续篇，将以《资本论》为标题单独出版，而《政治经济学批判》只作为副标题。其实，它只包括本来应构成第一篇第三章的内容，即《资本一般》。"①除此以外，马克思和恩格斯还在编辑《资本论》的前三卷时多次直接引用《政治经济学批判》中的观点。在《资本论》的第三章"价值尺度"一节，以及在《资本论》的第二版"跋"中，马克思也特别做了说明或注解，提醒读者去阅读《政治经济学批判》才能形

---

① 《马克思恩格斯文集》第十卷，人民出版社2009年版，第196页。

成更细致清晰的认识。这些不但表明了《政治经济学批判》和《资本论》二者之间前后相继的紧密联系，而且也从侧面印证了《政治经济学批判》的重要地位。以上两个方面就是《政治经济学批判》在马克思主义发展史上的重要地位的无可辩驳的证明。正因为《政治经济学批判》的地位已经相当重要，因而它的传播历程也同样不可忽视。

虽说相比于20世纪初《政治经济学批判》的零星节译而言，五四运动前后各大革命刊物的片段摘译，已经使《政治经济学批判》在中国的传播取得了较大的发展。但是，这些摘译作品的质量和数量距离足以系统理解马克思主义经济学说的中译典籍，还有相当大的差距。刘曼翻译的《政治经济学批判》，作为第一个中文全译本，着实推动马克思主义政治经济学在中国的传播向前迈了一大步。由于当时对马克思及其思想并不熟悉，就翻译水准而言，刘曼译本并不能用精准来形容。但鉴于白色恐怖笼罩全国的整体形势背景和马克思主义经典著作受到禁令强力阻碍的事实，不论翻译的精确程度如何，刘曼译本都为马克思主义经济学在中国的传播作出了积极贡献，它都是马克思主义经典著作的中文翻译史上浓墨重彩的一笔。

注：本书由孙建茵和王绍文合作完成。其中，"《政治经济学批判》原版考释"和"《政治经济学批判》刘曼译本考释"由王绍文执笔写作，"《政治经济学批判》刘曼译本译文解析"由孙建茵执笔写作。孙建茵修订了全部书稿。

《政治经济学批判》 原版考释

马克思的《政治经济学批判》写于1857年8月至1858年1月，1859年6月由柏林敦克尔出版社正式出版。《政治经济学批判》是马克思公开发表的第一部政治经济学著作，标志着马克思历时15年之久所取得的经济学研究成果自此开始公之于世。虽然是一部独立的马克思主义经典著作，但《政治经济学批判》是马克思经典理论的重要组成部分，它的出现在马克思主义发展史上具有举足轻重的地位。一定意义上可以说，《政治经济学批判》的出版是马克思主义理论发展的新起点，预示着马克思主义的发展，特别是马克思的经济学理论的发展进入到崭新的阶段。

一、写作及出版背景

要想深刻把握《政治经济学批判》的内容和它的产生发展历程，深刻了解时代背景就是必要前提。这个前提不仅包括产生这一理论成果时的社会历史背景，而且还包括理论家的思想来源基础和前期研究基础。社会历史背景方面：19世纪中叶资本主义生产力的发展、生产关系的变化，进一步导致社会阶级力量对比发生变化、阶级矛盾激化，无产阶级作为独立的政治力量登上历史舞台，无产阶级革命运动的发展迫切需要有能够指导无产阶级革命的先进的经济理论。思想来源基础方面：德国的古典哲学、英国的古典政治经济学、法国的空想社会主义等思想资源为马克思的政治经济学批判理论的产生提供了精神指引,它们共同构成马克思政治经济学批判理论的思想先导。除此以外,马克思多年的经济学研究积累也是《政治经济学批判》产生的基础条件。

19世纪40年代,欧洲社会资本主义生产力迅速发展。伴随着生产力的发展,新兴资产阶级同旧的封建特权阶级的矛盾日益尖锐,资产阶级反对封建特权阶级的革命运动在欧洲相继展开。在资产阶级革命运动发展的同时,无产阶级与资产阶级的矛盾也开始出现,无产阶级作为独立的政治力量登上历史舞台。1845—1846年的欧洲,由自然灾害造成的农业歉收和1847年的经济危机一起加速了革命的到来。1848年,意大利、法国、德国、匈牙利、捷克和波兰等国相继爆发革命。他们革命的主要任务都是解决资本主义和封建主义的矛盾,清除资本主义发展的障碍,促进资本主义的发展。在1848年的革命中,无产阶级热切期盼实现彻底的民主,他们为争取实现彻底的民主奋力抗争,可资产阶级却极力降低民主改革的程度。无产阶级随即以革命回击资产阶级的叛变行为。然而,资产阶级利用窃取的政权,联合反动势力用血腥手段镇压无产阶级。随着无产阶级的革命被镇压,革命纷纷宣告失败。

尽管1848年的欧洲革命失败了,但它确实为资本主义的发展创造了非常有利的条件,封建特权阶级被迫向资产阶级做出让步。1848年革命之后的十余年,欧美各国的资本主义进入大跃进发展的"黄金时期",工业、交通运输业、农业、对外贸易等都有了空前发展。资本主义的发展不但表现为产品数量的增加,还表现为技术的提高,机器大工业的工厂生产取代了行会师徒手工作坊式的生产,火车、轮船成为商业活动的主要交通工具。运输条件的改善和运输效率的提高,导致生产和分工的国际化，推动形成世界市场。

资本主义在19世纪50年代的蓬勃发展，培育出一大批产业工人，即无产者。他们作为资产阶级的对立面而存在。产业工人在恶劣的工作环境中从事着繁重的劳动却只能获得微薄的报酬。再加上又有充足的劳动力进入市场，遂使劳动力价格更加低廉。尤其是在经济危机来临之时，许多工人家庭因失业而过着饥寒交迫的生活。由此，资本主义越蓬勃发展，处于酝酿之中的资产阶级和无产阶级之间的矛盾就越日益激化，无产阶级掀起的反抗斗争也就越激烈，无产阶级运动的组织性、目的性、战斗力随之也逐渐得到增强。无产阶级和资产阶级之间的矛盾在生产上体现为，生产的不断扩大和人民群众有支付能力的需求相对缩小之间的矛盾。这种趋势逐渐发展导致了1857年第一次世界性经济危机的爆发。1857年这场发端于美国、经欧洲扩展到全球的经济危机，波及包括政治、经济、国际关系在内的各个领域。危机之际，欧美资本主义世界经济倒退、社会凋敝，商品积压、工厂倒闭、工人失业、小生产者破产、在业工人工资水平降低，社会中的绝大多数人都过着饥寒交迫的生活，各主要工业部门的生产倒退回几年前的水平，整个社会生活状况急剧恶化，资本集中加剧。在1857年经济危机前后，欧美许多资本主义国家都出现了新的革命高潮即将到来的迹象。

1848年革命失败以后，由于担心人民群众再次发动斗争，欧洲各国资产阶级联合封建贵族结成了政治上的反动联盟。他们到处绞杀革命，大批革命工人遭到逮捕、监禁和迫害。

19世纪50年代是马克思生活最艰辛的时期。马克思在这段时期过着颠沛流离、贫病交加的生活。他因参加和支持了农民起义，先后遭到比利时政府、普鲁士政府和法国政府的驱逐，于1849年流亡到英国，暂居伦敦。流亡到伦敦的最初几年，是马克思人生中最糟糕的时期，家庭生活极度贫困、债主追债，不但马克思自己时不时病魔缠身，他的三个孩子也因病夭折，生活中悲剧不断上演。马克思的政治经济学研究就是在这样艰苦的环境下进行的。为了维持基本的生活，马克思此间还给《纽约每日论坛报》撰写一些关于英国和欧洲其他国家的政治事件的评论性文章。八年的时间，马克思都是一边撰稿，一边进行经济学研究。这也迫使马克思"不得不去熟悉政治经济科学本身范围以外的实际的细节"[①]。这些评论性的文章表明，马克思对当时欧洲资本主义社会经济的新动向是非常了解的，对这些经济新动向的分析也为马克思的政治经济学批判提供了现实依托。

　　马克思政治经济学批判理论的产生，离不开前人的科学成就。马克思的政治经济学思想是在批判地改造前人思想成果的基础上得出来的。他批判改造的对象主要是德国古典哲学、英法的古典政治经济学和法国的空想社会主义。因为诞生于19世纪的马克思的经济学说，面临着和古典哲学、古典政治经济学、空想社会主义一样的时代问题，即都要对资本主义狂飙突进的历史进程进行解读和反思，因而它们也直接构成马克思经济学说的理论来源。德国古典哲学中对马克思影响最大的是黑格尔和费尔巴哈。马克思批判地继承了黑格尔"头脚倒置"的辩证法的"合理内核"，摒弃了黑格尔辩证法的唯心主义，赋予辩证法以科学的唯物主义形式，建立唯物主义辩证法，将辩证法从神秘主义的哲学体系中解

[①]《马克思恩格斯全集》第三十一卷，人民出版社1998年版，第415页。

放出来。马克思批判地继承费尔巴哈"半截子的唯物主义"，吸取其唯物主义基本内核，使唯物主义发展为科学的理论，为唯物主义历史观的诞生和政治经济学批判研究提供了前提基础。古典政治经济学诞生于17世纪后半期至19世纪初，资本主义制度确立和上升时期。此时，无产阶级尚未开展反抗资本主义剥削和压迫的斗争，资产阶级经济学家也尚且不用为资本主义据理力争。因而，资产阶级经济学家还能够比较客观地分析资本主义制度，甚至揭示资本主义生产关系的对抗性和资本主义的内在结构和矛盾，形成具有一定科学性和合理性的理论。马克思在批判地改造此时的资产阶级经济学家的理论，如威廉·配第、亚当·斯密、大卫·李嘉图、西斯蒙第等在价值理论、货币理论、资本和剩余价值理论、分配理论、再生产理论的基础上，特别在批判地改造斯密和李嘉图通过分析资产阶级生产关系的内部联系初步揭示的资本主义生产关系的对抗性结构的理论基础上，形成彻底的社会主义理论。空想社会主义是在资本主义的弊端、矛盾完全暴露之时，作为对资本主义制度的对立面而出现的。但是空想社会主义只凭主观判断否认资本主义，幻想通过感化和口头说教让资产阶级主动停止剥削和压迫，实现社会主义。这就决定了它只能是空想。但是，空想社会主义确实启发了马克思。概言之，马克思的政治经济学说是马克思在批判地继承前人的理论成果的基础上的伟大创造。

马克思1859年出版的《政治经济学批判》，还是他先前多年政治经济学研究成果积累的结晶。马克思早在1843年底，在巴黎编辑《德法年鉴》时就开始研究经济学问题。马克思也曾于19世纪40年代就有过出版长篇经济学著作的计划，但是这个计划后来没有实现。他在《林木盗

窃法》出台后产生的影响和摩塞尔河沿岸农民的贫困问题那里认识到经
济问题的重要性之后，就从纯政治研究转向了经济研究。恩格斯也提到
过："我曾不止一次地听到马克思说，正是他对林木盗窃法和摩塞尔河
地区农民处境的研究，推动他由纯政治转向研究经济关系，并从而走向
社会主义。"[1]在此基础上，对黑格尔法哲学的批判，又促使马克思转向
政治经济学研究，探讨政治和经济之间的关系。马克思开始阅读被他称
为"天才的大纲"的《国民经济学大纲》，可以看作是他政治经济学研
究的开始。1845—1846年间马克思和恩格斯合著的《神圣家族》和《德
意志意识形态》初步确立了唯物主义历史观，推动马克思经济学理论进
一步取得重大进展。《哲学的贫困》和《雇佣劳动与资本》就是这个时
期最重要的著作。《哲学的贫困》是马克思经济学理论的第一次科学表
述。《雇佣劳动与资本》虽未形成根本性的理论，但它是马克思揭示资
本与雇佣劳动之间的关系的现实批判。1848年2月21日问世的《共产党
宣言》，在唯物史观的基础上对资本主义经济关系进行了深刻阐述，可
以视为马克思经济学理论的一次阶段性总结。

　　1848年马克思积极参加了革命，其间承担了大量的论证和写作工
作。为了全身心地投入到革命斗争的指导工作中去，他中断了经济学理
论研究。1848年革命的失败导致的反动势力猖獗和无产阶级革命运动陷
入低潮的现实情况，让马克思意识到，有必要根据革命的实践经验重新
审视自己的理论，探查革命失败的原因，寻找新的革命高潮到来的经济
根源和社会基础，阐明未来革命的动力和前途，用先进的理论武装无产

---

① 《马克思恩格斯全集》第三十九卷，人民出版社1974年版，第446页。

阶级和革命政党骨干，为迎接下一次革命的到来做好准备。而要做好这项准备工作，马克思认为，就需要展开系统的理论研究，特别是要重点研究政治经济学，去"市民社会的解剖中"去寻求答案。因此，1850年底至1853年，马克思再次全身心投入到政治经济学研究中。尤其是1850年全年，马克思几乎整天泡在图书馆里阅读、摘录、研究资产阶级经济学家特别是英国政治经济学家的著作，仔细研究了他们在货币、银行、地租等方面的理论，记录了24个笔记本1250页的《伦敦笔记》。通过进一步的阅读研究，马克思得出，欧洲革命无一例外的都是发生在经济危机导致严重的社会问题之后，当资本主义经济处于上升阶段、资产阶级地位稳固的时候，无产阶级不应该采取冒险的行动，而更应该集中精力进行政治经济学理论研究。《伦敦笔记》中，在研究诸多经济学家的理论基础上，马克思在货币的本质和职能以及级差地租理论方面还取得了重大的进展。厚重的《伦敦笔记》为马克思之后的政治经济学研究提供了扎实的材料基础。

重新开始政治经济学研究的整个19世纪50年代，马克思都格外注重资本主义经济危机问题。他不仅在理论研究上把经济危机作为重要内容来探讨，而且还密切关注资本主义发展的实际状况，关注现实的资本主义的经济危机。马克思分析得出，危机总是同革命形势的高涨联系在一起的，"没有商业危机，就不会有重大的革命事件"[①]。1856年，根据一直以来对资本主义经济运行规律和对资本主义危机走向的研究，马克思敏锐地预见，最晚不会迟于1857年，一场大的金融危机将会爆发，而

---

① 《马克思恩格斯〈资本论〉书信集》，人民出版社1976年版，第63页。

且，它将前所未有地覆盖整个欧洲。当1857年秋天，普遍性的世界经济危机爆发的时候，马克思非常兴奋，因为自1850年起他就已经在期盼经济危机的发生了。马克思认为，1857年的这场经济危机的爆发预示着革命高潮的加速到来。于是他一边加紧总结自己的经济学的研究成果，一边记录经济危机的进展情况并开展相关的理论研究。马克思于此时加紧总结的经济学的研究成果当中，就包括他为即将起笔的政治经济学巨著起草的一篇总的导言和《1857—1858年经济学手稿》。至于那篇总的导言为何写好之后没急于发表，在《政治经济学批判》一书的序言中马克思已做解释，"我把已经起草好的一篇总的导言压下了，因为仔细想来，我觉得预先说出正要证明的结论总是有妨害的"①。《1857—1858年经济学手稿》有时也被称为《政治经济学批判大纲》，这是后来它以德文全篇出版时，编者给加上的，当时的名字叫作"政治经济学批判大纲1857—1858年（草稿）"。在《1857—1858年经济学手稿》中，马克思第一次建立阐释价值理论，并在其基础上提出了剩余价值理论。《1857—1858年经济学手稿》是《政治经济学批判》的最直接的前期准备和理论基础。随后，就是1859年《政治经济学批判》的出版。

概括来说，正是在19世纪50年代资本主义充分发展、资本主义社会的矛盾充分暴露的时代背景下，在持续挣扎于艰苦生活的过程中，在先前15年经济学研究积累的基础上，在经济危机爆发之时怀着新的革命高潮即将到来的激动心情，马克思完成了《政治经济学批判》的写作。

1857年经济危机之后，欧洲的民主运动和民族解放运动开始复兴。

---

① 《马克思恩格斯全集》第三十一卷，人民出版社1998年版，第411页。

马克思和恩格斯的著作在德国和英国不仅广泛地见刊，而且还被印成了书和小册子出版。这些著作中就包括马克思的《政治经济学批判》，于1859年6月由柏林敦克尔出版社正式出版，这是马克思在世时出版的唯一版本。它标志着马克思多年的政治经济学研究成果开始公之于世，也标志着马克思主义经济学的发展开始进入到新的发展阶段。马克思最初的构想是以系列分册的形式出版他的经济学研究成果，《政治经济学批判》就是他计划中的第一个部分。从这里也可知，我们视《政治经济学批判》为马克思经济学研究最初出版的标志性成果是符合逻辑的。

在第一分册出版的前一年，马克思预想以六分册的形式出版《政治经济学批判》全书，他打算和出版商弗兰茨·敦克尔签订全书的出版合同。可是，胆小的弗兰茨·敦克尔只同意先出版第一分册，他要根据第一分册的售卖情况来决定是否继续同马克思合作。因此，原本被收入第一分册的第三章"资本"，因为马克思临时改变主意而在正式出版的时候被拿掉了。至于原因，马克思写道，"真正的战斗正是从第三章开始，我认为一开始就使人感到害怕是不明智的"[①]。由此，名为《资本一般》的第一分册其实只包含"序言"、第一章"商品"、第二章"货币或简单流通"，马克思并未在第一分册里论及资本问题。资本问题被他规划到第二分册中去了。后来随着马克思对资本问题研究的不断加深，他得出了更加丰富的结论，就把"资本"章扩展成了独立的著作，形成了《资本论》，原来的计划也就没有再继续落实了。

马克思出版《政治经济学批判》的过程有些曲折。早在1859年1

---

① 《马克思恩格斯全集》第二十九卷，人民出版社1972年版，第568页。

月,《政治经济学批判》的手稿就已经准备妥当。但是接下来的步骤,把手稿交到出版商手里,对马克思来说并不容易。因为仅马克思的名字就足以让普鲁士政府胆战心惊。马克思在把手稿交给出版商之前,根据普鲁士当局要求还需要先交由警察当局审理。手稿在警察当局被压制一些时日,直到他们确认马克思的这篇稿子是"纯学术"性的,并考虑到若再不批准马克思很有可能会在英国报刊上发表抗议声明之后,才按照规定移交给出版商。出版商也拖延了马克思的具有如此重大意义的书稿的出版。最终,在马克思送出手稿整整5个月之后,1859年6月《政治经济学批判》才在柏林出版,印数1000册。

马克思还给第一分册写了序言,发表在6月4日的德文版《人民报》上,题为"《政治经济学批判》序言"。在这篇序言里,马克思第一次在政治学和哲学相结合的基础上对历史唯物主义的实质做了天才的表述。恩格斯评价道:"在这部著作中第一次有系统地阐释了马克思的价值论,包括货币学说在内。"[1]马克思本人对他自己的这部《政治经济学批判》给予了非常高的评价:"这部著作第一次科学地表述了对社会关系具有重大意义的观点。"[2]但是《政治经济学批判》在1859年6月正式出版以后,并未取得马克思所希望的效果,而是受到了德国多方的缄默抵制。不但党内同志不理解它的意义,党外的资产阶级报纸杂志也不理睬这部著作。关于这一点,马克思在写给拉萨尔的信中提到说:"如果你以为,我期望得到德国报刊的赞扬或者我认为这种赞扬有任何意义的话,你就错了。我期望的是攻击或批评,只是不要完全不理,完全不

---

[1]《马克思恩格斯全集》第十九卷,人民出版社1963年版,第119页。

[2]《马克思恩格斯〈资本论〉书信集》,人民出版社1976年版,第138页。

理也会大大影响销路。要知道，这些人在各种场合骂我的共产主义可卖劲了。所以可以期望他们会挖空心思地反对它的理论根据。在德国也有专门的经济学杂志。"①就连威·李卜克内西这样跟马克思亲近的人，也不了解马克思的这一理论著作对工人运动的意义，不理解马克思希望通过它"为我们的党取得科学上的胜利"②，李卜克内西甚至还曾因为它并非一本通俗的书籍而失望抱怨。《政治经济学批判》在美国得到了较好的反应。马克思和恩格斯的好友约瑟夫·魏德迈在那里的宣传和推广发挥了很大的作用。约瑟夫·魏德迈还组织了订购这本书的工作。马克思指出："在美国，从纽约到新奥尔良的所有德文报刊对第一分册展开了认真的讨论。"③

像宣传马克思的其他著作一样，恩格斯在马克思这部著作的宣传中也发挥了巨大作用。他为马克思的《政治经济学批判》写了书评，发表在1859年8月6日和8月20日的《人民报》上。书评总共有三部分，但只有前两部分发表出来了，第三部分未能发表且遗憾失传。书评中，恩格斯评价了马克思这部著作的意义，阐述了无产阶级政治经济学的历史背景，介绍了马克思所运用的逻辑与历史相统一的研究方法，还介绍了历史唯物主义的基本原理及其意义。恩格斯宣传后，资本主义国家的工人和学者开始认真研读马克思的政治经济学思想，有关第一分册的评论也陆续在欧美各大报刊刊登。恩格斯的书评后来经常和《政治经济学批判》一起收录在各个版本的马克思著作的全集、选集及单行本中。

----

① 《马克思恩格斯全集》第二十九卷，人民出版社1972年版，第604页。
② 《马克思恩格斯〈资本论〉书信集》，人民出版社1976年版，第143页。
③ 《马克思恩格斯全集》第二十九卷，人民出版社1972年版，第604页。

但是《政治经济学批判》在德国受到的冷漠遭遇已经让马克思心生不安，自认为了解德国学术界的马克思，希望可以尽快地出版英译本和法译本。他写道："我认为，这本书在国外获得承认以前，不能指望它在德国产生什么影响。"①第一分册在德国的遭遇让马克思吸取了教训，他在给拉萨尔的信中写道："如果德国读者仍旧对这部著作毫不关心，那末后面的各部分我打算直接用英文写，不再对德国的蠢材们抱任何希望。"②

在马克思的原定计划中，接下来的第二分册将重点围绕剩余价值学说展开论述。但是后来马克思中止了这个计划。至于原因，恩格斯后来对此有过一段论述："马克思在五十年代一个人埋头制定了剩余价值理论，在他没有完全弄清这一理论的所有结论以前，他坚决拒绝发表关于这一理论的任何材料。因此，《政治经济学批判》的第二分册及以下各分册都没有出版。"③因为马克思在1859年出版《政治经济学批判》之后的继续研究中，积累了大量的材料，这些收集到的材料和他对这些材料所做的综合远远超过了马克思原先的计划范围，于是，马克思就放弃了先前的计划，决定开始写一部新的著作，即为《资本论》做准备。《政治经济学批判》第一分册的内容，后来也被作为一部分内容收入《资本论》。

---

① 《马克思恩格斯全集》第三十卷，人民出版社1974年版，第637页。
② 《马克思恩格斯全集》第二十九卷，人民出版社1972年版，第599页。
③ 《马克思恩格斯全集》第三十九卷，人民出版社1974年版，第25页。

二、各版本说明

《政治经济学批判·第一分
册》第一版扉页

　　1859年6月由柏林敦克尔出版社出版的《政治经济学批判》第一版，是马克思在世时出版的唯一版本。这个版本在马克思主义发展史特别是马克思主义经济学发展史上具有里程碑式的重要意义。但是它也只是马克思政治经济学研究的一个阶段性成果。因为不管是此前还是之后，马克思一直都进行着政治经济学的思考和研究。尤其在第一分册出版之后，马克思还有很多政治经济学研究成果问世，特别是《资本论》。而且由于《政治经济学批判》同马克思在《资本论》第一卷卷首论述的内容有相当多的重复，因而《政治经济学批判》单行本的出版不具有太大的价值或必要性，所以《政治经济学批判》虽然有单行本，但是单行本的发行数量和再版数量都十分有限。

　　下面就国外《政治经济学批判》出版的单行本情况及它在国外各版《全集》中的收录情况做个简要说明：

　　1. 在德国的出版情况。1859年《政治经济学批判》首次问世，由柏林敦克尔出版社以德文发行出版，印数1000册。前文已述，这是马克思生前唯一出版的版本。该版出版后取得的实际效果同马克思先前所预想的效果，存在相当程度上的差异。恩格斯为推介马克思的最新理论成果写了书评。1897年，考茨基编辑的德文第二版《政治经济学批判》出版。第二版同1859年的第一版相比，存在些许差别，考茨基根据马克思在该书的扉页上所做的笔记做了细微的变更，第二版是考茨基重新修订之后的成果。《政治经济学批判》还于1947年在东柏林出版，并于其后反复出版，《〈政治经济学批判〉导言》作为附录被一同出版。

2. 在日本的出版情况。1958—1965年间，日本出版了五卷本的《政治经济学批判基础》，马克思的《政治经济学批判》收录于其中的第五卷。五卷本的《政治经济学批判基础》实质上是《1857—1858年经济学手稿》（以下简称"手稿"）的全译稿。日本也因此成为第一个翻译"手稿"的国家。《政治经济学批判》及其准备材料、"手稿"的出版，

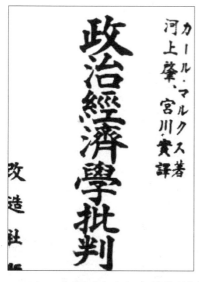

1931年日本版《政治经济学批判》河上肇、宫川实译本

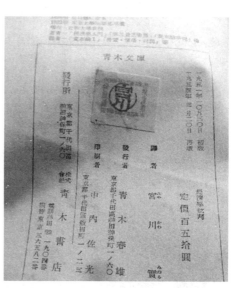

1954年日本版《政治经济学批判》宫川实译本

改变了日本人看待马克思及其政治经济学批判理论的方式，推动了日本经济学研究的发展。《政治经济学批判》在日本的版本有，1931年由改造社出版的河上肇、宫川实合译的版本，以及1954年青木书店出版的宫川实单独翻译的版本。

3. 在苏俄的出版情况。尽管马克思的《政治经济学批判》在19世纪60年代就已经在俄国享有盛誉，但是直到1896年《政治经济学批判》的俄文译本才出现。此前出现的都只是《政治经济学批判》的片段，且其中序言部分的片段居多。1896年出版的俄文版《政治经济学批判》由鲁勉采夫翻译，莫斯科大学政治经济学教授、后来成为立宪民主党人的亚·阿·曼努伊洛夫主编，莫斯科弗·邦契-布鲁也维奇出版社出版发行，出版浇铅印刷版本两次。亚·阿·曼努伊洛夫为1896年的俄文版《政治经济学批判》写了序言。这个版本带有明显的经过书报检查的痕迹，很多重要内容被删去了，一些术语也被替换。不仅译

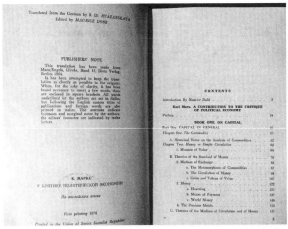

1970年在苏联出版的英译本《政治经济学批判》

文不准确，甚至连书名也被译为"政治经济学若干原理的批判"。曼努伊洛夫为俄译本写的序言，尽管是推荐性的但也是带有修正主义的痕迹。

1970年，根据德文版《马克思恩格斯全集》第十三卷译本，苏联出版了英文版《政治经济学批判》单行本，并在单行本中收录了恩格斯的《卡尔·马克思〈政治经济学批判〉》。编者还在前言中对《政治经济学批判》做了评析，前言写道："《政治经济学批判》就是它本身，它是《1857—1858年经济学手稿》的有机组成部分。它是对马克思《1844年经济学手稿》开启的问题的进一步探索，批判的焦点集中在方法上。"[1]

4. 在美国的出版情况。以考茨基编辑的德文第二版为底本，斯通（N. I. Stone）将《政治经济学批判》翻译成了英文。1904年由美国芝加哥克尔出版社出版。斯通的英译本收录马克思的《〈政治经济学批判〉导言》。斯通还在英译本的前言中强调说，尽管此时距离马克思写作这本书的时间已经过去半个世纪，但是马克思所揭示的工人阶级的权力不被承认的现象在大城市中依然存在，马克思的《政治经济学批判》的英文再版由此仍具有相当高的社会价值，此外，马克思在序言部分建构的"唯物史观"对于社会学、自然科学等也具有较高的参考价值。译者还指出，尽管马克思的《政治经济学批判》与《资本论》存在内容上的重复，但它还是有独立存在的价值和意义。《政治经济学批判》的第一个中文译本——刘曼译本就是根据斯通的英译本进行翻译的。刘曼在译者

_____

[1] Karl Marx: A Contribution to the Critique of Political Economy. Progress Publishers, Moscow, 1970.

序言中也对斯通的英译本给予较高的评价。

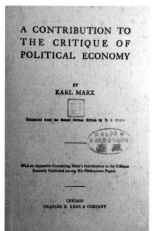

1904年芝加哥克尔出版社出版的《政治经济学批判》英译本

5. 在各版本《马克思恩格斯全集》中的收录情况。1921年,苏联成立马克思恩格斯研究院,从事系统收集马克思、恩格斯的著作、手稿和书信的工作,并对马克思、恩格斯的生平有关资料进行编辑整理,为出版马克思恩格斯全集做准备。从1928—1941年,该研究院通过13年的时间,完成第一卷到第二十八卷共计33册的俄文版《马克思恩格斯全集》第一版的出版工作。该套全集收录马克思恩格斯1250篇著作和3300封书信。其中,《政治经济学批判》被收录在俄文第一版第十二卷(上)第1—170页。1955—1966年,苏共中央马克思列宁主义研究院又出版了《马克思恩格斯全集》俄文第二版,共计39卷42册。补充新增近1000件马克思和恩格斯的著作和书信。后来又出版11卷补卷,即40—50卷,收录一大批之前未发表过的马克思、恩格斯的手稿、书信、文章等。其中,《政治经济学批判》收录在俄文第二版《马克思恩格斯全集》的第十三卷第1—167页。

1968年,德国统一社会党中央马克思主义研究院完成共计39卷的德文版《马克思恩格斯全集》。马克思和恩格斯的多数文章著作都是用德文写的,所以1968年德文版《全集》是用原文发表的。其中,1961年出版的德文版《全集》第十三卷收录了《政治经济学批判》。

俄文版和德文版的《全集》在国际上是影响较大、传播较广的版本。许多国家都以它们为蓝本翻译出版《全集》,如英文版、保加利亚版、日文版、朝鲜文版、波兰文版、罗马尼亚文版、塞尔维亚-克罗地亚文版、捷克文版、匈牙利文版等,因而,它们也都在各自版本的《全集》中收录了《政治经济学批判》。

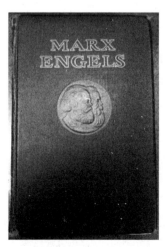

《马克思恩格斯选集》英文版(两卷本)

《马克思恩格斯选集》中收录的《政治经济学批判〈序言〉》

　　分析《政治经济学批判》在世界范围的翻译出版历史，可以总结出
这样几条规律：第一，因为《政治经济学批判》在马克思生前正式出版
过，所以不管是以全集、选集还是以单行本的形式与世人见面，各个版
本之间差别并不大，它们基本都是按照1859年德文版的原貌进行翻译和
编排的。第二，恩格斯为推广和宣传马克思的《政治经济学批判》而做
的两篇书评，由于与《政治经济学批判》紧密相关，被视为马克思《政
治经济学批判》的最早研究资料，所以在《全集》和《选集》中它常常
被编排在《政治经济学批判》之后一同被收入。第三，由于马克思的政
治经济学研究历时非常之久，前后约十几年甚至更长，他关于经济学研
究的手稿、书信、文章长年累月不断地增加，所以，将《政治经济学批
判》和其他经济学研究内容一起按照时间顺序进行编排就成为多版《全
集》和《选集》的共同选择。第四，鉴于《政治经济学批判》和它的续
篇《资本论》，在内容上的重合较多，而马克思在《资本论》中的论述
又更为完整，所以《政治经济学批判》单行本出版的版本数量相对
有限。

三、内容简介

　　1859年问世的《政治经济学批判》同马克思当初所构想的写作出版
计划，无论是在框架上还是在内容上都有很大差异。马克思原计划是在
《政治经济学批判》这个总标题下，按照（一）资本；（二）土地所有
制；（三）雇佣劳动；（四）国家；（五）对外贸易；（六）世界市场，来
写作和出版六个分册。1859年率先出版的第一分册就是在落实这个计划

的第一部分。在《政治经济学批判〈序言〉》中，马克思还叙述了他的这个计划。从马克思的叙述中我们可以看到，他的"六个分册"的研究计划是比较宏大的，内容涉及社会经济的各个方面，无论是各层次的经济主体，还是经济活动的各个流程环节，马克思都有考察研究。

《政治经济学批判》全书共分为"序言""商品""货币或简单流通"三部分。在"序言"中，马克思简述了他从政治研究转向经济学研究的动因和经过，第一次科学表述了历史唯物主义的基本原理，并揭示了生产力和生产关系之间、经济基础和上层建筑之间的辩证关系。

在"商品"章中，运用辩证唯物主义和历史唯物主义的方法，马克思阐述了商品具有使用价值和价值两种属性，指出了生产商品的劳动分为具体劳动和抽象劳动，论述了商品二因素和劳动二重性的关系。劳动二重性理论奠定了马克思正确阐释其他经济学理论的基础。马克思正是在劳动二重性的基础上，阐明形成价值的劳动具有社会性质，从而以商品为起点考察了整个资本主义经济制度，同古典政治经济学家的劳动价值论彻底划清界限，实现了政治经济学的历史性变革。在分析经济制度的基础上，马克思指出在资本主义社会，物与物的关系实质上是人与人之间关系的体现，这既是马克思对19世纪40年代资本异化研究的继续，也是他后来在《资本论》中界定的商品拜物教的雏形。在这一部分的末尾，马克思还加了一篇名为《关于商品分析的历史》的附论，对古典经济学家关于商品和价值的观点进行了点评。

在"货币或简单流通"章中，马克思着重论述了货币及货币流通的相关理论，从货币的起源、本质、职能几方面建构了科学的货币理论。马克思指出，货币是商品内在矛盾发展的必然产物，它的本质是一般等价物，货币在历史发展中形成的五种职能，价值尺度、流通手段、贮藏手段、支付手段、世界货币，就是货币本质的多种表现形式。马克思在这部分还指出，在商品流通和货币流通中隐藏着潜在的经济危机风险。马克思给本章也加上了两篇附论：《关于货币计量单位的学说》和《关于流通手段和货币的学说》，分析了资产阶级货币学说，批判了资产阶级经济学家和小资产阶级经济学家的错误观点。

的确，为了叙述的完整性和连贯性，马克思在撰写《资本论》第一卷时复述了《政治经济学批判》中的一些理论内容，但是必须说明，那些在《政治经济学批判》中被详细论述的观点，马克思在《资本论》中都只是做简要的介绍，《政治经济学批判》当中还有不少《资本论》未包含的内容。因此，《政治经济学批判》有它独立存在的价值和意义。

《政治经济学批判》 刘曼译本考释

　　由于在马克思主义政治经济学发展史上具有里程碑的重要意义，标志着马克思的经济学研究进入到新的阶段，《政治经济学批判》成为最早传入中国的马克思主义经典著作之一。特别是其中的"序言"部分，因为包含着马克思对历史唯物主义基本原理的经典表述，一度成为思想家们向国内介绍马克思的思想的首选之作。《政治经济学批判》在国内的传播从节译到全文翻译，再到全文收录进《马克思恩格斯全集》《马克思恩格斯选集》，为广大读者学习和研究马克思的政治经济学说提供了典籍。

《政治经济学批判》刘曼译本

一、译介背景

自鸦片战争使中国沦为半殖民地半封建社会，中国的先进分子就开始为争取民族独立和人民解放上下求索，各种新思想不断被传入中国。20世纪初，在先进分子向国内介绍西方社会主义运动和社会主义学说之时，马克思、恩格斯著作的某些片段就已经被零星、间接地翻译、介绍了过来，其中就包括《政治经济学批判》，特别是《〈政治经济学批判〉序言》。但是，此时向国内介绍马克思主义的这些人，他们并不懂得马克思主义，更谈不上信奉马克思主义。他们对马克思主义的理解也比较浅显甚至存在歪曲和错误之处。马克思的学说只是被作为社会主义的流派之一。因此，这个阶段，在国内，马克思主义经济学说只是在一小部分知识分子中间传播，影响甚微。

从最开始零星翻译过来的著作和文章中，我们可以了解到《政治经济学批判》传入中国最早的时间起点：1903年，广智书局出版了赵必振翻译的日本福井准造所著的《近世社会主义》。这是一本较为系统地介绍马克思主义经典作家生平和著作的书籍，全书共分为上下两册，其中的第二编介绍了马克思《政治经济学批判》（译作《经济学之评论》）的写作过程和主要内容。虽然它称不上是一本马克思主义政治经济学著作，对马克思政治经济学的论述也有些粗陋，但它是至今为止我们所知道的最早向国内介绍马克思《政治经济学批判》的著作。此后，从1919—1937年，陆续有渊泉、王嘉、范寿康、彭嘉生、杜竹君、许德珩、程始仁、韬奋等摘译的《政治经济学批判》片段相继发表。

1917年俄国十月社会主义革命的胜利，不仅鼓舞了中国人民，也促进了中国人民的觉醒，开阔了中国先进分子的视野。中国先进分子和中国人民从十月革命看到了马克思主义和无产阶级的巨大力量，看到了中华民族解放的条件和希望。十月革命的成功迅速引起了中国先进分子对马克思主义的浓厚兴趣和强烈向往。而此时中国的社会环境也已发生重大变化，第一次世界大战期间，伴随民族资本主义工业的迅速发展，中国工人阶级的队伍也迅速壮大，先进的民主主义者倡导的新文化运动促进了人们的思想解放。马克思主义在中国传播的条件皆已具备，因而，它很快被以李大钊为代表的中国先进分子所接受。

伴随着五四运动的深入发展，初步具有共产主义思想的知识分子，如李大钊、陈独秀、毛泽东、周恩来等，积极传播马克思主义，纷纷成立共产党早期组织，研究马克思主义，在工人群众中宣传马克思主义，马克思主义的影响力不断扩大。随着马克思主义影响的日益扩大，人们了解马克思、恩格斯，了解马克思主义的需求越来越迫切，进而，马克思和恩格斯的著作的译介渐渐增多。不少影响力较大的报刊，如《新青年》《每周评论》《晨报副刊》等，纷纷设立"马克思主义研究专栏"，出版"马克思主义专号"，或载译马克思、恩格斯的原著译文，或发表介绍马克思和恩格斯生平事迹和思想的文章。

1921年中国共产党的成立，使马克思主义在中国的传播步入了新阶段，由原来自发自觉地推广，发展成了在中国共产党领导下有组织地有计划地出版马克思列宁主义及相关著作，宣传中国共产党的政策、纲领和主张。中国共产党成立不久之后，党的第一个出版机构——人民出版社在上海成立。人民出版社承担了系统地翻译出版马克思、恩格斯著作的任务，计划出版"马克思全书"15种"列宁全书"14种等，其中就包括《政治经济学批判》。但后来由于原计划翻译《政治经济学批判》的译者李汉俊于1927年被反动军阀杀害，《政治经济学批判》的翻译计划就没能继续落实了。

　　1927年大革命失败后，全国处于白色恐怖的笼罩之下。因而，在1927—1937年第二次国内革命战争期间问世的马克思主义经典著作，可以说是在极为艰苦的条件下翻译或出版的。当时，在国民党统治区，敌人疯狂地进行大规模的文化"围剿"，马克思主义经典著作被列为禁书，革命书刊的译著者和出版发行者惨遭迫害，党的地下出版机构、甚至一些进步书店也被查封。但广大革命者和进步文化工作者并没有被反动派的恐怖统治所吓倒。即使是在这个时期，在国民党统治的上海，翻译出版的马克思、恩格斯的著作和书信的单行本、专题文集等也多达50

《政治经济学批判》郭沫若译 《政治经济学批判》郭沫若译
本，群益出版社1947年出版 本，言行出版社1939年刊行

余种，《政治经济学批判》位列其中。截至新中国成立前，马克思的《政治经济学批判》中文全译本仅有两版，一是上海乐群书店出版刘曼译本，另一个是1931年上海神州国光社出版的郭沫若译本。

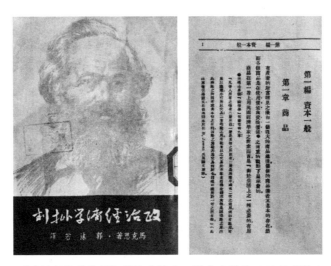

《政治经济学批判》郭沫若译本，群益出版社1949年出版

　　概括来说，刘曼译本诞生于这样的社会历史背景：当时，新文化运动打开了中国思想界的闸门，各种思潮风起云涌。出于对帝国主义侵略中国的愤恨，出于对民族危亡的忧思，出于对北洋军阀黑暗统治的深恶痛绝，希望救国救民的中国先进分子改造社会、探索新出路的呼声越来越高。他们利用一切进步思想或进步性的思想因素来为中国的革命和社会改造服务。他们提出的改造社会的新方案层出不穷，一时间，竟造成了百家争鸣、百说竞起的局面。此时的资本主义制度已经被证明不适合中国国情。世界上的另外一种模式，苏俄的社会主义制度，理所当然地成了中国人的向往，社会主义理所当然地成为百家争鸣思潮中的主流。

但当时"社会主义"的不同分支也很多。除了我们今天的科学社会主义之外，还包括空想社会主义、民主社会主义、基尔特主义等。"社会主义"的大流行映射出人们对社会主义朦胧的向往，更映射出人们对译介准确的马克思主义著作的广泛需求。再加上19世纪初期马克思主义零星、片段译介传播的前期铺垫，加上中国共产党的成立之后对马克思主义的广泛宣传，人们了解社会主义、了解马克思主义的需求越来越迫切，越来越强烈了。

刘曼翻译的《政治经济学批判》以1904年出版的英译本为底本，以宫川实的日译本和考茨基的德文第二版为辅助参考，既更新了马克思在他写作本书笔记的页边所做的变更，又收录了马克思生前未发表过的《〈政治经济学批判〉导言》。

刘曼作为《政治经济学批判》中文版单行本的首位全文译者。他在"译者序"中说明了翻译这本书的原因："出版了足足七十年的这本经济学批判，谁也知道是马克斯先生的全部遗教中一本最重要的经济文献，是全世界劳苦群众的圣经，早已有了各种文字底译本。然而在中国，直到现在，直到马克斯主义所煽起的革命焰火渐次迫近我们四周底现在，直到我国劳苦群众正在觉醒地接受时代要求底现在，直到我国思想界起了进一步的转变底现在，直到旧社会将随历史的车轮转入万劫不复的深坑中底现在，这样一个可贵的宝物，才有我这一本卑之无甚高论底译本，毫无疑义是我国思想界一件不可恕的缺恨。我译这本书，虽然抱有解除这一缺恨底宏愿；我的译本，虽然对于目前迫不急待的大多数不谙外国文的读者，多少可以给予帮助省识这个宝物底机会；可是原书底精确的移译，觉得太不容易……除非国内有更美满的译本出现，这缺恨似乎仍旧解除不得。"①

　　从这里可知，刘曼翻译《政治经济学批判》的原因有二：第一，刘曼认为，马克思的经济学理论是"全世界劳苦群众的圣经"，《政治经济学批判》是马克思全部"遗教"中最重要的政治经济学文献。但是在当时，国内尚无《政治经济学批判》的中文全译本，这是个巨大的缺憾。刘曼翻译这本书是为了弥补这个缺憾，给不懂外文的读者提供些许帮助，让苦难的中国人能比较完全地接受到马克思主义，不至于错过一部认识马克思政治经济学理论的最重要著作。这也从侧面印证了刘曼为马克思《政治经济学批判》首位中文全文译者。第二，是因为这本书的重要性。刘曼认为，《政治经济学批判》这本书的重要性在涉猎过马克思主义成果的人当中已经达成了共识，正是在这部书中，马克思首次表述了对社会关系具有重大意义的观点。尤其是这本书还受到马克思本人的特别关爱，马克思称《政治经济学批判》是他一生的黄金时代的研究成果，凝结了他15年研究前人政治经济学成果的辛苦。这两点共同构成刘曼翻译它的思想动因。

　　刘曼为何在知道马克思的《政治经济学批判》和《资本论》第一卷有内容上的重复的情况下，还译介出版单行本？从刘曼对马克思写作这本书的原因分析和对马克思所叙内容的分析中，可以看出，刘曼认为马克思在这部著作中建构的政治经济学批判理论，是马克思多年研究古典政治经济学得出的结论，"是在对自十九世纪初期以前一百五十年来底古典学派所研究的结果，即从配第至里嘉图，从波斯盖勒柏特至西思蒙

---

　　① [德] 马克思：《经济学批判》，刘曼译，乐群书店1930年版，"译者序"第1—2页。

第所研究的结果，提出一个无情的总批判"①，他在《政治经济学批
判》中的理论叙述抛弃了以往政治经济学理论的全部弱点。因而较之以
往古典政治经济学对资本主义的分析，马克思在此对资本主义的揭露要
深刻得多。虽然马克思的这本书有四分之三的篇幅都在讨论货币，其中
有不少内容马克思在《资本论》里也论述了，但是刘曼强调指出，马克
思在《政治经济学批判》中关于货币的阐述，远比他在《资本论》中的
阐述要详细得多。如果我们要想了解马克思的货币理论，仔细研读《政
治经济学批判》是必不可少的，在弄懂了这本书中的货币论之后，读者
才能有可能真正理解《资本论》的内容。如果绕开《政治经济学批判》
直接去读《资本论》，不但读起来会遇到阻碍，而且对理论的理解难以
达到透彻的程度。《政治经济学批判》中对有些问题的论述比《资本
论》中论述得更精细和全面，尤其是关于货币的理论。因而，"经济学
批判有它的独自的重要"②，它有《资本论》替代不了的价值。

　　刘曼选择英译本为底本的原因。刘曼认为英译本是一部权威的译
本，而且这在当时是为世人所公认的。具体来说：刘曼认为，第一，斯
通在英译《政治经济学批判》的时候做过不少功课，最终的成稿是几番
审定的结果。刘曼持有的这种观点是经得起考证的。在"英译者序"
中，斯通也自叙道，他曾多次深感翻译得不够完美，觉得需要加以修
正，甚至几次想牺牲即将完成的译本。这足以见得斯通翻译时的严谨和
认真。第二，斯通改正了原文中个别几处错误的引文，"马克斯所载各
书的页数，有些已证明是错的，与原本所载的页数不同。原本的英文引

---

① [德] 马克斯：《经济学批判》，刘曼译，乐群书店1930年版，"译者序"第2页。
② [德] 马克斯：《经济学批判》，刘曼译，乐群书店1930年版，"译者序"第3页。

证有不能找到的两三处，已经省去引证符号再从德文译出来了"①。第三，英译者增加了少数重要的附注，收入了《〈政治经济学批判〉导言》，并附上了考茨基关于补添各点的说明。这些内容表明刘曼选择斯通的英译本作为底本进行翻译是经过审慎考虑的，英译者在翻译的时候付出了不少的努力，相对其他译本而言更加可靠，所以刘曼才会选择它。

再来简单分析一下《政治经济学批判》首个中译本出版的地点背景。为何它是在上海出版，而不是在其他地方。自清末民初起，上海就是西方文化的最大接收地。西方的各种新学说，不管是数学、物理、化学、天文、地理、哲学、经济学、政治学、社会学等，都是先传入上海，再经由上海输入到全国各地的。马克思主义的传播，也是最先进入上海，再扩散到全国各地的。可以说，上海从清末开始，就一直是全国的思想高地。上海还是众多的思想文化运动的发源地，尤其是在新文化运动和五四运动中，上海始终都是运动的制高点。正是由于思想先进的区域历史，开放共荣的文化氛围，再加上又是新思想的第一个接收窗口的得天独厚的优势，让上海成为了有识之士的汇聚地。概言之，是历史和现实双重开放的文化氛围，促成的《政治经济学批判》首个中译本在上海出版。

因此，虽然刘译本存在一些翻译不够准确甚至错误的地方，但是它仍然正确译介了马克思的相当一部分的政治经济学理论内容，为中国的进步知识分子和革命民主人士了解并掌握马克思主义，为满足当时国内

---

① ［德］马克思：《经济学批判》，刘曼译，乐群书店1930年版，"英译者序"第6页。

社会发展的现实需求作出了积极贡献。在马克思主义传入中国的发展史上，刘译本具有不可磨灭的重要价值。

二、译者介绍

刘曼的生平至今没有准确可查的信息。20世纪20年代到30年代，刘曼作为译者翻译出版的其他著作还有1929年上海华通书局发行的《苏俄劳动保障》和1930年上海乐群书店出版发行的《马克斯主义经济学》。然而关于刘曼的个人信息却在几本书的中译者序言或导言中只字未提。

如前所述，新中国成立前，《政治经济学批判》的两个中译本翻译者分别为刘曼和郭沫若。而学界一直以来有一种说法，即李达曾经在20世纪的20—30年代翻译过《政治经济学批判》。例如《中共党史人物传》中就提到过："一九二八年冬，李达与友人熊德山、邓初民、张正夫、熊子民等创办了昆仑书店，出版各种进步的哲学社会科学书籍……陆续出版了马克思的《资本论》（第一卷第一分册，陈启修译）、《政治经济学批判》（李达译）和恩格斯的《反杜林论》上册（钱铁如译）等经典著作……"①除此之外，《李达文集》和众多研究性文章也都明确指出李达是《政治经济学批判》的最早的中文翻译者。然而，学者汪信砚专门对这一说法撰文予以否定："即李达从未翻译过马克思的《政治经

---

① 胡华：《中共党史人物传》（第十一卷），陕西人民出版社1983年版，第31—32页。

济学批判》。"①他认为，刘曼才是《政治经济学批判》第一个中译本的翻译者。鉴于针对"李达是否曾经翻译过《政治经济学批判》"引发了学术争论，而且刘曼的生平简介无从查证，所以在几个问题上需要进一步思考和考证。"刘曼"是真实的姓名还是在特殊时期使用的一个笔名？刘曼与李达是否存在某种相关性，甚至"刘曼"就是李达的笔名？对于刘曼的真实身份以及与李达存在相互关系的可能性问题，在现有的文献资料中并没有专门的研究和论述。但是，据资料记载，李达在1928—1930年期间独立或合作翻译过《马克思主义经济学基础理论》《法理学大纲》等外文著作，并在这些译著的前言和后记中说明，他之所以翻译这些著作是为了给广大群众提供认识中国革命的理论武器。这与刘译本在译者序言中的表述十分相近。然而，这还远不足以证明李达与刘曼之间的相互关系。想要对这一问题进行探究还需要结合刘曼的其他译本，与李达同期的译本在文风、术语的译法等更多细节上的辨析而得出结论。

三、编译过程与出版情况

刘曼在翻译这本书的过程中并非一帆风顺，而是遇到过一些困难，还请他人帮忙翻译了几处。"除去英译者已先为我指出的诸点以外，最使我感到困难的是经济学批判绪言这一篇。及少数不曾译成英文之各种

---

① 汪信砚：《李达传播马克思主义的重要史实勘误之二——关于李达是否翻译过马克思〈政治经济学批判〉的考辨》，载《江汉论坛》2013年第4期，第53页。

文字底引文。这些引文，半数是请我的朋友们代译的。"①而且，刘曼翻译这本书的时间比较仓促，翻译工作又有一定的难度，所以刘曼自认为自己学识浅薄，所翻译的文本还存在不少待修正之处，鼓足勇气的翻译尝试仍然填补不了他所认为的"缺恨"，他愿意以至诚之心接受一切读者的指正。

我们在前文已经论述，刘译本是国内首个《政治经济学批判》的中译全译本。但针对有观点认为李达曾翻译《政治经济学批判》，并在1930年由上海昆仑出版社出版，且李达译本是国内最早的中文版本，对于这种说法是否正确，我们只能根据现阶段已经掌握的材料暂且判断它为讹传。至于当前的定论是否准确，还需要进一步的研究考证。根据现在掌握的材料，比如1983年北京图书馆为纪念马克思逝世100周年，编辑整理的《马克思恩格斯著作中译文综录》来考证，这部中译文综录并未收入，也未曾提及李达翻译过《政治经济学批判》。据此，我们认为李达并未在1930年翻译出版《政治经济学批判》，他也不是《政治经济学批判》单行本的首位中译者。此外，武汉大学汪信砚在他的专题研究《李达传播马克思主义的重要史实勘误之二》一文中，更是以大量的史实论证了李达翻译过《政治经济学批判》这一说法的错误性。

刘曼翻译的《政治经济学批判》，1930年由上海乐群书店发行，3月2日付排，5月25日出版，32开，横排平装，印数2000册。本书包括正文，"序言""导言"、译者序、英译者序，书中还附有注释。1930年上

---

① [德] 马克思：《经济学批判》，刘曼译，乐群书店1930年版，"译者序"第3—4页。

海棠棣书店重印，出版时间未注明，32开，横排平装。重印本，中央编译局收藏。刘曼的中译本，在当时国内尚无《政治经济学批判》中译本的情况下，产生了较大的社会影响，促进了马克思主义政治经济学的传播，奠定了之后国内传播和研究马克思经济学说的基础。

《政治经济学批判》 刘曼译本译文解析

　　《政治经济学批判》刘曼译本（以下简称刘译本）是国内出版最早的单行本中译本。它极大促进了马克思主义政治经济学乃至整个马克思主义思想体系在中国的传播。因为刘曼翻译《政治经济学批判》的时间尚处于马克思主义传入中国的起步阶段，国内对马克思其人和他的学说尚未形成科学清晰的认识，所以刘译本中有些术语和名词的翻译都与现在的通行译法存在区别。但是刘译本仍然较为准确地译介了《政治经济学批判》的理论内容，仍然是国内具有开创意义的版本。它在马克思主义传入中国的过程中发挥了不可忽视的作用，为后来其他译本的出现奠定了基础。

　　刘译本的文体基本上是白话文，但也存在一些不十分符合现代汉语习惯的情况。这里我们并不对刘译本的译文风格和水平进行评价，只是考察刘译本和现行权威译本的差异。鉴于篇幅有限，我们无法逐一列举异同之处，只能选取几处典型例子加以简单的说明。

一、术语考证

　　《政治经济学批判》刘译本中的术语按照表述是否与现行一致、含义是否与现行一致这两个标准加以区分，大致可以分为以下三类：第一类是与当前术语一致，且含义基本相同的术语；第二类是与当前术语表述差别较大，但可以"望文生义"的术语；第三类是与当前术语表述不一致，且含义差异较大的术语。以下分别加以说明。

1. 第一类：与当前术语表述一致且含义相同

刘译本中有很多术语翻译得非常准确，与现行权威译本的术语表述一致且含义也完全相同。这些术语如："资本主义""社会主义""社会""生产""劳动""矛盾""生产力""资产阶级社会""使用价值""交换价值""生活资料""等价物""社会劳动""一般劳动时间""价值量""重商主义""商品""货币""价格"等，包括西方世界的长度和重量的单位名称，都与通行译法相同。特别是在"商品"章，刘曼准确翻译出"抽象的一般劳动"这个概念，"因此创造交换价值所用的劳动，是抽象的一般的劳动"①，并以这个概念为基础正确译介了马克思的物化理论的基本思想。

我们应该看到，刘曼能够准确翻译这些术语，与他所身处的社会历史背景是分不开的，特别是汉语日语借词的发展给刘曼提供很大的帮助。当时就全国范围而言，中国人对马克思主义的最初了解较多来自日语。这一点，郭沫若已经证实，"即中国民众是从通过日语书籍介绍马克思和恩格斯的中国记者那里听说了马克思和恩格斯。这些书被译成了汉语，于是人们知道了马克思和恩格斯的存在。如果查阅一下文献资料，同样可以得出这一饶有兴趣的结论，即最先介绍马克思主

---

① [德] 马克思：《经济学批判》，刘曼译，乐群书店1930年版，第5页。以下凡引此书，仅在文中标注页码。

义的是日本知识分子。"①而且刘曼在译者序言中也明确说明自己参照了宫川实的译本。由此可知，刘译本中那些与现在通行译本表述和含义都保持一致的术语，与日译本的译法和汉语日语借词的发展是分不开的。

举例来说，刘曼翻译的"社会主义"与《马克思恩格斯全集》（以下简称《全集》）的权威表述完全一致。但是"社会主义"这一术语并非刘曼首创。"社会主义"最早源于19世纪70年代的日本，其初创之时与今天的含义有所不同，主要指和"个人主义"相对的概念。"社会主义"借入国内之后，1902年梁启超将它与这一概念的精神领路人卡尔·马克思结合了起来，这在国内是第一次。第二年，首部汉语日语借词词典对"社会主义"进行了定义："废私有财产，归之公分配之主义，谓之共产主义。一名社会主义。"②与此同时，三部论述西方社会主义运动的日语书的中译本出版，分别是《近世社会主义》《社会主义》《社会党》。自此，"社会主义"概念就成了汉语政治词汇的固定组成部分。在孙中山领导民主革命时期，曾经也把"社会主义"与"民生主义"画上等号。直到1917年俄国十月革命之后，"社会主义"开始主要被用于指称"马克思主义社会主义"，代表人类最崇高的价值观的胜利。追本溯源，可见刘译本的"社会主义"是起源于日本的提法。

再如，"生产"。按照马克思主义的观点，生产是人类社会发展的最

---

① 摘自郭沫若1955年任中国科学代表团团长时在东京早稻田大学所作的关于"中日文化交流"的演讲。由Sanetō K. 在"Chugoku-go no naka Nihon-go"第60页引用。

② [德] 李博：《汉语中的马克思主义术语的起源和作用》，赵倩、王草、葛平竹译，中国社会科学出版社2003年版，第124页。

终决定因素。因而无论在马克思的唯物史观里还是政治经济学理论中，"生产"都是一个非常重要的概念。如今，"生产"能在日本和中国的经济学理论术语中占有一席之地，同日本人为日语现代化所做的努力是分不开的。"生"和"产"两个独立语素和"生产"这个组合词一样，在古代汉语中虽有出现，却都有"生育"的意思。但是在江户时代，"生产"所对应的日语除了表示"生育"外，它还表示"职业"或"谋生的手段"。从这里也可以看出日本是保留并沿用了《史记》中的用法。到了明治维新早期，"生产"这一术语在"职业"和"谋生的手段"的意义上仍被继续使用。汉语最初引进的是该词的修饰语用法。1899年梁启超使用过"生产之人"。1901年的《译书汇编》杂志论及了"不生产之费用"这一表述。1903年《新尔雅》将劳动力区分为"生产的"和"不生产的"两类。1906—1907年，《民报》和《新民丛报》中大量文章将"生产"作为"production"的对等词。自此，"生产"就在汉语中固定下来。

2. 第二类：与当前术语表述差别较大，但可以"望文生义"

刘译本中还有些术语与权威译本中的术语不完全一致，存在些许差异，但是读者可以根据上下文和当前通行表述来理解，它们并不会给读者造成太多困扰。比如，马克思在"货币或简单流通"章中定义了货币的几种职能，《全集》中的表述是"价值尺度""流通手段""贮藏手段""支付手段""世界货币"。刘译本将其译为"价值尺度""流通媒介""货币储藏""支付手段""世界货币"。除了"价值尺度"（第69页）、"支付手段"（第198页）、"世界货币"（第217页）译法完全相同外，其余几个职能的表述是不同的。但是显然，读者仍然可以按照现在的表述方式理解它。再如在"货币或简单流通"的"流通手段"小节中，《全集》用W代表商品，用G代表货币，商品流通过程被表述为"W-G-W"，而刘译本中是用"C-M-C"（第111页）来说明的。这里，《全集》和刘译本的差异体现的是德文缩写和英文缩写的不同。但这同样不妨碍我们认识商品和货币之间的物质变换关系。此外，"必要劳动时间"在刘译本中是"必需的劳动时间"（第9页）、"物质承担者"被译为"物质寄托者"（第27页）。"对象化"是马克思政治经济学的常用语，在刘译本中被译为"物质化"（第29页），这些都可以理解。这种"望文生义"的情形最常见于刘译本中的人名、地名和著作名。为了便于读者理解，我们选取了部分作为参照。如下表，各术语分别对应：

术语译法对比表

译本 术语类别	《全集》译法	刘译本译法
	恩格斯	昂格斯
	黑格尔	赫格尔
	威廉·配第	彼替
人名	布阿吉尔贝尔	波斯盖勒柏特
	李嘉图	里嘉图
	西斯蒙第	西思蒙第
	亚当·斯密	亚丹斯密

续表

译本 术语类别	《全集》译法	刘译本译法
地名	莱茵省	来因省
	摩泽尔	摩塞耳
	布鲁塞尔	普鲁塞尔
	威斯特伐里亚	威斯特发里亚
	黎凡特	利凡德
著作名	《德法年鉴》	《德法年志》
	《英国工人阶级现状》	《英国劳动阶级现状》
	《关于自由贸易的演说》	《自由贸易论》
	《哲学的贫困》	《哲学之贫困》

　　这些可"望文生义"的术语，之所以和现行通行译法有差异，部分原因在于刘曼翻译《政治经济学批判》时，国内对马克思主义的研究还未广泛展开，当时尚未形成权威的翻译方式，刘曼没有可以参照的对象，只能根据自己的理解翻译。另外一部分原因在于流传千年的汉语构词有它自己的特点，特别是在吸收来自西方的概念时，它习惯性地要在自己的体系中找到与外来词汇相应的语言形式以作为其恰当的物质载体。刘曼在翻译这些术语名词时，就结合了中国传统文化的背景。因而，这些我们可以"望文生义"的词，很大一部分是刘曼借助本土语素自己理解翻译的。他根据汉语构词法的两个特点，记录词时借助音位文字语素文字，构词时主要依据句法结构对语素进行组合，尽可能地尝试

着在中国传统文化中找到与之对应的术语，让读者仅通过这些新词的书写形式就能理解这些术语的词源学意义，明白西方的新概念所表达的意思。刘译本还在一些叫不准的译名之后标注了英文原文，例如，《全集》中"把这些金索维林放在天平的一端"[1]，刘曼翻译的时候表述为，"假如把这些金Sovereigns放在天秤底一方"（第146页），试图减少音译给读者带来的理解偏差。

3. 关于第三类：与当前术语表述不一致且含义差异较大

刘译本中另有一些术语与通行术语表述不同，且与通行译法的意思相差甚远，容易给今天的读者带来困扰。如："价值量"被译为"价值分量"（第70页）、"货币量"被译为"货币分量"（第140页）、"量的差别"被译为"分量的差异"（第226页）等，"量"在刘译本里一直被译为"分量"。而"量"这个词在马克思的学说里多用于表示数量、数目上的多少或哲学意义上同"质"相对应的概念。在刚才的几个例子里"量"表示的就是数量或数目上的多少。而"分量"在现代汉语中的意思是重量或者是比喻语言文章的价值或作用。显然，刘译本的"分量"与马克思所指的"量"之间的区别是比较大的。

如"物物交换"，在刘译本中被翻译为"货物交易"（第73页）或"物品交易"（第128页），这里"交易"和"交换"之间、"物"和"货物"、"物品"之间都存在着语义上的差别。物物交换在原始社会，是以物易物，中间无任何媒介的交换，这里的"物"是产品所有者的剩余劳

---

① 《马克思恩格斯全集》第三十一卷，人民出版社1998年版，第502页。

动，因而此时，我们可以把"物"与"物品""货物"视为同义语。而当资本主义经济交换关系发展起来以后，物物交换演变成商品和商品以货币为媒介的交换，此时的"物"特指商品，物物交换的"物"和"货物"、"物品"指代的不再是相同的内容。另外，"交易"的含义发生着很大变化，货币、信用、信贷、股票和期货等形式的发展，改变了交易的原始物物交换形式，赋予交易以新的内容，"交易"的范畴扩大了。因此，"物物交换"和"货物交易"或"物品交易"也是差异较大的。再如，刘译本中将"简单劳动"翻译为"不熟练的劳动"（第8页），将"复杂劳动"译为"技能之熟练劳动"（第8页）。其实，"简单劳动"是指没有任何专门技术的普通劳动者都能胜任的劳动，"复杂劳动"是指需要一定的知识技能才能胜任的劳动。而"熟练"是经常做而有经验。二者之间的区别还是显而易见的，刘译本的译法还是欠妥当的。

另外，"土地所有制"被刘曼翻译为"土地所有权"（"著者序"第1页）。"所有制"在现代汉语中指代生产资料归谁占有的制度，它决定着人们在生产中相互关系的性质、产品分配、交换形式，它是生产关系的基础。人类社会在各个历史发展阶段呈现为不同的社会形态，主要就在于所有制的性质不同。而"所有权"表示的是财产所有权，它是通过国家法律确认的财产所有者对其财产的占有、使用、处置和排除他人干涉的权利。"所有制"和"所有权"所属领域不同，指代内容也不尽相同，一个归属经济学领域，一个归属法律范畴。

再有，"资产阶级经济制度"，刘曼译为"资产阶级经济学的体系"

（"著者序"第1页），"经济基础"①有时被刘曼译为"经济结构"
（"著者序"第4页），等等。不过，诚如我们一再强调的，刘译本出现
的这些术语表述不准确，是可以理解的。毕竟刘曼从事《政治经济学批
判》的翻译工作之时，国内的马克思主义翻译和研究尚不成熟。虽然对
马克思主义已有一定的了解，但是已有的研究还没有达到深刻精确的
程度。

二、观点疏正

马克思的《政治经济学批判》中包含的历史唯物主义、价值理
论、货币理论等重要观点，奠定了马克思后来的剩余价值学说的基
础。这些观点的表述在刘译本中与通行译本中的表述也是相同之中存
在差异。了解这些异同对于理解马克思主义政治经济学在国内传播发
展的历史来说是十分必要的。诸多观点中，有些观点的译文表述与
《全集》基本保持一致，像关于"使用价值"和"价值"的论述：任何
商品都具有使用价值和交换价值两个方面；生产商品的劳动量越多，
交换价值越高；商品要想获得交换价值必须具有使用价值；使用价值
对应对象化劳动，而交换价值的本质是劳动时间。刘译本中的这部分
的翻译内容，对于今天的读者来说是容易理解的。以下选取几个典型
观点的译文进行分析。

---

①《马克思恩格斯全集》第三十一卷，人民出版社1998年版，第413页。

1. 关于唯物史观的"经典表述"

在《政治经济学批判》中,关于唯物史观的经典表述,《全集》是这样翻译的:

我所得到的、并且一经得到就用于指导我的研究工作的总的结果,可以简要地表述如下:人们在自己生活的社会生产中发生一定的、必然的、不以他们的意志为转移的关系,即同他们的物质生产力的一定发展阶段相适合的生产关系。这些生产关系的总和构成社会的经济结构,即有法律的和政治的上层建筑竖立其上并有一定的社会意识形式与之相适应的现实基础。物质生活的生产方式制约着整个社会生活、政治生活和精神生活的过程。不是人们的意识决定人们的存在,相反,是人们的社会存在决定人们的意识。社会的物质生产力发展到一定阶段,便同它们一直在其中运动的现存生产关系或财产关系(这只是生产关系的法律用语)发生矛盾。于是这些关系便由生产力的发展形式变成生产力的桎梏。那时社会革命的时代就到来了。随着经济基础的变更,全部庞大的上层建筑也或慢或快地发生变革……无论哪一个社会形态,在它所能容纳的全部生产力发挥出来以前,是决不会灭亡的;而新的更高的生产关系,在它的物质存在条件在旧社会的胎胞里成熟以前,是决不会出现的。所以人类始终只提出自己能够解决的任务,因为只要仔细考察就可以发现,任务本身,只有在解决它的物质条件已经存在或者至少是在生成过程中的时候，才会产生。大体说来，亚细亚的、古代的、封建的和现代资产阶级的生产方式可以看做是经济的社会形态演进的几个时代。资产阶级的生产关系是社会生产过程的最后一个对抗形式，这里所说的对抗，不是指个人的对抗，而是指从个人的社会生活条件中生长出来的对抗；但是，在资产阶级社会的胎胞里发展的生产力，同时又创造着解决这种对抗的物质条件。因此，人类社会的史前时期就以这种形态而告终。[①]

　　其中，马克思阐述了什么是生产关系。生产关系是人们在自己生活的社会生产中结成的关系，它是客观的，不以人的意志为转移的。因为生产关系是由生产力所决定的，生产力是客观的，因而由生产力所决定的生产关系也具有客观性。但是客观的生产关系并非同人的意志毫不相干。这一部分，刘曼翻译为"人类在他们所行的社会生产中，发生许多一定的，必然的，与他们的意志独立的关系"（"著者序"第4页），很显然这种译法同马克思的本意是有出入的。按照马克思的论述，生产力决定生产关系，经济基础决定上层建筑。反之，生产关系对于生产力会产生反作用，同样，包含着政治法律制度以及反映意识形态的宗教、哲学、艺术等的上层建筑，也会反过来作用于经济基础。这就意味着生产关系并非完全独立于人的意志，而是和人的意志之间存在着关系。因而刘曼的译法过于绝对化，存在着欠妥之处。

---

① 《马克思恩格斯全集》第三十一卷，人民出版社1998年版，第412—413页。

　　"物质生活的生产方式制约着整个社会生活、政治生活和精神生活的过程。不是人们的意识决定人们的存在，相反，是人们的社会存在决定人们的意识。"这里，马克思说明了何为社会存在，何为社会意识。由生产力和生产关系的总和构成的生产方式就是社会存在。社会意识即为社会的精神生活，包括政治、法律思想，道德，哲学，艺术，宗教等。而在刘译本中它被译为："物质的生活资料底生产样式，决定社会的政治的和精神的生活过程底一般性质。决定人类生存的不是人类的意识，反之，人类社会的生存决定他们的意识。"（"著者序"第4页）这里，刘译本存在两处与今天译法不同之处，一处是他把马克思的"物质生活的生产方式"译为"物质的生活资料底生产样式"，另一处是把马克思的"存在"译为了"生存"。我们先来分析"物质生活的生产方式"和"物质的生活资料底生产样式"。马克思所指的人类社会的生产包括生产资料的生产和生活资料的生产。在马克思唯物史观的意义上，决定社会意识的是包括生产资料的生产和生活资料的生产共同在内的整个社会生产。因而刘曼将其译为生活资料的生产并没能全面翻译出马克思关于经济基础的基本观点，存在偏颇。此外，关于"存在"和"生存"，马克思的"存在"在这里指的是"社会存在"，是一个哲学范畴。它是社会物质生活条件的总和，主要指物质资料生产方式，此外还包括地理环境和人口因素。这里的"存在"是唯物主义历史观中与"社会意识"相对应的概念。而刘曼的"生存"在现代汉语中的意思是指保存生命，表示的是与"死亡"相对的概念。如此，刘译本并没有翻译出马克思社会存在决定社会意识这一历史唯物主义的基本观点。而翻译不出社会存在决定社会意识，生产力是社会发展的最终决定力量就很难理解了。

　　马克思原文中的"那时社会革命的时代就到来了。随着经济基础的变更，全部庞大的上层建筑也或慢或快地发生变革"，刘曼将其译为："于是到来社会革命的时代。因为经济基础底变更，全部无限的上层结构，也或迟或速地变更了。"（"著者序"第5页）这句话同样存在着两处不恰当之处。一是"庞大的"被刘曼译为"无限的"。"庞大"是指范围或体积的巨大。而"无限"是无条件的，没有穷尽的，无边无际，与有限相对。马克思在此想要强调的归根结底仍然是经济基础对上层建筑的决定作用，指明上层建筑变革的根源在于经济基础。内涵丰富、范围广泛的上层建筑各要素要跟随经济基础的变化而变化。此处，刘曼翻译为"无限"凸出了上层建筑内涵的丰富，但是不够准确。因为，上层建筑并不是不可穷尽的，它是有条件的、有限的。二是，"变革"，刘曼译为了"变更"。"变革"在现代汉语中是指事物根本性质的改变，是从一种质态向另一种质态的变化。马克思在这里想表达的是社会制度的质变，经济基础的彻底变化促成了上层建筑的根本性质的改变，从一种社会制度向另一种社会制度飞跃，旧的社会形态灭亡、新的社会形态产生。然而，"变更"是指改变、变动，这种变化没有体现"变革"中革命性变化的意味。变更可能是不显著的变化也可能是涉及根本性质的变化，可能是量变也可能是质变。所以，刘曼翻译成"变更"没能准确表达出马克思所强调的经济基础对上层建筑的根本决定作用。

　　"无论哪一个社会形态，在它所能容纳的全部生产力发挥出来以前，是决不会灭亡的；而新的更高的生产关系，在它的物质存在条件在旧社会的胎胞里成熟以前，是决不会出现的"，刘曼将之翻译为"当社会秩序中有容纳余地之一切生产力尚未发展时，社会秩序决不消灭"
（"著者序"第5页）。马克思在这里从两方面继续强调生产关系的变革
由生产力所决定，旧的生产关系的灭亡，要以旧的生产关系所能容纳的
生产力全部发挥出来为决定性的前提条件；新的生产关系的产生，也要
以新生产关系赖以存在的生产力的存在为决定性前提条件。刘译本对此
有一处与现行译法不同的地方，即"社会秩序"。"社会形态"指的是社
会在历史发展阶段上的具体存在形式，是同生产力的一定发展阶段相适
应的经济基础和上层建筑的统一体。原始社会、奴隶社会、封建社会、
资本主义社会和社会主义社会，就是社会历史中不同性质的社会形态。
每一种社会形态都有它特定的经济基础和上层建筑，都是按照一定的客
观规律发展的，都有其产生、发展和灭亡的历史。而"社会秩序"在现
代汉语中指的是社会的次序和安排，指的是有条理不混乱的社会状况，
并没有体现出人类社会发展的历史过程。

2. 关于物化的论点

在《政治经济学批判》的"商品"章，在抽象的一般劳动创造交换
价值的基础上，马克思进一步分析得出，经由劳动这个中介，人和人的
关系表现为物和物的关系：

> 人和人之间的社会关系可以说是颠倒地表现出来的，就是
> 说，表现为物和物之间的社会关系。只有在一个使用价值作为
> 交换价值同别的使用价值发生关系时，不同个人的劳动才作为
> 相同的一般的劳动相互发生关系。因此，如果交换价值是人和

人之间的关系这种说法正确的话，那么必须补充说：它是隐蔽在物的外壳之下的关系。①

这段话在刘译本中的译法是：

> 创造交换价值之劳动底特征，是将人与人间之社会的关系，竟表现于物与物间底社会的关系底颠倒形态中。仅仅当两种使用价值具有交换价值底相互关系那时候，各个人的劳动才获得成为纯一的一般的劳动之共通性，所以如果该说交换价值是人与人间底一种关系，那就必须补说，这一关系是隐匿在物质的外壳底下。（第14页）

这段话被视为马克思物化理论的经典表述。马克思在这里阐述的观点跟他后来在《资本论》中叙述的商品拜物教的观点非常接近。然而，刘译本在此将"物"译为"物质"则与马克的思想产生了很大分歧。马克思所说的"物的外壳"中的"物"其实是指商品。马克思的这句话也是想说人和人的关系在资本主义社会表现为物和物的交换关系，因为包含着共同的抽象劳动不同的商品之间得以进行交换，因而人和人的交换关系就通过商品和商品的交换关系为载体运行。换一种说法来理解就是商品和商品的关系的实质是人和人的交换关系，即商品外壳下隐藏的是人的关系，也即人与人关系的类物性。而刘曼翻译为"物质的外壳"就

---

① 《马克思恩格斯全集》第三十一卷，人民出版社1998年版，第426页。

同马克思的意思有较大区别。刘曼的"物质",按照哲学的理解,是与"意识"对应的哲学范畴。这同马克思所言之"物"在内涵和外延上都存在着差异。关于物化,刘曼还有一段翻译是比较准确的:

> 只根据日常生活底习惯,我们就可想到下面的事是完全显明的和普遍的,即社会生产关系应该具有一个物底形态,所以正在劳动之人间底关系,表现为物与物或物与人间底相互关系。
>
> 在商品中,这种神秘化尤其是十分简单的。作为交换价值之诸商品间底关系是生产活动中之人间的相互关系,这是人人多少明了的。在发展的生产关系里,失去了这种单纯的外观。关于货币制度之一切幻想,起因于以下的事实:即是不把货币看做代表社会的生产关系之物,而看做具有某些性质之自然生产物。(第14—15页)

这段话在《全集》中被翻译为:

> 一种社会生产关系采取了一种物的形式,以致人和人在他们的劳动中的关系倒表现为物与物彼此之间的和物与人的关系,这种现象只是由于在日常生活中看惯了,才认为是平凡的、不言自明的事情。在商品上这种神秘化还是很简单的。大家多少总感觉到,作为交换价值的商品之间的关系,不过是人们与他们相互进行的生产活动的关系。在比较高级的生产关系中,这种简单的外貌就消失了。货币主义的一切错觉的根源,

就在于看不出货币代表着一种社会生产关系，却又采取了具有
一定属性的自然物的形式。①

　　由此，对比刘译本和全集版，我们可以发现刘曼正确翻译出了马克
思所指的"物的关系其实是人的关系"的内涵，正确翻译出了作为特殊
商品的货币，不是自然而然就存在的，它是人和人交换劳动的关系发展
的结果，它也是人和人之间相互交换劳动关系的反映。

3. 关于商品二因素的论点

　　马克思的政治经济学批判，是从"商品"这个资本主义社会的细胞
开始的。作为用于交换的劳动产品，商品同时具有使用价值和价值两种
属性。但是价值又是通过交换价值表现出来，所以使用价值和交换价值
也紧密相关。

　　在《政治经济学批判》第一章开篇马克思就阐明了商品二因素：
"但是，每个商品表现出使用价值和交换价值两个方面。"②这个核心观
点被刘曼正确地翻译出来了："但是每一商品都有两方面，即使用价值
及交换价值这两方面。"（第1页）接下来，马克思对使用价值进行了进
一步说明，是"生活上必须的、有用的或快意的某种东西"。③刘译本译
为，"商品首先是人生中'必要的，有用的或快意的任何东西'"（第2
页）。刘译本正确表达了马克思的思想，即商品以人的需要为前提，它

① 《马克思恩格斯全集》第三十一卷，人民出版社1998年版，第427页。
② 《马克思恩格斯全集》第三十一卷，人民出版社1998年版，第419页。
③ 《马克思恩格斯全集》第三十一卷，人民出版社1998年版，第419页。

首先是作为使用价值而存在的，使用价值是它的自然属性。

　　具体来说，关于使用价值和价值。不同的商品由于自身物质条件的差异具有不同的使用价值，形形色色的使用价值之所以能进行交换，是因为它们都凝结了相同的人类劳动。"使用价值直接是生活资料。但是，这些生活资料本身又是社会生活的产物，是人的生命力消耗的结果，是对象化劳动。一切商品，作为社会劳动的化身，都是同一个统一物的结晶。"①刘译本为："使用价值原本是生活资料，可是这些生活资料自身是社会生活底生产物，是费去的人类生命力即物质化的劳动底结果。作为社会劳动底具体化之一切商品是同一实体底结晶物。"（第4页）刘曼的翻译，也表明了凝结在商品中的无差别的人类劳动，人的体力和脑力消耗，就是决定不同的使用价值之间之所以能进行交换的原因，而这个凝结在商品中无差别的人类劳动就是价值。刘译本与马克思的观点基本相同。

　　关于交换价值，《全集》译为："作为交换价值，只要比例适当，一个使用价值和另一个使用价值完全同值。"②商品的交换价值是指商品能够通过买卖，同其他商品相互交换的属性。商品的交换价值首先表现为一种使用价值同另一种使用价值相交换的量的比例关系。在刘译本中，这句话被译为"作为交换值价之某一使用价值，如果仅存在于正比例中，是与他种使用价值有一样价值"（第4页）。这里，刘曼的翻译也是正确的。当使用价值都被用于交换时，各自代表数量不同的交换价值，在比例适当的情况下，他们的交换价值即价值可以等值。

---

①《马克思恩格斯全集》第三十一卷，人民出版社1998年版，第421页。
②《马克思恩格斯全集》第三十一卷，人民出版社1998年版，第421页。

在论述使用价值和交换价值的关系时，马克思指出：

> 因此，商品在它变成使用价值的过程中所经历的唯一的形式变换，就是抛弃了它的形式存在——对它自己的所有者是非使用价值，而对它的非所有者是使用价值。商品要变成使用价值，就要全面转让，进入交换过程，但是它为交换的存在就是它作为交换价值的存在。因此，它要实现为使用价值，就必须实现为交换价值。[①]

马克思这里指明商品是使用价值和价值的统一体，但是使用价值和价值又是相互矛盾、相互排斥的。在商品交换的过程中，使用价值和交换价值必须分离。商品所有者为了实现商品的价值，必须让渡使用价值给买者，商品的买者为了获得商品的使用价值就必须通过支付等形式把价值让渡给商品所有者。刘译本的译文是：

> 所以在商品变成使用价值时，商品所遭逢的唯一形态变化包有这个事实：即商品不再是形态物，不再是对于商品所有者之非使用价值，也不再是对于不曾取有商品的人之使用价值。为欲变成使用价值，商品必须完全卖去，必须参进交换范围，但是在商品的交换价值底功能上，商品是以交换为主。所以商品为要实现为使用价值，必须先实现为交换价

值。（第28—29页）

这里，刘曼的理解与马克思之间存在比较大的偏差。马克思的原意是商品"对它的非所有者是使用价值"，也就是说，商品的购买者要通过交换获得该商品的使用价值。而刘曼翻译为"也不再是对于不曾取有商品的人之使用价值"，跟马克思的意思恰恰相反。而在接下来刘曼的翻译"所以商品为要实现为使用价值，必须先实现为交换价值"又回归到正确的思路。刘译本在此处存在着语义上的前后矛盾。

4. 关于劳动二重性的论点

商品二因素是由生产商品的劳动二重性决定的。劳动二重性是指具体劳动和抽象劳动。《全集》对这部分的表述是：

> 事实上，那种在物体上表现为使用价值的差别的东西，在过程中就表现为创造这些使用价值的活动的差别。生产交换价值的劳动，同使用价值的特殊物质无关，因此也同劳动本身的特殊形式无关。其次，不同的使用价值是不同个人的活动的产物，也就是个性不同的劳动的结果。但是，作为交换价值，它们代表相同的、无差别的劳动，也就是没有劳动者个性的劳动。因此，生产交换价值的劳动是抽象一般的劳动。①

———————————

① 《马克思恩格斯全集》第三十一卷，人民出版社1998年版，第421页。

刘译本译为：

　　事实上，真正表现为使用价值底差异之物，是生产过程中生产那些使用价值所有的活动底差异。创造交换价值所用的劳动，正与对于使用价值底物质无关系同，也对于劳动自身的特殊形式无关系。再则，不同的使用价值是不同的个人底活动底生产物，总之，是彼此各不相同的各种劳动底结果。但是作为交换价值之劳动，体现同样纯一的劳动，即消失工人底个性底劳动。因此创造交换价值所用的劳动，是抽象的一般的劳动。（第5页）

　　使用价值的不同在于生产商品的具体劳动不同，而创造交换价值的劳动则与劳动的具体形式无关，交换价值只和一般的抽象劳动有关，这两点刘曼翻译得十分准确。具体劳动创造使用价值，抽象劳动创造商品的价值，通过刘曼的翻译，劳动二重性的关系让读者理解起来并不费力。可是美中不足的是，"正与对于使用价值底物质无关系同"就很难让人理解了。

　　相似的，马克思在后面还有叙述使用价值和价值与具体劳动和抽象劳动的关系："生产交换价值的劳动是抽象一般的和相同的劳动，而生产使用价值的劳动是具体的和特殊的劳动，它按照形式和材料分为无限多的不同的劳动方式。"①刘译本的翻译为："创造交换价值之劳动是抽

---

①《马克思恩格斯全集》第三十一卷，人民出版社1998年版，第428页。

象的，一般的和纯一的，而生产使用价值之劳动是具体的和特殊的，且又是由适应所用的方法和材料之无限种劳动所构成。"（第17页）因此，关于劳动二重性与商品二因素的关系，刘曼准确理解并译出了理论内容的逻辑关系，译文通顺正确。

5. 关于货币的本质的论点

货币是固定充当一般等价物的特殊商品，货币的本质是一般等价物，它能表现其他一切商品的价值。关于货币的本质马克思论述道：

> 这样一来，商品所有者相互把他们的劳动作为一般社会劳动来对待的关系，就表现为他们把他们的商品作为交换价值来对待的关系，而商品在交换过程中彼此作为交换价值相互对待的关系，就表现为它们把一种特殊商品作为它们交换价值的最适当的表现的全面关系，这反过来又表现为这种特殊商品同一切其他商品的特定关系，因而表现为一个物品的一定的仿佛是天生的社会性质。这样地代表一切商品的交换价值的最适当存在的特殊商品，或者说，作为一种分离出来的特殊商品的商品交换价值，就是货币。它是商品在交换过程本身中形成的商品交换价值的结晶。[①]

刘译本译为：

① 《马克思恩格斯全集》第三十一卷，人民出版社1998年版，第442页。

　　这样，诸商品所有者底相互关系，根据着他们的认定他们的劳动是一般的社会劳动这事实，具有对于作为交换价值之诸商品底相互关系之形态，而作为交换价值之商品底相互关系，又在交换过程中表现为一切商品对于某一特殊商品之关系，即对于一切商品底特殊适应的表现手段之关系。再从商品底立场看，上述关系表现为该特殊商品对于一切其他商品之特殊关系，即表现为该商品自身一定的，自生的和社会的性质。由此，表现为一切其他商品底特殊适应的交换价值之特殊商品，或表现为作成某一特殊除外的商品之商品底交换价值那特殊商品，即是货币。货币是商品交换价值底结晶，这个结晶是诸商品自身在交换过程中形成的。（第39页）

　　马克思在这里把货币表述为所有商品中的一种特殊的商品，它能够代表一切商品的交换价值。这种特殊的商品的出现将全部的商品分成了两类，一类是代表其他一切商品价值的特殊商品，另一类是其价值被这种特殊商品代表了的商品。这种从商品中分离出来的特殊商品就是货币。这就意味着，货币之所以能充当一般等价物，是因为货币本身也是商品，也有价值。这里，刘曼基本将马克思所表达的货币作为一般等价物同其他一切商品的关系准确翻译了过来。然而马克思的"一个物品的一定的仿佛是天生的社会性质"的表述，在刘译本中对应的译句为"即对于一切商品底特殊适应的表现手段之关系"。这种译法比较让人难以理解，而且刘曼翻译过来的这句话跟前后文也不连贯。另外，货币作为特殊的商品是从一切商品中分离出来，这一点刘译本没有体现出来。

三、译文校释

校释就是校勘注释。通常，它包括校错别字、标点、分段、内容差异、脱字、脱词、遗漏、删节等。这里我们仅挑选几个最明显的问题，如刘译本中出现的排版错误、漏译情况、误译情况，分别简单说明。

1. 排版错误

分段错误。刘译本的第一章中，"最后，创造交换价值之劳动底特征，是将人与人间之社会的关系，竟表现于物与物间底社会的关系底颠倒形态中……表现为物与物或物与人间底相互关系"（14—15页）。这一段，和接下来的一段，"在商品中，这种神秘化尤其是十分简单的。作为交换价值之诸商品间底关系是生产活动中之人间的相互关系，这是人人多少明了的……这个幻想显然就是他们的质率的惊疑底自白"（15页）。这两段在《全集》中是一段，刘译本却将它们分开了，这是不恰当的。再如，刘译本的第一章的第8页上的两个自然段，在《全集》中其实是归属于同一自然段落的。段落是文章中相对独立的意思的表达，也是文章用于分述、强调等情况的停顿，是表现文章层次最小结构的单位。段落划分错误，会给读者完整准确理解理论带来困扰。

标点错误。在"序言"的开篇，马克思说："我考察资产阶级经济制度是按照以下的顺序：资本、土地所有制、雇佣劳动；国家、对外贸易、世界市场。"①在刘译本中译为："我按以下的程序：资本，土地所有权，工银劳动，国家，对外贸易，世界市场，来考察资产阶级经济学的体系。"（"著者序"第1页）对比这两句话，可以发现，刘译本在标点使用上，存在好几处跟《全集》不一样的地方。《全集》在几处使用的顿号，对应刘译本中改用了逗号；《全集》使用的分号，刘译本使用的是句号。顿号主要用于并列词或并列词组之间，表示的是并列关系。逗号代表的是主谓、动宾之间停顿。而分号是用于并列分句之间表示并列。符号不同，表示出来的词或句之间的关系也不同，读者根据这些标点得出的对马克思政治经济学理论的理解也会不一样。

着重号标记错误。马克思表示强调的部分，全集版是用加粗来标记的。刘译本则是在文字下面加"。"来表示，但是刘译本中存在强调遗漏或强调标记错误的情况。例如"现实性""代表金""金的代表""储藏货币""一般交换手段""购买手段""支付手段"，这些全集版标记了着重号的地方刘译本都没有标记；"信用货币属于社会生产过程"，全集版是在"信用货币"下标记，而刘译本是在"货币属于"下标记，着重号标记错位。

另外，刘译本的"商品"章里，"这些生活资料自身是社会生活底生产物"（第4页），其中的"活"字，以及第二章的"货币"一节中在第190页的"在他的储藏货币上附以金属底新重量之外，便无事可作"中的"便"，两处都采用了与全书其他地方均不同的竖排版。

---

① 《马克思恩格斯全集》第三十一卷，人民出版社1998年版，第411页。

2. 漏译情况

段落遗漏。马克思在"商品"章中有一段重要论述："现在，商品是作为二重存在而互相对立着，实际上作为使用价值，观念上作为交换价值。现在，它们彼此把自己所包含的劳动的二重形式表现出来了，因为特殊的实在劳动作为它们的使用价值而实际存在着，而一般的抽象劳动时间则在它们的价格上取得想象的存在，在这种存在上，它们是同一价值实体的同样的、只有量的差别的化身。"①这一段是马克思通过对商品交换过程中货币作为"价值尺度"的功能的分析，揭示了商品二重性和劳动二重性之间的关系。然而这段话在刘译本中并没有出现，属于漏译。除此之外，其他一些个别语句也存在遗漏的情况。

语词缺失。在《全集》的第423页，有这样一段："其次，交换价值由劳动时间决定，还包含一个前提……"②在刘译本中对应的译文是："交换价值依劳动时间底决定，更含有这个事实……"（第9页）这里，有一个和前面的"首先"和后面的"最后"相呼应的"其次"，被刘曼忽视了。马克思这里的"首先""其次""最后"是环环相扣、层层递进的关系，他从商品的使用价值引出价值和交换价值，接着阐述交换价值是由社会必要劳动时间决定的，个人的劳动时间获得了社会性，最后马克思得出物和物的关系其实表现的是人和人之间的关系。马克思在这里有清晰的逻辑层次推进，刘译本丢失了"其次"，其逻辑关系就显现不出来了。

---

① 《马克思恩格斯全集》第三十一卷，人民出版社1998年版，第463页。
② 《马克思恩格斯全集》第三十一卷，人民出版社1998年版，第423页。

3. 误译情况

理解上的误译。例如，"彼替以使用价值归于劳动，不曾以劳动生产力底自然限制来骗哄他自己。关于具体的劳动，他把它配合在它的社会形态底大小里，作为分工。"（第46页）马克思在这里说的是配第把使用价值归结于劳动，配第是知道劳动受自然条件的限制的，所以配第始终是将劳动置于社会总体形态中，把劳动作为社会分工的一部分来理解的。但是刘译本的"骗哄""大小"，这很难让读者明白马克思所表达的意思，而且"配合"翻译得也不准确。

添词的误译。例如，《全集》中，马克思说："正如运动的量的存在是时间一样，劳动的量的存在是劳动时间。"[1]这句话在刘译本中翻译为："正如运动是由时间来测定一样，所以劳动是由劳动时间来测定。"（第6页）用时间测定运动的量，和用劳动时间测定劳动的量，二者之间只是一种类比关系。刘译本多加了"所以"，让前后两句变成了因果关系。可是这两句之间不存在引起和被引起的关系。这会给读者造成理解上的困扰。刘译本在其他章节也存在类似的情况。

此外，还有引文注释不准确的情况。例如，在《全集》中，马克思引用贝克莱主教的话："四大元素和包括在其中的人类劳动难道不是财富的真正源泉吗？"[2]以及接下来引用的托马斯·库珀的话："从一块面包中抽调耗费在它上面的劳动，抽调面包师、磨坊工、农夫等等的劳

---

[1]《马克思恩格斯全集》第三十一卷，人民出版社1998年版，第422页。

[2]《马克思恩格斯全集》第三十一卷，人民出版社1998年版，第428页。

动，还剩下什么呢？不过是一把对人没有任何用处的野草籽而已。"①这
两处引用，一个出自贝克莱《提问者》1750年伦敦版第1页，一个出自
托马斯·库珀《政治经济学原理讲义》1831年伦敦版第99页。可是在
刘译本中，这两处引用中，他把问号都译成了句号，而且第一个引文还
没有标记页码。除刚才举的例子以外，刘译本也还有其他一些引文页码
标记同《全集》引文有出入的现象。

① 《马克思恩格斯全集》第三十一卷，人民出版社1998年版，第428页。

结

语

　　《政治经济学批判》是马克思最重要的著作之一，是马克思经济学研究的阶段性成果，代表马克思经济学理论成果的最初问世。诞生于马克思早期的著作《1844年经济学哲学手稿》和后期的《资本论》之间，代表着马克思从人本主义研究范式向经济学的研究范式的转变，代表着马克思基于唯物主义历史观研究的展开，特殊的地位与意义就决定了《政治经济学批判》不可小觑。再加上它又是马克思的鸿篇巨制《资本论》的"前奏"，其中的不少内容与《资本论》的内容一脉相承，使得它在马克思主义理论发展史上的至高地位更加无可非议。因而，对于任何想要了解马克思主义传入中国的历史的人，特别是对于那些想要深入研究马克思政治经济学理论传入中国的历史的人而言，《政治经济学批判》，尤其是它的第一个中译本，都是不可越过的必读内容。

　　马克思主义在五四以前就开始在中国传播，然而当时人们对于马克思其人和他的理论的了解并不深入，只是一知半解，甚至有时还存在误解。十月革命一声炮响，给中国人民送来了马克思列宁主义，中国人迫切地需要有完整的介绍马克思和恩格斯的思想的著作，在这样的背景下，《政治经济学批判》的第一本中译本——刘曼译本应运而生。可以说，刘译本的出现，迎合了当时国内对于马克思的著作的中译本的迫切需要，契合了时代发展的需求。刘译本虽然有一些内容翻译得不够准确，甚至是错误的地方，但是它仍然正确地翻译出了马克思政治经济学理论中相当重要的一部分，为中国的先进分子和革命民主人士了解并掌握马克思主义作出了积极贡献。在马克思主义传入中国的发展史上，刘译本当之无愧是一部奠基性的译著，它所起到的积极作用是值得肯定的。

参考文献

[1] 马克思恩格斯文集：第1—10卷 [M]. 北京：人民出版社，2009.

[2] 马克思恩格斯全集：第16卷 [M]. 北京：人民出版社，1964.

[3] 马克思恩格斯全集：第19卷 [M]. 北京：人民出版社，1963.

[4] 马克思恩格斯全集：第29卷 [M]. 北京：人民出版社，1972.

[5] 马克思恩格斯全集：第30卷 [M]. 北京：人民出版社，1974.

[6] 马克思恩格斯全集：第31卷 [M]. 北京：人民出版社，1998.

[7] 马克思恩格斯全集：第39卷 [M]. 北京：人民出版社，1974.

[8] [德] 马克斯. 经济学批判 [M]. 刘曼，译. 上海：上海乐群书店，1930.

[9] [德] 卡尔·马克思. 政治经济学批判 [M]. 郭沫若，译. 上海：神州国光社，1931.

[10] [德] 李博. 汉语中的马克思主义术语的起源和作用 [M]. 赵倩，王草，葛平竹，译. 北京：中国社会科学出版社，2003.

[11] [苏联] 列·阿·列文. 马克思恩格斯著作的发表和出版 [M]. 周维，译. 北京：生活·读书·新知三联书店，1976.

[12] 谈敏. 1917—1919：马克思主义经济学在中国的传播启蒙（下卷）[M]. 上海：上海财经大学出版社，2016.

［13］李善明，周成启. 马克思主义政治经济学的产生［M］. 上海：上海人民出版社，1985.

［14］丁冰，吴世泰. 马克思主义政治经济学简史［M］. 成都：四川人民出版社，1983.

［15］北京图书馆马列著作研究室. 马克思恩格斯著作中译文综录［M］. 北京：书目文献出版社，1983.

［16］中共中央马克思恩格斯列宁斯大林著作编译局马恩室. 马克思恩格斯著作在中国的传播［M］. 北京：人民出版社，1983.

［17］丁守和，殷叙彝. 从五四启蒙运动到马克思主义的传播［M］. 北京：生活·读书·新知三联书店，1963.

［18］高军，等. 五四运动前马克思主义在中国的介绍与传播［M］. 长沙：湖南人民出版社，1986.

［19］林代昭，潘国华. 马克思主义在中国：从影响的传入到传播［M］. 北京：清华大学出版社，1983.

［20］胡为雄. 马克思主义哲学在中国传播与发展的百年历史：上、下册［M］. 南昌：百花洲文艺出版社，2015.

［21］张问敏. 中国政治经济学史大纲：1899—1992［M］. 北京：中共中央党校出版社，1994.

［22］王戎，等. 马克思主义与二十世纪的中国［M］. 成都：四川大学出版社，2011.

［23］黄楠森，等. 马克思主义哲学史：第6卷［M］. 北京：北京出版社，2005.

［24］李泽厚. 马克思主义在中国［M］. 北京：生活·读书·新知

三联书店，1988.

　　［25］史清竹. 马克思《政治经济学批判》研究读本［M］. 北京：中央编译出版社，2016.

　　［26］张一兵. 回到马克思：经济学语境中的哲学话语［M］. 南京：江苏人民出版社，1999.

　　［27］鲁迅全集：第6卷［M］. 北京：人民文学出版社，1981.

　　［28］中国社会科学院近代史研究所. 五四运动回忆录：上、下册［M］. 北京：中国社会科学出版社，1979.

　　［29］［苏联］阿·伊·马雷什. 马克思主义政治经济学的形成［M］. 刘品大，等，译. 成都：四川人民出版社，1983.

　　［30］［德］图赫舍雷尔. 马克思经济理论的形成和发展（1843—1858）［M］. 马经青，译. 北京：人民出版社，1981.

　　［31］Karl Marx. A Contribution to the Critique of Political Economy［M］. Moscow：Progress Publishers，1970.

说　明

　　《马克思主义经典文献传播通考》各册均附有原版书影印资料，即马克思主义经典著作中文译本。本丛书所称"译本"是指：1. 我国单行出版的马克思、恩格斯、列宁等原著，包括著作、书信选译和专题文集；2. 报纸、杂志连载马克思、恩格斯、列宁等著作的完整译文。鉴于中华人民共和国成立前，马克思主义经典著作的译本数量众多，版次与印次繁杂，本丛书所附译本均作专门说明。

　　本册所附《政治经济学批判》刘曼译本为1930年5月上海乐群书店出版的《经济学批评》。

經濟學批判

馬克斯著

劉曼譯

上海

樂羣書店版

1980

1930，3，2，付排

1930，5，25，出版

1——2000册

實價壹元

目　次

譯 者 序

出版了足足七十年的這本經濟學批判，誰也知道是馬克斯先生的全部遺教中一本最重要的經濟文獻，是全世界勞苦羣衆的聖經，早已有了各種文字底譯本。然而在中國，直到現在，直到馬克斯主義所煽起的革命燄火漸次迫近我們四週底現在，直到我國勞苦羣衆正在覺醒地接受時代要求底現在，直到我國思想界起了進一步的轉變底現在，直到舊社會將隨歷史的車輪轉入萬刼不復的深坑中底現在，這樣一個可貴的寶物，縱有我這一本卑之無甚高論底譯本，毫無疑義是我國思想界一件不可恕的缺恨。我譯這本書，雖然抱有解除這一缺恨底宏願；我的譯本，雖然對於目前迫不急待的大多數不諳外國文的讀者，多少可以給予幫助省識這個寶物底機會；可是原書底精確的迻譯，覺得太不容易，這次嘗試底結果，連自己也不能十分滿意。因此，除非國內有更美滿的譯本出現，這缺恨似乎仍舊解除不得。

這本書底重要，凡是涉獵過馬克斯主義書籍底人，早就有一個共通的認識，譯者不必多費介紹。很扼要地說，馬克斯先生寫這本書底動因，是在對自十九世紀初期以前一百五十年來底古典學派所研究的結果，卽從配第至里嘉圖，從波斯蓋勒柏特至西思蒙第所研究的結果，提出一個無情的總批判。至於牠的主要的題材，全書四分之三（經濟學批判緒言在外）是關於貨幣底討論。在這一點上，牠比資本論還要詳盡。所以我們若要理解馬克斯經濟學的貨幣論，除非細心窮究這部經濟學批判，就令有機會讀完資本論，依然是不透澈的。換句話說，經濟學批判有牠的獨自的重要。

關於翻譯這本書底經過，譯者尚有幾句須得補說 的話：我探取 的本子是 一九〇四年出 版的 Stone的英譯本，並輔以宮川實的日譯本,遇有難解處,均參照考茨基的德文本(多半借助朋友之力)。英譯者的譯文,是否最為可靠,想來凡是讀過德文本和英文本的人,早就有一個定評,公認牠是一部有權威的譯本。若就我的所見，Stone 的譯本的確有這幾個特點：第一,他譯這本書時,曾費過極端精細的考慮(關於這一點,看過他的序文就可瞭然),幾番的審定;第二,他曾改正了原文上少數誤載的引文;第三,他曾添上少數重要的附註，並在經濟學批判緒言底前面,附有考茨基在 Neue Zeet 報上發表本文時所載關於補添各點底說明。

再說理解本書底不容易，除去英譯者已先為我指出的諸點以外，最使我感到困難的是經濟學批判緒言這一篇。及少數不曾譯成英文之各種文字底引文。這些引文，半數是請我的朋友們代譯

— 3 —

的。

　　譯者是一·個淺薄的研究者，本就不敢擔當這一繁重的任務，更因時間過促，不克在一個多月裏盡量修正他的原稿，所以雖算鼓着十二分的勇氣作了這一次嘗試，可是他對於感着困難之處，不能自信沒有應待修正底所在。決不否認他的嘗試，只有不成熟的收穫，填補不了他所認爲的缺恨。他願以至誠接受一切擁護眞理底讀者的指示。

　　　　　　　　　　一九三〇，三，二六，　上海。

　　　　　　　　　　　　　　　譯者。

英譯者序

本書譯自考茨基在一八九七年所刊行的經濟學批判第二版，該版與一八五九年的原版有些微的變更，即曾由馬克斯在他自己的本書筆錄底頁邊指明過的變更。

從著者的序文，可以看出本書原先是發表作為一部經濟學詳論底初次的成途。然而在從事他的著述的時候，馬克斯遂改變了他的計劃，並且在經濟學批判出世以後八年，他發表了資本論第一卷,該書的範圍是打算去包括經濟學的全領域。

所以馬克斯在本書序文上所提及的計劃,在牠的形式方面,已經拋棄,但在實體上,則尚未拋棄。這裏所論究的題材,已復述于資本論上,或者如馬克斯自己所說,已"概括"于資本論上。然所概括的,是以保持研究底連續所必須者爲限。在他一方面,許多重要的材料,在這裏都比在資本論上論究得更加周到,尤其是關於貨幣的討論那節。貨幣論以及資本論上不曾提出之價值論和貨幣論史諸章,使着經濟學批判本身成爲一部特別完備的著作。

雖然這是將近半世紀以前寫成的,英國新近的金融紊亂,恰好證明這本書仍然是怎樣應時的和有用的。城市中大部份的在業工人不曾爲一八九六年及一九〇〇年民主自由黨的運動 (Demo-eratis-PoPulist agitation) 所迷住底事實,宜乎遠過於一般人所認識的,是由於馬克斯底直接的和間接的影響。他的經濟學說已指導社會主義者走上了他們的反對的運動。而且因爲既經發生了關於怒潮底要求之諸條件絕對不會消滅至無復興底可能，所以這本書除去在大學圖書館及經濟學者之外，更在牠的前面開展一廣闊的領域，著者在工人階級方面的聲威保證本書有這一個廣闊的領域。

假如要明白這本書爲甚麼應譯成英文，這有另一個理由。馬克斯的序文包括他的名爲史的唯物論之歷史哲學論底古典的論證。直到新近幾乎專爲社會主義的作家所服膺，而很少傳聞於英語國家中的社會主義圈子以外底這個理論，後來不僅由於認識，而且由於同情的欣賞，正接受在科學家的手裏。(註一)這寧是一件顯然的符合，初次明立統制社會進化之法則底這部著作，該與達爾文以其生物進化論供獻於世之同年世出。而且正與後者不得不反對宗教的偏見以爭取達到實現之途徑同，前者的實現也比甚至更有力量的社會的和政治的偏見所阻礙。

加在本書上作爲附錄之經濟學批判導言，是任何語言中第一次用書本形式發表的。這是馬克

斯在一八五七年寫的，然而由於他在序文上所說
明的原故，所以未曾出版而且事實上他也沒有作
完，因爲依照他的變更的計劃，這篇導言應與要包
括經濟學史之資本論末卷更相適合。所以晚近方
由 Neue Zeit 主筆及馬克斯的門徒考茨基，用雜
誌論文的形式發表出來。

　　關於翻釋本書底工作，有依秩的幾點說明。沒
有那個更比譯者本人深感這原本底英譯底缺點。
當他十分覺得這個譯本應該大加修正的時候，他
曾多次想去犧牲約將譯完原本底工作。我們可以
看出，本書許多章節在資本上是比較的明白和簡
約；按照在資本論序文上馬克斯的述說，那些章節
是十分簡約的和通俗的。本書上的赫格爾語法底
例子較多，所以使譯成爲一件較難的工作。然而
正爲這個原故，特別要慳力去給予說英語的讀者
以原文底極嚴密的迻譯。關於馬克斯在資本論上
重述本書的某些節，穆爾(moore)和安衞林（Au-
eling）的資本論譯本，是到處帶有些微的修改，而
隨便譯成的。

　　關於馬克斯用語的變更祇有'資產階級'（Bür-
gerlich）這名詞是佃例證。在本書上，馬克斯是稱
'資產階級的生產'（Bürgerliche Produktion），
'資產階級的財富'（Liugelliche Reichthum）和
'資產階級的勞動'（Burgsliche arbeit）八年以
後，他在資本論相同的各章上則改用'資本家的'
（Kapitatische）這名詞。因為說英語的讀者聽到
'資本家的'生產制度，比聽到'資產階級的'生產制
度等更熟，所以譯者認定經濟學批判出版以來這
少數年間馬克斯自己對於這名詞的改變，是他譯
'資產階級的'為'資本家的'一個充足的證明，這
樣好像使這名詞的意義更易令讀者明瞭。

　　看到這本書當眞受了多數人的研究底事實，
譯本上既然同時附有原文的引證，則翻譯意大利，
希臘，拉丁，和法國諸作家的多數引文，想當是應
該的。馬克斯用德文所舉的一切英文引證，現在已
從德文還元為英文。這些原本是靠着紐約阿斯托
圖書館，哥侖比亞大學圖書館，華盛頓的國會圖書
館，及西立知門教授（Proffssor Seligman）的私

人圖書館這四處底幫助。譯者深謝西立知門許他
參考馬克斯所引十七世紀的稀貴著作之好意。馬
克斯所載各書的頁數,有些已證明是錯的,與原本
所載的頁數不同。原本的英文引證有不能找到的
兩三處,已經省去引證符號再從德文譯出來了。

　　假如譯者不克記念他的夫人——她在這個譯
本上的功勞與他自己的功勞相等——對於本書
幫功,這個敘述是不完備的。

註一　西立門(Cf. Seligman)著:"史底經濟研究",1902年。

　　　　　紐約　一九〇三年,十月。

著　者　序

　　我按以下的程序：資本，土地所有權，工銀勞動，國家，對外貿易，世界市塲，來考察資產階級經濟學的體系。在最初三個題目底下，我考察造成近代資產階級社會之三大階級底經濟的生活條件；其餘三個題目底關連是自身明白的。上篇的前半部論究資本，包括以下各章：卽(1)商品，(2)貨幣或單純流通，(3)資本一般。前兩章形成本書的內容。擺在我前面的全部材料，是在長時間用記錄底形式寫成的，不是爲着發表，而是爲着解答對於我自己的那些問題底目的；所以那些記錄按照上述的計劃之系統的說明，尚須依現實的情形而定。

我省去了曾經預備過的概論，因爲仔細着想，凡是尙待證實的種種結果底豫言，我以爲都是不合的，而且心願完全信從我底讀者，應該決意從特殊到一般去研究。在他一方面，關於我自己的經濟學研究底經過，有幾點可以在這裏說說。

我的專門研究底題目最先是法理學，但與哲學和歷史底研究相關連，並且當做是對歷史和哲學底研究之次要的研究。自一八四二年至一八四三年，我是 Rheinische Zeitung 的記者，當我不得不參加關於所謂物質利益底論爭這時候，初次覺得自己不遑寧處。關於森林盜伐及土地所有權底極端劃分之來因議會底討論；當時來因省長沙柏（Herr Von Schaper）曾以 Rheinishe Zeitun 報加入關於摩塞耳農民情況底公開論戰；末了關於自由貿易和保護底爭論，都給我以最先的動機去從事經濟問題底研究。法國社會主義和共產

主義底微弱的和準哲學的回聲，任 "前進" 這些良
善的意思極端妨礙事實底認識底時代，已同時聞
於 Rheinishe Zeitung 上。我親自表示反對這
樣的笨拙工作，但又不得不立卽在 Allgemeine
Augsburger Zeitung 底論戰上，承認我以前的
研究不克使我對於法國思潮底內容下一個獨立的
判斷，所以當 Rheinishe Zeitung 的當事人抱着
該報能靠不進攻的策略而免於死刑底宣告之妄想
時，我遂欣然獲取這個機會，從公共生活退回到我
的研究室去了。

　　爲解決苦惱我底問題所着手之第一步工作，
卽是對於赫格爾的 "法律哲學" (Philosoļhy of
Law)——載在德法年誌 ("Deutsch-Franzosische
Jahrbücher") 上之該書緒言，一八四四年發表於
巴黎——底批判的校正；我從我的研究得到如次
的結論：卽是法律關係以及國家形態旣不能由本
身來理解，也不能由所謂人類精神底一般進化來
說明。這些關係寧是源本於物質的生活條件，這
些條件統由赫格爾模倣十八世紀底法國人和英國

人，概括在"市民社會"這名稱底下，而這種市民社會底解剖尚待在經濟學裏探求。我在巴黎時已經着手的經濟學研究，當迫於基佐（Gizot）所頒佈之放逐令而僑居布魯薩爾的時候，我還是繼續。我所達到的，並在達到以後又再繼續作爲我的研究中底導線之一般的結論，可以簡約地概括如下：人類在他們所行的社會生產中，發生許多一定的，必然的，與他們的意志獨立的關係。這些生產關係與他們的物質的生產力底一定的發展階段相適應。這些生產關係底總和構成社會底經濟結構，卽發生法律的及政治的上層結構，並適應一定的社會的意識形態之現實基礎。物質的生活資料底生產樣式、決定社會的政治的和精神的生活過程底一般性質。決定人類生存的不是人類的意識，反之，人類社會的生存決定他們的意識。在人類進化底一定階段中，社會底物質的生產力與現存的生產關係發生衝突，或則——這不過是關于同一事物底一種法律的表現——與他們從前在內經營所依之財產關係發生衝突，由于生產力底發展形態，這些關

—— 4 ——

係變成了牠們的羈絆。于是到來社會革命的時代。因爲經濟基礎底變更，全部無限的上層結構，也或遲或速地變更了。在考察這些變更的當中，我們應該常常將自然科學底精密所能證明底經濟的生產條件底物質的變更，和法律的，政治的，宗教的，美術的或哲學的諸形態——要之即人類用以認識這種衝突並打破這種衝突底意識形態一區別出來。恰如我們對於某人的判斷不是根據他自以爲是怎樣的一般，我們不能本着變革時代的意識，來判斷這變革時代，反之，這個意識毋寧從物質生活底矛盾，從社會生產力和生產關係間現存的衝突來解釋。當社會秩序中有容納餘地之一切生產力尙未發展時，社會秩序決不消滅；而在生產關係底物質的存在條件未成熟于舊社會胎裏時，新的高度生產關係也決不出現。所以人類往往僅着手研究那些能夠解決的問題，因爲仔細地一看，我們可以常時找出問題本身，僅發生在關於這問題底解決之物質條件已經存在或者至少在形成過程中的時候。泛言之，我們得將亞細亞的，古代的，封建的和近代的資產階級的生產方法，定爲社會經濟構成底如許多發展的階段。資產階級的生產關係是社會生產過程底最後矛盾的形式 —— 這矛盾的意思，不是指個人的矛盾，而是指從個人底社會的生存條件所發生的矛盾。同時，發展于資產階級社會胎裏底生產力，創立關于那矛盾底解決之物質條件。所以這個社會構成人類社會底有史以前時期底終段。

　　與我經常通信並交換意見底昂格斯，自從他的關於經濟範疇底獨創的評論出世以後（載"德法年誌"上），已由不同的路徑達到與我同一的結論（參看他的 "英國勞動階級現狀"）。當一八四五年春季他也僑寓于布魯塞爾的時候，我們遂決定去共同提出在我們的觀點和德國哲學底觀念論之間的比較，事實上，卽是去確定我們對于從前的哲學意識底意見。這個計劃是用對於後期赫格爾哲學底批判形式來實行的。當我們接到情勢改變不許該書出版底通知那時候，兩部硬殼八開本的原稿，久已送到了威斯特發里亞（WestPhalia）的出版所。

自從我們完成了我們的主要目的——解決我們當前的問題——之後，我們遂更切實地以該稿委於對付鼠齧底嚴密批判。在當時關於種種問題我們所有公開發表意見的零亂著作中，我僅記得昂格斯和我合寫的‘共產黨宣言’及我個人所寫的‘自由貿易論。’我們的理論底主要點，最初提出在我專意反對蒲魯東並於一八四七年出版底哲學之貧困’中；雖然帶有論駁的形式，然而是科學的敍述。關於我用德文寫成的‘工資勞動’並附有我在普魯塞耳對德國勞働協會所說的演詞那一篇論文，因為二月革命及二月革命後我從比利時放逐底結果，遂未克出版。

在一八四八年及一八四九年中，Neue Rheinische Zeitung 底發行以及往後所發生的事件，打斷了我的經濟學底研究。直到一八五〇年居留倫敦以前，這些研究我還不能重新着手。關於集聚在英國博物院裏的經濟學史底無數材料：關於資產階級社會底考察在倫敦所得到的豐富事實；以及末了似乎由加利福尼亞和澳大利亞金礦的發現而使資產階級社會走進了的新發展階段；使我決意去從始繼續我的研究，並批判地探討新的材料。這些研究一部份變成了像似是偏面的問題，然而對於這些問題，我却不得不停止或長或短的期間。尤其在我的自由已被爲着生活而工作底緊急需要所剝落了的時候。我的工作，卽我現在服務八年了的第一流英美 新聞底紐約 講座（"New York Tribune"）的撰員，在我的研究上發生了很大的阻碍，從我服務報界以來，僅僅偶時從事我自己的研究。然而關於英國和歐洲諸重要的經濟事件底題材，成爲我的投稿底極大部份，以致不得不使我自己熟悉橫在嚴密的經濟學領域以外底許多實際的細目。

我的經濟學研究底經過底這個敍述，僅是證明我的見解是多年有意識的探求底結果，不管別人對牠作怎樣想，也不管牠怎樣與統治階級底得意的偏見怎樣不一致。然而在到科學底進口，必須提出像入地府底進口一樣的要求：

"不得不拋棄一切疑懼，

8 ——

"不得不除去一切怯懦。"

馬克斯

倫敦　一八五九年，一月。

第一篇
資本一般

第一章　商品

資本主義社會底財富，一目瞭然表現爲商品底廣泛的蓄積　因爲財富的單元就是單一的商品。但是每一商品都有兩方面，卽使用價值及交換價值這兩方面。(註一)

註一　『我們佔有的一切東西，有兩個用處：——一是本來的用處，一是這東西的非本來的和次要的用處。例如鞋子用來穿，也用來交換；兩者都是鞋子底用處。以鞋子來與需要鞋子底人交換貨幣或食物者。的確是把鞋子用作鞋子，

—— 1 ——

　　但是這並不是鞋子的本來的和主要的目的，因爲鞋子不是作好來做交換的目換物的。一切所有物都可以同樣說。」亞歷斯多德政治論第一卷一五頁，一八八五年佐維特（B Joweet)譯。

　　照英國經濟學者的說話，商品首先是人生中"必要的，有用的或快意的任何東西"，即人類需要底對象，最廣義的生活資料。商品作爲使用價值底這種性質與其自然的可以觸知的存在一致。例如小麥是一種一定的使用價值，與棉花，玻璃紙等使用價值不同。使用價值僅僅在使用上有價值，而且僅僅實現於消費過程中。同樣的使用價值可以用種種方法利用出來。但是使用價值底可能的利用底範圍，是受牠的一定的屬性所制限。而且牠不僅在品質上受了制限，並且在分配上也受了制限。按照使用價值的自然的特殊性，，各種使用價值有各種不同的尺度，例如一斗小麥，一帖紙，一碼竹布等等。

　　不管財富底社會的形態如何。使用價值常常有牠的特殊的本質，與那形態獨立。誰也不能由小

— 2 —

麥的滋味，告知這小麥是俄國農奴，或是法國自耕農抑是英國資本家所種植的。使用價值雖是社會需要底對象及在社會中互相關連的，却未含有任何社會的生產關係底痕跡。假如我們有一種商品，牠的使用價值是一個金鋼石底價值。我們不能一見這金鋼石，就說這是一種商品。當這金鋼石在賣淫婦的胸前或在切玻璃者的手上作為一種美觀的或機械的使用價值時，牠是一個金鋼石，却不是一種商品。成為使用價值是商品底必要的前題。但牠是否一種商品，却對於使用價值無關重要。於此，使用價值對於其經濟規定底性質沒有關係，即是使用價值橫在經濟學的研究範圍以外。僅在使用價值形成了牠自己的經濟規定時，使用價值方落入經濟學的研究範圍裏。使用價值形成物質的基礎，這基礎直接橫在一定的經濟關係即交換價值之下。

交換價值初看是表現為一種分量的關係。在這一個關係中，各使用價值——互相交換，各使用價值構成相等的交換分量。所以一本普羅叛秀斯

—— 3 ——

（ProPercius）詩集和八盎斯鼻烟可以代表同樣的
交換價值，不管煙葉和挽歌底不相同的使用價值
怎樣。作爲交換值價之某一使用價值，如果僅存在
於正比例中，是與他種使用價值有一樣價值。一個
宮殿底交換價值能够用若干箱的靴墨來表現。反
之，倫敦的靴墨製造業者曾以多數宮殿表現了他
們的許多靴墨箱底交換價值。所以在某些分量上
彼此相等的諸商品，完全與牠們的自然形態無關，
並且不問牠們作爲使用價值來供應的特種欲望如
何，却取得了交換中各自的地位，通用爲等價物，
而且不管牠們的複雜的外形怎樣，體現出同一的
實體。

　　使用價值原本是生活資料，可是這些生活資
料自身是社會生死底生產物，是費去的人類生命
力即物質化的勞動底結果。作爲社會勞動底具體
化之一切商品是同一實體底結晶物。現在我們且
就考察這個實體底特質，即用交換價值來表現的
勞動底特質。

　　假定一盎斯金，一噸鐵，一夸脫小麥和二十碼

綢子表現同等的交換價值。這些東西，因爲是消失
了使用價值間底性質的差異底等價物，所以體現
出同種勞動底相等分量。一樣包容在這些東西裏
的勞動，一定是一致的，純一的和簡單的勞動。勞
動是否包容在金，鐵，小麥或綢子裏，這倒全無關
係，正與養氣是否出現于鐵屑中，空氣中，蒲萄汁
中或人類的血中之全無關係同。鑛山中的採金掘
鐵，種麥和織綢，是性質不同的許多種勞動。事實
上，真正表現爲使用價值底差異之物，是生產過程
中生產那些使用價值所有的活動底差異。創造交
換價值所用的勞動，正與對于使用價值底物質無
關係同，也對于勞動自身的特殊形式無關係。再
則，不同的使用價值是不同的個人底活動底生產
物，總之，是彼此各不相同的各種勞動底結果。但
是作爲交換價值之勞動，體現同樣純一的勞動，卽
消失工人底個性底勞動。因此創造交換價值所用
的勞動，是抽象的一般的勞動。

　　假如一盎斯金，一噸鐵，一夸特小麥，與二十
碼綢子是等量的或等價的交換價值，那麼一盎斯

金，半噸鐵與五碼綢子是不等量的交換價值，而且這個分量的差異是牠們有作爲交換値值底可能之唯一差異。作爲不同量的交換價值之金，鐵，小麥及綢子，體現爲那種簡單的，純一的，抽象的和一般的勞動底或多或少的分量。於是發生如何去測定這些分量底問題，或甚麼得成爲勞動實體底分量測定底問題。因爲在交換價值底功能上，商品底分量的差異僅 是該商品所含的勞 動底分量的差異。正如運動是由時間來測定一樣，所以勞動是由勞動時間來測定。勞動底品質既然已知，則勞動長度底差異是能够區別勞動之唯一要素。勞動與勞動時間有同樣的測定標準，卽時，日，週等自然時的測定。勞動時間是勞動底有生命的實體，與勞動底形式，內容，個性無關。牠在分量上是勞動的有生命的實體，同時，有牠自身的內在的尺度。體現於商品底使用價值裏之勞動時間，是製造使用價值爲交換 價值卽製造使用價值 爲商品之實體，並得測定商品價值底一定分量。體現同量勞動時間之種種使用價值底相等分量，互爲等價，換言之，一切使用價值都是等價，只要所含的比例包有費去的和物質化的勞動時間底同一分量。作爲使換價值之一切商品，僅是凝結的勞動時間底一定分量。

爲欲明瞭交換價值爲何依勞動時間而定，必須記着以下各要點：勞動還元爲所謂無任何品質的單勞動之還元；創造交換價值底卽出產商品底勞動變爲社會的勞動之特殊樣式；末了，作爲使用價值底生產者之勞動與作爲交換價值底創造者之勞動間的差異。

爲要以商品所含有的勞動時間來測量商品，各種勞動必須還元爲無差別的，純一的，簡單的勞動，總之，還元爲品質相同而唯分量不同的勞動。

這個還元表現爲一個抽象，然而這是日常發生于社會的生產過程中的一個抽象。一切商品之分解爲勞動時間比化學上一切有機體之分解爲原素，既不是更大的抽象，也不是更不現實的過程。所以用時間來測定的勞動，實際上不曾表現爲各不同主體底勞動，反之，毋寧是各勞動主體表現爲勞動底唯一工具。換言之，勞動是用交換價值來表現，牠可以確定爲一般的人類勞動。一般的人類勞動底這種抽象物，實際上是存在於某一社會底平均的個人所能完成的平均勞動裏，卽生產上人類筋肉，神經，腦等底一定的耗費裏。平均的個人所能從事的，而且不得不用種種方法去完成的，是不熟練的勞動。這種平均勞動底性質，隨各國各文化階段而不同，但在某一特定社會裏是固定的。不熟練的勞動，構成資本主義社會中之一切勞動底極大部份，這個我們得從各種統計見到。

這是顯然的，假如A爲鐵底生產費去六小時，又爲布底生產費去六小時，B也在六小時裏生產鐵，六小時裏生產布。這不過是應該費去的同一勞動時間之不同的應用，假定A生產了十二小時的鐵，而B也生產了十二小時的布。但是那利用高出於平均勞動底水平線以上之較高的活力和較大的專門技能之熟練勞動是怎樣的呢？這種勞動分解爲複合的不熟練勞動，卽是有較高活力的簡單勞動。例如熟練勞動底勞動日可以等于不熟練勞動底三勞動日。關于支配這種還元底法則，這裏無庸考察。然而那種還元顯然存在，因爲作爲交換價值之最熟練的勞動底生產物，在一定的比例中，是不熟練的平均勞動底生產物底等價，或等于那不熟練的勞動底一定分量。

交換價值依勞動時間底決定，更含有這個事實：即是勞動底相等分量是體現在某一已知商品，例如一噸鐵裏面，不管牠是A的勞動或B的勞動，換句話說，不管這爲着某一已知質和量底同一使用價值底生產而費去等量的勞動時間之各個人爲誰。所以說，某商品所含有的勞動時間，即是該商品的生產所必需的勞動時間。換句話說，在同一普通的生產條件底下，勞動時間是關於同一商品底別一品樣底生產所需要的時間。

創造交換價值之勞動條件，就交換價值底分析所指，是勞動底社會的條件，或社會的勞動底條件。所謂社會的，不是通常的意義，而是特殊的意義。這是社會的過程底特殊形式。勞動底純一的簡單性，首先是指各個人的勞動底相等性，即指還元爲單一勞動之各種勞動所決定的勞動等一性底相互關係。只有用交換價值來表現的各個人勞動，纔獲有這種等一性底社會的特質，並且要表現爲交換價值，也只以牠對於一切其他個人底勞動有相等關係爲限。

個人底勞動時間更於交換價值中直接表現爲一般的勞動時間，而這個人勞動底一般的性質，是其社會的性質底表現。用交換價值來表現的勞動時間，是個人的勞動時間，然而是與完成同一勞動底其他個人無區分之個人底勞動時間。所以某一個人爲某一商品生產所需要的時間，卽是任何其他個人在同一商品底生產上所應費去的必需勞動時間。這是個人的勞動時間，他的勞動時間，然而不過是共同處分的勞動時間，不管這是屬於那一特殊個人的勞動時間。作爲一般的勞動時間之個人的勞動時間，表現在一般的生產物裏，一般的等價裏，卽物質化的勞動時間底一定分量裏。這物質化的勞動時間，與直接表現爲一個人底生產物之使用價值底特殊形態無關，並得隨意變爲使用價值

底任何其他 形態以表現任何其他個 人底生產物。
僅作爲這種一般的分量之物質化的勞動時間，總
是社會的分量。爲欲變個人底勞動爲交換價值，例
如一個人底勞動必須變爲一般的等價，即是個人
的勞動時間必須表現爲一般的勞動時間，或者說，
一般的勞動時間必須表現爲個人的勞動時間，雖
然不同的個人一齊參與他們的勞動時間，並由他
們的共同處分，體現勞動時間底不同分量爲不同
的使用價值，然而這個原則，總是一樣的。所以事
實上，個人底勞動時間即是社會爲着某項使用價
值底生產，或某項需要底滿足所需之勞動時間。但
在這裏令我們注意的問題，即是勞動獲得社會的
性質所依之特殊形式。假定一紡績工底勞動時間
底一定分量實現爲一〇〇磅麻紗，假定一〇〇碼
竹布即機織工的生產物，體現同量的勞動時間，旣
然這兩種生產物體現一般的勞動時間底等量，而
且是包含同量勞動 時間之每一使用 價值底等價，
所以這兩種生產物也相互爲等價。僅僅因爲紡績
工底勞動和機織工底勞動帶有一般的勞動時間底

形式，而且他們的**生產物體現爲**一般的等價物，所以**機織工**底勞動是爲**紡績工**而體現，而**紡績工**底勞動是爲**機織工**而體現，這一個的勞動替代那一個的勞動，換句話說，他們的勞動底**社會**的性質是爲兩者而體現的。但在**家長生產**制度底下，這便十分不同：紡績者和機織者同居在一個屋子裏，家中女人担任紡績，男子担任機織，供給他們自己的家庭的需要。所以紗和布是**家族限界**內底社會的生產物，紡績和機織是**家族限界**內底社會的勞動。但是牠們的社會的**性質**，不曾表現於如次的事實裏，卽是作爲一般的等價之紗能够交換作爲一般的等價之布，換句話說，這一種交換別一種作爲同一一般的**勞動**時間底均一的和同等的表現。這毋寧是具有自然的**分工**之家族組織。這種分工給予勞動生產物以家族組織所特有的社會特徵。或者我們舉中世紀的賦役和貢稅爲例；這是各個人完成底具有自然形態的**特殊勞動**。所以當時構成社會紐帶的，是勞動底特殊性，而不是勞動底一般性。最後我們且就在一切文明民族史底初期所見到的，來看看原始的自然形態中所共同從事的**勞動**。（註二）這是明顯的，那時的勞動底社會的性質，不是指個人勞動取得一般的勞動底抽象形態，換言之，不是指個人的生產物具有一般的等價底形態。共產制度底下的生產底本來性質，使着個人底勞動沒有成爲私自的勞動底可能，個人底生產物沒有成爲私自的生產物底可能，反之，這種生產是使個人勞動表現爲社會機構底一份子底直接基礎。在他一方面，用**交換價值**來表現的勞動，直接表現爲**孤立**的個人底勞動。勞動變成社會的勞動，僅由於具有與這種勞動直接相反的形態，卽抽象的一般的勞動底形態。

　　註二　晚近流行着一種偏見，以爲原始形態的共有財產是斯拉夫族特有的形態，或者甚至絕對是俄羅斯的形態。其實我們能夠證明原始的形態早已存在於羅馬人，條頓族，和西耳特人（Celts）中，而且關於這種形態底許多例子，現在仍然發現於印度，雖然是在一部份亡滅了的狀態中。關於共產制底亞洲形式底精密研究特別是關於共產制底印度形式底精密研究，可以指示怎樣由原始共產主義底種種形式發展了共產主義的崩解底種種形式。例如得由羅馬人和條頓族的私有財產制度的種種原始樣式，追溯出印度人的共產主義的種種形態。

最後，創造交換價值之勞動底特徵，是將人與人間之社會的關係，竟表現於物與物間底社會的關係底顛倒形態中。僅僅當兩種使用價值具有交換價值底相互關係那時候，各個人的勞動纔獲得成爲純一的一般的勞動之共通性，所以如果該說交換價值是人與人間底一種關係，那就必須補說，這一關係是隱匿在物質的外殼底下。正如一磅鐵和一磅金，不管牠們的不同的物理性質和化學性質怎樣，而表現同樣的重量一樣，作爲含有同量勞動的商品之兩種使用價值，也代表同一交換價值。因此，交換價值表現爲諸使用價值底自然的社會的規定，卽諸使用值價因其是物之故所佔有的一規定，卽諸使用價值在一定的比例關係中互相交換或形成諸等價所依之規定，正如形成化學的等價之化學原素是照一定的比例來混合一樣。只根據日常生活底習慣，我們就可想到下面的事是完全顯明的和普遍的，即社會生產關係應該具有一個物底形態，所以正在勞動之人間底關係，表現爲物與物或物與人間底相互關係。

在商品中，這種神秘化尤其是十分簡單的。作爲交換價值之諸商品間底關係是生產活動中之人間的相互關係，這是人人多少明瞭的。在發展的生產關係裏，失去了這種單純的外觀。關於貨幣制度之一切幻想，起因於以下的事實：即是不把貨幣看做代表社會的生產關係之物，而看做具有某些性質之自然生產物。攻擊貨幣制度底幻想之諸近代經濟學者，一到他們要去論究高度經濟形態例如資本這時候，便陷於同樣的幻想。當他們本來以爲是極難指稱爲一個物底東西，現在忽然表現爲一種社會關係，後來再當他們寬心大胆去確定牠爲一種社會關係以前，又莫名其妙地再表現爲一個物這時候，這個幻想顯然就是他們的質率的驚疑底自白。

事實上，因爲商品底交換價值無非是個人的勞動——即同一的與一般的勞動——底相互關係,無非是勞動底特殊的社會形態底物質的表現,說因爲財富包括交換價值,故勞動是交換價值以及財富底唯一源泉;這是同義反覆。說自然狀態中的物質沒有交換價值,因爲牠不曾包括任何勞動,又說交換價值也不曾包括物質;這一樣是同義反覆。但是在彼得(William Petty)稱"勞動是財富底父親土地是財富的母親",柏克立(Bishop Berkeley)問"四原素和其中的人類勞動或許不是財富底眞正泉源"(註三),美國人庫柏(ThomasCooper)通俗地說:"一片麵包除去由麵粉方面底製麵包者,由收取麥粒底磨粉者和由種植,服事,收穫,選種和播種方面底農民所給予的勞動外,還留着什麼呢,只有野生在農場上不合任何人類目的之少數草寶。(註四)—— 當時這些意見並不是指作爲交換價值底源泉之抽象勞動,而是指作爲物質財富底源泉之具體勞動,總之是指能够生產使用價值之勞動。在假定商品有使用價值時,我們就假定被商品所吸收之勞動底特殊的有用性和一定的合適性,但是從商品底立場看來,就得完全將勞動目爲有用

的勞動。假定麵包是一種使用價值，我們就留心牠
的性質是一種食料，而完全未留意到農夫，磨粉者，
製麵包者等底各種勞動，如果利用某種發明能够
省去這勞動底二十分之十九，一片麵包仍然發生
從前同樣的作用。就令麵包是從天空落下來的現
成物，也毫不會失去牠的使用價值。創造交換價值
之勞動，體現於作爲一般的等價之諸商品底等一性
裏，而作爲具有使用目的底生產活動之勞動，體現
於勞動所創造的使用價值底無窮的多面性裏。創
造交換價值之勞動是抽象的，一般的和純一的，而
生產使用價值之勞動是具體的和特殊的，且又是
由適應所用的方法和材料之無限種勞動所構成。

註三、柏克立著質問者 (The Querist)，倫敦，一七五
〇年。

註四、庫柏著經濟學原理演篇 (Lectures on theElem
ents ofPolitical Economy)九九頁，倫敦，一八三一年。

若說適應於使用價值底生產之勞動是財富底
唯一源泉．即勞動所生產的物質財富，這是錯的
因爲勞動既然是想利用物質來適應這個或那個目

—— 17 ——

的之一種活動，便需要物質來作前題，在諸不同的
使用價值中，勞動和原料間底比例差異甚大。但使
用價值常常有自然的基礎。作爲一種活動冀圖利
用種種形態中的原料之勞動，是人類存在底自然
條件，即是人與自然間底物質轉換底條件，與一切
社會形態無關。在他一方面，生產交換價值之勞
動，是勞動底特殊的社會形態。例如裁縫勞動，在
其材料的規定上是特殊的生產活動，生產一件外
套，但不曾生產外套底交換價值，交換價值不是
由那裁縫勞動所生產的，而是由抽象的一般的勞
動所生產的，而且交換價值是屬於不曾由裁縫師
所構成之一社會關係。所以古代家庭工業制度底
下的婦女製作了外套，却未曾生產外套底交換價
值。作爲物質的財富底源泉之勞動，立法官護西斯
（moses）所熟知的，與關稅吏亞丹斯密司所熟知
的一樣。（註五）

註五、李世特（F．List）絕對不能理解作爲使用價值

底源泉之勞動，和作爲財富底一定的社會形態即交換價值

底創造者之勞動間的差異，因爲他的理解力完全與他的實

際的思惟無關係，所以他在近代的英國經濟學者中，僅看見埃及人謨西斯底剽竊者。

現在，我們且考察從交換價值依勞動時間底規定所推出之少數命題一下。

每種作爲使用價值之商品，都含有牠的有用性，例如小麥是作爲一種食料。一架機器得節省若干勞動。商品僅作爲一使用價值卽作爲一種消費貨物底這個功用，可以稱爲商品的勤務(Service)，卽商品表出爲使用價值之勤務。然而作爲交換價值之商品，往往被目爲一種結果，在這塲合中，問題不是關于商品所担負的勤務，而是關于商品在生產中經被担負了的勤務。(註六) 所以機器底交換價值不是依機器所節省的勞動時間底分量而定，而是依費去于機器本身的生產上並爲生產同類的新機器所需之勞動時間底分量而定。

註六、 我們確能知道舍易 (J.B.Say) 和巴斯暜亞特 (F.Bastiat) 一流的經濟學者，把我們的『勤務』羅曠演出何種『勤務』，他們的議論的精明，如馬耳薩斯所正當地指出，往往是從經濟關係底特殊的一定形式抽象來的。

　　所以如果商品生產所需的勞動時間底分量不變，商品的交換價值也會一樣。但是生產底難易則不斷地變更。如果勞動底生產力增加，則在較短時間裏得生產同樣多的使用價值。如果勞動底生產力低減，同一使用價值底生產便需要較多的時間。所以商品所含的勞動時間或其交換價值是一種可變的分量，與勞動生產力底增減成反比例而增減。用於某一預定程度底製造業中之勞動生產力，與用於農業和採掘業中之勞動生產力，都依從於超過人力之自然條件。按照地藏底多少，同一勞動可以採掘各種金屬底多量或少量。勞動在豐年可以體現出兩斗小麥的，而在兇年則只可以體現出一斗小麥。在這種場合中，成為自然條件之稀少或豐富，似乎得決定商品底交換價值，因為稀少或豐富決定著自然條件之某些勞動底生產力。

　　不同的使用價值底不等分量包含同量的勞動時間，或同量的交換價值。包含某量勞動之使用價值若比其他諸使用價值越小，則其特殊的交換價值就越大。假如我們知道某種使用如金，銀，銅，鐵，或小麥，裸麥，大麥，燕麥形成一連特殊的交換價值，這些交換價值雖然不保持恰好同樣的數字比例，却從遠距的文化時代直到於今，都保持相當大量或相當小量底約略比例，從此我們可以演成這個結論；社會生產力底前進的發展，曾經相等地或差不多地影響各種商品底生產所需之勞動時間。

某一商品底交換價值不是體現於牠自身的使用價值裏。但是，正如一般的社會的勞動時間底具體化一樣，某一商品底使用價值對於他一商品底使用價值，含有一定的比例。所以某一商品底交換價值是露現在他一商品底使用價值裏，例如我說，一碼竹布值價兩磅咖啡，那麽竹布底交換價值是由咖啡底使用價值來表現的，卽是以這種使用價值底一定的分量來表現的。這個比例旣然已知，我們便能用咖啡來表現任何量的竹布底價值。這是明白的，某一商品如竹布底交換價值不限於任何一商品，例如牠的等價咖啡底比例。一碼竹布裏所表現的一般的勞動時間底一定分量，同時體現於一切其他商品底使用價值底無限的**分量**差異裏。

按照任何別種商品體現與一碼竹布底勞動時間底

同等**分量**之比例，任何別一商品底使用價值形成

一碼竹布底等價。所以這個單一商品底交換價值

充**分**表現在無限數的方程式裏，一切其他商品底

使用價值都是根據這些方程式，形成牠們的等價。

不到某一商品底交換價值已表現在這些方程式底

總和裏，或某一商品交換任何其他商品所按照的

不同比例如底總和裏，這商品就完全表現爲一般

的等價。例如一系列的諸方程式：

　　　一碼竹布＝＝半磅茶

　　　一碼竹布＝＝兩磅咖啡

　　　一碼竹布＝＝八磅麵包

　　　一碼竹布＝＝六碼白洋布

　　這方程式可以表現如次：

　　　一碼竹布＝＝$1/8$磅茶＋$1/2$磅咖啡＋2磅麵包

＋$1^1/2$碼白洋布。

　　由此，假如我們眼前有這個方程式底總和，一

碼竹布底價值完全表現在這個方程式裏，我們便

能在一系列的形式中再表現一碼竹布的交換價值。事實上，這系列是一個無窮盡的連貫系列，因爲經常擴張的商品範圍，絕對不能限制。但是某一商品底交換價值，固然是由一切其他商品底使用價值來測定，反之，而一切其他商品底交換價值，也是由這一商品底使用價值來測定(註七)

註七、『與被測定之物成這樣的關係，卽在一定的方法中，被測定之物變爲測定物底尺度；還是尺度底性質。』蒙達拉里著(Montanari)貨幣論四八頁。

如果一碼竹布底交換價值表現爲半磅茶，兩磅咖啡，或六碼白洋布，或八磅麵包等等，那麼咖啡，茶，白洋布，麵包等便彼此相等，只要牠們含有等於第三物品竹布底同一比例。結果竹布成爲牠們的交換價值底共通尺度。作爲一般的勞動時間底具體化之各商品，卽作爲一般的勞動時間底一定分量之各商品，轉而表現牠的交換價值於一切其他商品底使用價值底一定分量裏，而在他一方面，一切其他商品底交換價值是由這一特殊商品底使用價值來測度。然而作爲交換價值之各種商品，同時就是那作爲一切其他商品底交換價值底共通尺度之特殊商品。而在他一方面，某一商品僅是每種商品直接體現其交換價值之全系列中的許多商品之一。

　　某一商品底價值不爲他種商品底數目所影響。但是用以表現其交換價值之方程式底系列底長短，却隨其他商品底種類底多少而轉移。列如用以表現咖啡價值之方程式底系列，指示牠得以交換之範圍和得以完成交換價值底功用之限度。作爲一般的勞動時間底具體化之商品底交換價值，是表現在該商品對於使用價值底無限差異之等價中。

　　我們已經看出某一商品底交換價值是隨着該商品所直接包含的勞動時間底分量而不同。商品的實現的交換價值，即是商品表現在其他商品底使用價值裏之交換價值，也須依存一切其他商品生產上所費去的勞動時間之變動的比例。假如一斗小麥底生產所需的勞動時間是不變的，而一切其他商品底生產所需要的勞動時間加倍，那麼用小麥的等價來表現的一斗小麥底交換價值，便會變成與前一半大。結果必定是這樣；如同一斗小麥底生產所需的時間總數已經減少一半，而一切其他商品底生產所需的時間不變。諸商品底價值是依在同一勞動時間裏能夠生產該商品所依存的比例而定。爲欲明瞭這個比例可以遇到一些甚麼可能的變化，我們且舉 A 和 B 兩種商品爲例。

第一、假定商品 B 底生產所需的勞動時間是不變的，那麼由 B 來表現的 A 底交換價值，是照 A 底生產所需的勞動時間底漲落而漲落。

第二、假定商品 A 底生產所需的勞動時間是不變的，那麼由 B 來表現的 A 底交換價值，是與 B 底生產所需的勞動時間底漲落成反比例而漲落。

第三、假定商品 A 和商品 B 底生產所需要的時間是照相等的比例而漲落，那麼 A 和 B 底等價底表現是不變的。如果由於某種原因，各種勞動底生產力一致地低落，以致一切商品底生產不得不需要同等增加的勞動時間分量，那麼雖然一切商品的交換價值是不變的，而牠們底價值必然高漲，

並且社會的現實財富也必然低減，因爲牠在同量
使用價值底生產上不得不費去較多的勞動時間。

第四、假定 A 和 B 底生產所需的勞動時間或
增或減，但不是一致地，換句話說，A 底生產所需
的勞動時間可以增高，而 B 底生產所需的勞動時
間可以減低，或者相反，所有這些情形可以總括爲
一個簡單場合，即是某一商品底生產所需的勞動
時間不變，而其他商品底生產所需的勞動時間增
高或減低。

任何商品底交換價值是表現在任何其他商
底使用價值裏，不管這是在全體的場合，抑是在部
分的場合。作爲交換價值之每種商品是能區分的，
如同該商品裏具體化了的勞動時間一樣。諸商品
底等價是與該商品的物理的可分性如使用價值無
關係，正如諸商品底交換價值底總和與使用價值
存變爲一單個的新商品以後所不得不發生的形態
變化無關係一樣。

以上我們已從兩重的觀點即使用價值及交換
價值分別考察商品了。但是這商品是使用價值和

交換價值底直接的混合，而且僅僅在對於其他商品底關係上，牠纔是一種商品。商品間底現實關係構成商品的交換過程。這交換過程是彼此獨立的諸個人所參與之社會的過程，不過他們在這過程中所佔有的部份僅是商品所有者的部份。他們的相互關係是他們的商品底相互關係，所以他們確實表現爲交換過程中有意識的當事人。

　　商品是使用價值，小麥，洋布，金剛石，機器等等，然而同時作爲商品之商品，不是使用價值。假如商品對於其所有者是使用價值，即關於所有者自己的欲望底滿足之直接手段，那麼這個必然不是商品。在他看來，這毋寧是非使用價值，這不過是交換價值底物質的寄託者，或者不過是交換手段。作爲交換價值底自動的擔當者之使用價值，變成了交換手段。在商品所有者看來，商品是使用價值，僅以該商品構成交換價值爲限(註八)但在別人看來，商品還須變成使用價值。商品所以對於其他商品所有者成爲使用價值，不是由於對該商品自體的所有者成爲使用價值。假如不然，那麼爲該商品所費去之勞動便是無用的勞動，而那勞動底結果便不是商品。反之，商品對於所有者自己必須變成使用價值、因爲他的生活資料是存在於該商品以外之他人的商品底使用價值裏。爲欲變成使用價值，商品必須適合以該商品爲滿足手段之特殊需要。所以商品底使用價值是實現的使用價值，經過許多手的變更，卽從用牠們作爲交換手段的人手裏轉到將牠們變爲使用價值的人手裏，僅經過商品底這種場所變更，包含在商品裏的勞動便變成爲有用的勞動。在商品底交互變更這過程中，作爲使用價值之商品不曾含有任何新的經濟的形態。反之。甚至成爲商品底特徵之形態也消滅了。例如麵包從製麵包者底手裏轉到消費者底手裏，並未失去牠的麵包底本性。在他一方面，只有消費者開始目麵包爲一種使用價值卽一種食品，而在製麵包者手裏底麵包，往往是一種經濟關係底擔當者，卽是一種顯然的同時又漠然的目的物。所以在商品變成使用價值時，商品所遭逢的唯一形態變化包有這個事實；卽商品不再是形態物，不再是對於商品所有者之非使用價值，也不再是對於不曾取有商品的人之使用價值。爲欲變成使用價值，商品必須完全賣去，必須參進交換範圍，但是在商品的交換價值底功能上，商品是以交換爲主。所以商品爲要實現爲使用價值，必須先實現爲交換價值。

　　註八、這是指亞歷斯多德所設想的交換價值。（參看本章註一）

　　從使用價值底立場看，單個的商品表現爲獨立物，但從交換價值底立場看，這個商品首先是表現在牠與一切其他商品底關係裏。然而這個關係僅是理論的，想像的。僅在交換過程中，這個關係方變爲現實的。在他一方面，商品是交換價值，因爲勞動時間底一定分量已爲商品而費去，結果商品表現物質化的勞動時間。但就某一商品而論，牠僅是物質化的特種勞動時間，而不是一般的勞動時間。所以牠不直接是交換價值，而必須首先爲這樣的商品：第一，僅僅等牠表現適應於一定的有用目的之勞動時間那時候，即當牠表現使用價值那

时候，牠纔是一般的劳动时间底具体化。僅在物质
条件底下，包含在商品裏之劳动方被视爲一般的
劳动。所以一方面僅在商品已经实现爲交换价值
之後，方得变爲使用价值，他－方面，只要证明该
商品是出卖过程中的使用价值，便得表现爲交换
价值。

　　僅对於以商品作爲使用价值，卽满足某种需
要之手段的人、商品纔能卖去爲使用价值。在他一
方面，商品是交换其他商品，换言之，假如我们自
己站在其他商品所有者底方面，那商品也能卖去
或实现，只要该商品与以牠爲对象之特殊欲望相
合。在作爲使用价值之商品底全部交换中，各商品
的相互关系的基础，是在各商品的物质差异裏，卽
在各依商品的特殊性质来满足特殊欲望之特殊物
裏。但是作爲单纯的使用价值之诸商品是彼此无
关系的，而且是不能並称的。作爲使用价值之商品
只在关系某些特殊欲望时方得交换。只有作爲等
价物之商品是能交换的，而且只有作爲物质化的
劳动时间底相等量之商品纔是等价，不管一切关於

作為使用價值之商品的自然性質和該商品對於特殊欲望底關係怎樣，反之，若將商品作為一種等價以替代任何其他商品底任何一定分量，商品遂體現為交換價值，不管該商品對於其他商品所有者是否使用價值。但是正因為這商品對於其他商品所有者是使用價值，所以這商品對於他便是商品，而且正因為這商品對於別人是一種商品　所以這商品對於牠的所有者便成為交換價值。由此，同一關係表現為分量同而品質不同之諸商品間的比例，卽表現為作為一般的勞動時間底具體化之諸商品的等價，同時卽表現為品質不同的諸目的物底關係，或專為滿足特殊欲望之諸使用價值底關係，總之，卽諸商品所以區別為諸現實的使用價值之關係。但是這種等價和非等價相互排斥。所以我們不僅遇到諸問題底循環，在這循環中一方面底解決包括着他方面底解決，而且遇到各矛盾主張底總和，因為一方面底遂行與其對方面底遂行直接關連。

　商品底交換過程一定釀成這些矛盾底擴大或

解决，然而没有那一矛盾能够用這簡單的方法表現於交換遍程中。以上我們僅迹諸商品爲何彼此相關成爲使用價值，卽是諸商品爲何表現爲交換過程裏的使用價值。反之，如上所述交換價值表現爲我們自己的心裏所形成的一種抽象，或者——假如我們可以這樣說——諸商品底各個所有者的心裏所形成的一種抽象，這些商品儲藏在他的棧房裏作爲使用價值，又在他的心中目爲交換價值。然而在交換過程中，商品一定單是使用價值，但在相互間也是交換價值，而且應該表現爲諸商品自體的相互關係。我們最初遇到的困難便是這個：爲欲表現商品爲交換價值，卽物質化的勞動，首先必須賣去商品於購買者作爲使用價值，而在他方面，商品的出賣作爲使用價值是以商品的交換價值爲前提。但是我們且就假定這個困難已經解決了、假定商品已除去牠特有的使用價值，並由此充實了作爲社會的有用勞動而非個人的特殊勞動之物質條件，於是某一商品必變成替代交換過程中一切其他商品之交換價值，卽一般的等價，卽一般的勞動時間底具體化：並且由此拋棄牠的特殊的使用價值底有限的作用，而獲得直接表現於作爲牠的等價之一切使用價值中之能力。但是每種商品恰好都是由剝奪牠的特殊使用價值而表現爲一般的勞動時間底直接的體現之商品。然在他一方面，諸商品在交換過程中對立爲特殊商品，卽對立爲特殊使用價值所體現的各個私人的勞動。一般的勞動時間自身是一種抽象，這抽象不因商品而存在。

我們且考察指示某一商品底交換價值底具體的表現之方程式系列一下。例如：

一碼竹布＝＝兩磅咖啡

一碼竹布＝＝半磅茶

一碼竹布＝＝八磅麵包,等等

這些方程式簡單地指示一般的社會勞動時間底等量是體化於一碼竹布,兩磅咖啡,半磅茶等等裏。但在事實上,這些特殊的使用價值所表現的個人勞動,僅當這些特殊使用價值是按照該使用價值裏所含之勞動時間而現實地相互交換那時候,才變爲一般的勞動，且在那形態中也是社會的勞動。社會的勞動時間潛伏在這些商品裏，即是說，社會的勞動時間首先體現在交換過程裏。我們不是從作爲社會的勞動之個人勞動着手，反之，是從各個人的特殊勞動着手，這種勞動僅僅當牠在交換過程中剝奪其本源的特質時，才表現爲一般的社會的勞動。所以一般的社會的勞動不是現成的前提，而是生成的結果。由此，我們遇到一個新的困難，即是一方面，商品必須參與交換過程作爲一般的勞動時間底具體化，他一方面，作爲社會的勞動時間之個人的勞動時間底這種具體化自身，即是交換過程底結果。

由於剝奪商品的使用價值或商品本源的特質，每種商品便變成交換價值，所以商品在交換過程中必須確具兩重性質。但是交換價值這第二性質僅能由他一商品底形樣來表現，爲甚麼呢？僅僅因爲商品在交換過程中彼此對立。特殊的商品怎樣直接表現物質化的一般的勞動時間，或者換句話說，體化於特殊商品裏之個人勞動時間怎樣直接變成一般的性質？一商品底交換價值底具體的表現，即作為一般的等價之各商品底具體的表現，由諸方程式底無限的系列表示如次：

一碼竹布＝＝兩磅咖啡

一碼竹布＝＝半磅茶

一碼竹布＝＝八磅麵包

一碼竹布＝＝六碼白洋布

一碼竹布＝＝其他

上述的方程式是理論的，僅以目商品為物質化的一般勞動時間底一定分量為限。但若將上述的諸方程式系列顛倒，則作為一般的等價之特殊商品底功能便從單純抽象變為交換過程底社會的結果。例如：

兩磅咖啡＝＝一碼竹布

半磅茶＝＝一碼竹布

八磅麵包＝＝一碼竹布

六碼白洋布＝＝一碼竹布

雖然咖啡，茶，麵包，白洋布，總之一切商品都用竹布表現牠們所包有的勞動時間，而在他一方面，竹布底交換價值則擴大在作爲牠的等價之一切其他商品裏，而且竹布所具體化底勞動時間是相等地表現在一切其他商品底不同分量裏之直接的一般的勞動時間。所以竹布由於一切其他商品對於牠底影響，遂變成一般的等價。作爲交換價值之每種商品是供一切其他商品底價值底尺度。反之，因爲一切商品是用一除外的商品來測定牠們的交換價值，這個除外的商品便變成交換價值底特殊的表現，作爲一般的等價。同時表現各商品底交換價值之無限方程式底系列，便減短爲包括兩數之單一方程式。兩磅咖啡等於一碼竹布底方程式充分表現咖啡底交換價值，因爲在這種表現中，一碼竹布體現爲其他商品底一定分量之直接的等價。由此，在交換範圍中，一切商品是在竹布形態中相互表現爲交換價值。所謂作爲交換價值之諸商品彼此是物質化的一般的勞動時間底不同量這前提，現在可以說有這樣的結果，卽是，作爲交換價值之商品除去表現同一貨物卽竹布底一定分量外，再不表現甚麽。由此，一般的勞動時間表現一特殊物底形態，卽隨着一切其他商品並在一切其他商品以外而存在之一商品。同時兩磅咖啡＝一碼竹布這公式——在這公式中，某一商品表現爲別一商品底交換價值——尚待實現，單靠賣去作爲使用價值 —— 這個全靠商品已否證實是交換逝程中之一定欲望底對象——，商品便現實地由咖啡的存在變成竹布的存在，因此獲得一般的等價底形態，並且確實變成一切其他商品底交換價值。反之，因爲一切商品由賣去作爲使用價值而轉變爲竹布，所以竹布遂變成一切其他商品底轉形，而且僅 當竹布是 一切其他商 品轉變底 結果，他方變成一般的勞動時間底直接的具體化，卽一般的交換底產物和個人勞動底除棄底產物。由此假如諸商品由此具有兩重性質以表現爲彼此間底交換價值，那麼已指爲一般的等價之商品，遂在他一方面變成兩重使用價值。該商品除去作爲特殊商品之特殊的使用價值以外，曾含有一般的使用價值。這一般的使用價值構成該商品底特殊樣式，這樣式發生於該商品所担負之特殊作用，卽

交換過程中一切其他商品對該商品所具有之一般
的關係的結果。作爲一特殊需要底對象之各商品
底使用價值，在不同的人手裏有不同的價值，即是
該商品在 出賣商品者手中比在獲得 商品者手中，
有不同的價值。但是指爲一般的等價之商品，現在
是各交換過程中所發生之一般的需要底對象。所
以該商品對于任何人都有同樣的使用價值，即是
作爲交換價值底担當者或一般的交換手段。因此，
我們遂在某一商品裏，找出該商品所內含的矛盾
底解決，即是特殊的使用價值同時又是一般的等
價，即對於每個人之使用價值或一般的使用價值。
所以一切其他商品固然是用除外的商品之想像的
方程式——尚待實現的方程式——底形態來表現
其交換價值，而特殊的商品底使用價值，雖然是實
在的，也在交換過程自身中表現爲一種尚待由變
成現實的使用價值來現實之單純形態。商品起先
僅表現爲商品，即體化於特殊使用價值裏之一般
的勞動時間。在交換過程中，一切商品與某一除外
的商品相關連，與表現爲某一特殊使用價值中之

一般的勞動 時間底具體化之 簡單商品相關連同。
所以諸特殊商品是與作爲一般的勞動之那一特殊
商品相關連。(註九) 這樣，諸商品所有者底相互關
係，根據着他們的認定他們的勞動是一般的社會
勞動這事實，具有對於作爲交換價值之諸商品底
相互關係之形態，而作爲交換價值之商品底相互
關係，又在交換過程中表現爲一切商品對於某一
特殊商品之關係，卽對於一切商品底特殊適應的
表現手段之關係。再從商品底立場看，上述關係
表現爲該特殊商 品對於一切其 他商品之 特殊關
係,卽表現爲該商品自身一定的,自生的和社會的
性質。由此,表現爲一切其他商品底特殊適應的交
換價值之特殊商品，或表現爲作成某一特殊除外
的商品之商品底交換價值那特殊商品,卽是貨幣。
貨幣是商品交換價值底結晶，這個結晶是諸商品
自身在交換過程中形成的。所以諸商品旣然由棄
去一切特殊的形態而以牠們的直接的物質形態參
與相互關係，變成爲彼此間底使用價值，那麼這些
商品一定帶有一種新的形態， 卽進到貨幣形態以

表現爲彼此間底交換價值。貨幣不是象徵與使用
價值底商品存在是象徵同。若說社會的生產關係
具有存在於個人以外之對象形態，個人在社會的
生產過程中所參與之一定關係具有特殊性質的對
象形態，這是一種顛倒，並且決不是想像的神祕
化，而是散文上目爲現實的神祕化，具備創造交換
價值之一切社會的勞動形態。在貨幣中比在商品
中，這一神祕化不過更現得明顯些罷了。

　　註九、這個說明是吉洛衞夕（Genovesi）所用的。

　　用以凝結一切其他商品底貨幣形態之特殊商
品底必要的物理性——如果牠們是直接由交換價
值底性質所決定——乃是：任意區分性，諸部分底
純一性及各種商品底無差別性。作爲一般的勞動
時間底具體化之特殊商品，必須在其結構上是純
一的，所以只能表現分量的差異。另一必要的性質
即是商品的使用價值底耐久性，因爲商品最後必
須經過交換過程。貴金屬富於這些性質。貨幣既然
不是設計或合同底結果，而是交換過程中自然產
生的，所以極不同的多少不適用的諸商品都巴次

　第完成了貨幣的功用。在交換過程底某一發展階段中，諸商品裏發生關于交換價值功用和使用價值功用底相反的分配之必要，結果某一商品應作爲交換手段，而別一商品則賣去爲使用價值。這種必要逐使含有最普遍的使用之某一商品或某數種商品開始担負貨幣底任務。這種最普遍的使用雖然不是滿足現存的需要之直接手段，然而是財富底最重要的物質的構成部份，比其他使用價值確實具有更一般的性質。

　　直接的物品交易，即原始自然的交換形態，寧是使用價值轉化爲商品之開始，而不是商品轉化爲貨幣之開始。交換價值仍然沒有獨具的形態，仍然與使用價值直接地結合。這個是用兩種方法表現的。在全生產過程中，生產正在完成使用價值底創造，而非完成交換價值底創造，並且僅在使用價值底供給超過消費底尺度時，使用價值方不是使用價值，而變成交換手段，即商品。同時，使用價值變成商品僅在兩對方所分配之直接使用價值這限度裏，所以商品所有者所交換的商品，一定對兩對方，即每一商品對每一非商品所有者，是使用價值。事實上，商品交換不始於原始共產社會內部（註十），而始於原始共產社會崩壞時與其他共產社會接近的少數場合裏。這卽是物品交易開始底所在，從此牠遂侵入原始社會底內部，崩解原始共產社會。所以首先變成各共產社會間底物品交易上之使用價值如奴隸，家畜，金屬等，大都構成各該原始共產社會中最初的貨幣。我們已經知道商品底交換價值表現爲交換價值越完全，商品的等價底系列便越長，卽該商品底交換範圍越大。因爲物品交易底逐漸擴張，交易數目底增多，和取來交換之商品底逐漸複雜；商品遂發展爲交換價值，引出貨幣底形成，並對於直接的物品交換有破壞的影響。經濟學者慣以貨幣底起原歸之於擴大的物品交換行程中所遭遇的困難，他們忘記了這些困難是從交換價值底發展，卽從社會的勞動變成一般的勞動這事實發生的。例如作爲使用價值之諸商品不能任意區分，牠們必須具有一種作爲交換價值之性質。換句話說，屬於A的商品，可以對於B是使用價值，而屬於B的商品，可以對於A沒有使用價值。或則各商品所有者可以按照不等的比例，需要彼此的不可分的貨物。換句話說，經濟學者假作分析單純的物品交易，指出商品裏所含有的某些矛盾形態是同時包括使用價值交換價值之實體。

在他一方面，他們却堅持這種觀念：卽謂物品交易是交換底自然形態，這種形態僅僅感受某些技術的困難，貨幣便是替代這些困難之一種用意巧妙的便宜手段。從這種完全皮相的見地立論，機巧的英國經濟學者曾經正當地說，貨幣與船舶或蒸汽同，僅是物質的工具，而不是生產範圍裏社會關係底表現，所以也不是經濟的範疇。因此要去在經濟學中論究確實與工藝學無相同點之對象，這是錯誤的。(註十一)

註十、亞歷斯多德對於私的家族，提出與對於原始共產社會同樣的晉說。但是從發展私的家族之歷史的崩壞開始，家族底原始形態是部落家族。『在最初的共產社會卽家族裏，這種技術顯然是無用的。』(前書佐維特譯本)

註十一、『事實上，貨幣僅是專爲實行買賣之工具（但

是請問諸君，究竟實實是甚麼呢？），而且關於貨幣之考察

與關於船舶蒸汽或用以利便財富底生產和分配之任何其他

工具之考察同，不能形成經濟科學底一部份。』和斯金（Th.

Hodgskin）通俗經濟學一七八至一七九頁。

　　商品世界包容高度發展的分工底存在．這種
分工直接表現在使用價值底多樣性裏，這些使用
價值作爲特殊商品而彼此對立，並且體現許多不
同樣的勞動。包括一切特殊種類的生產業之分工，
在其目爲創造使用價值之勞動之物質形態裏，是
社會勞動底完全的表現。但是從商品底立場和交
換過程底限度看來，這種特殊種類底分工僅存在
於其結果裏，即諸商品自身底特殊化裏。

　　商品交換構成社會的物質轉換過程，即這樣
的過程，在那過程裏，私人底特殊生產物底交換
是個人在這種物質轉換中所參與之某些社會的生
產關係底結果。當這些社會的生產關係發展時，商
品底相互關係便結晶爲一般的等價底種種形樣，
而交換過程也就同時變成貨幣形式底過程。具有
諸過程底連續底形態這整個的過程，遂構成流通。

A 商品學說史附錄

依照商品的使用價值和交換價值這兩重形態之商品分析——根據這種分析：使用價值歸于現實勞動或有計劃的生產活動，而交換價值歸于勞動時間或純一的社會勞動——是古典經濟學派一世紀半的批判的研究底結果。這派始于英國彼替(William Fetty) 和法國波斯蓋勒柏特 (Boisguillebert)（註十二）而終于英國里嘉圖和法國西思蒙第(Sismondi)。

註十二、關於彼替和波斯蓋勒柏特的著作和特性底比較的研究，除去得以明瞭十七世紀末及十八世紀初英法社會底差異以外，更可闡發英法經濟學間之民族的對立底起源。在里嘉圖和西思蒙第方面，也保持同樣的對立。

彼替以使用價值歸于勞動，不曾以勞動生產力底自然限制 來騙哄他自己。關於具體的勞動，他把牠配合在牠的社會形態底大小裏，作爲分工。(註十三) 關於物質財富底源泉底這種見解，不似他的同時代的人霍布斯一樣無甚結果，却成功他的"政治算術"，卽經濟學所以別爲一門獨立科學之最初形態。

(註十三) 彼替曾照以後由亞丹斯密司所說明的更大的規模，說明分工內部所固有的生產力。參看他的『人類繁殖論』三版，一六八六年三五至三六頁。他不僅與亞丹斯密司以後用針的例子證明分析底利益同，來用時計製造底例子證明分工底利益，並且從大工場底觀點來考察一個城市或全國家。一七一一年十一月二十六日現象報 (The Spectator) 論及這個『可欽羡的彼替底實證』。所以麥克卡羅基 (Meculloch) 認爲現象報是把彼替和一小他四十歲的記者混同了，這是他的錯誤。參看麥克卡羅基『經濟學文獻，分類目錄』，倫敦一八四五年一〇五頁。彼替自以爲是這一新科學底創造者。他說，他的方法，『還不是很有用的，因爲他不是單用比較的和最高的言辭，和思辨的議論，』而專去說及『數目，重量或尺度諸名詞，僅採用感覺底議論，並僅考察在自然界中有可見的基礎之諸原因；將依靠非常之人底易變的心理，意見，慾望和熱情之諸原因歸於別的考察。』(經濟算術，倫敦，一六九九，敍言)(赫爾編輯的『彼替經濟著作』新版，一八九九年劍橋大學印書館出版。上節可見於該書第一卷二四四頁。更有其他參考書備載於這個新而益受歡迎的本子上——譯者)。例如他的驚人的勇敢表現在『以愛爾蘭和蘇格蘭所有的動產和人民移到大不列顛底空地』這提案裏。由此許多勞動時間必然節省，勞動生產力必然增加，『國王和人民也必從此益趨富強。』(政治算術第四章二八五頁)換言之他在政治算術第四章裏，證明當時荷蘭尚佔優勢成爲一商業民族，而法國似乎正在進而爲霸稱的商業國家，英國的天職是對世界市場底征服。『英王的人民有充足和便宜的資本去驅策全商業界底貿易。』(前書第十章三一一頁)『英國的巨大障礙不過是一時的和可以除去的。』(前書第五章二九八頁)奇異的恢諧迷漫了他所有的著作。由此，他證明荷蘭——當時英國經濟學者目爲模範國家，正如今日大陸經濟學者目英國爲模範國家一般——征服了世界市塲，『並非有像屬於荷蘭人之天使的智慧和判斷』。(前書二五八頁)。他主張『意識自由』是貿易底條件，因爲『非國教者是勩苦的人類，他們相信勞動和勤勉是他們對於上帝之義務』，而且『他們相信財富較少者有更多的智慧和理解，對於祈禱特別有智慧和理解的，大牛屬諸貧乏者。』『由此推知商業不是固着於任何一門正教，而寧是固着於全體的異教部分。』(前書二六二至二六四頁)他主張國稅(Publik Tax)底徵收以救濟『專靠討乞，欺詐 偷竊，招搖，借貸而無意歸還的人』，因爲徵收國稅來救濟這些人『比之僅課不留意的易受欺的和溫存的人來害他們以供浪費，較於社會的利益』。(前書二六九至二七〇頁)但他反對將財富從勤勉的人手裏『轉到除飲食歌游跳舞以外而毫無所專的人或研究形而上學的人手裏。』彼替的著作是出版界底稀物，而且僅可以在散亂難堪的古本裏尋得着。然而彼替不僅是英國經濟學底父親，且又是英國民黨(Enghish Whig)底老手蘭斯丹侯爵亨利彼替(Henry Petty) 底祖先，這是殊爲奇怪的。然而蘭斯丹家不在書首叙述他的傳記，難於刊行彼替全集，所以關於英國民黨底大有力的家族底起源所能說的，也可以合這樣講，即是『越少說及軸們越好。』在俯首聽命於查理第二之克倫威爾的保護底下，正往愛爾蘭掠奪以前的掠奪物取得他所需要的男爵頭衡。那位伶俐而好嘲的軍醫，是不適於公開展覽之模特兒。此外，彼瞥在生前所發表的大多數著作裏，想去證明英國的興盛在查理第二時代已達到了頂點，是關於『名譽革命』底傳統的掠奪者之異端見解。

他確定交換價價正是表現于商品底交換過程中之形態，卽貨幣，又確定貨幣是一種現存的商品，卽金銀。他抱定貨幣制度底主張，認爲專供金銀生產之特種勞動，卽是決定交換價值之勞動。他所眞正指示的乃是，社會人員底勞動一定不生產直接的使用價值，但生產商品或由交換而能具有金銀形態，卽貨幣形態，卽交換價值底形態，卽一般的勞動底具體化底形態，之使用價值。然而他的例子却明顯地指示，作爲物質財富底源泉之勞動底體現，絕未除棄特殊的社會形態，在這形態中勞動構成交換價值底源泉底錯誤觀念。

說到波斯蓋耳柏特，他以商品底交換價值歸

於勞動時間，如果不是有意識地，無論如何也是實在地；因爲他用各個人的勞動時間分配於各工業部門所按照之正比例來決定"眞價值"(La Juste Valeur)，並確定自由競爭爲決定這些正比例之社會過程。然而同時他與彼替相反，從事熱狂的論戰攻擊貨幣，照他的意見，貨幣破壞商品交換底自然的平衡和調協，而且與放肆的摩洛(Moloch)同，主張犧牲一切自然的財富。的確這種對於貨幣底攻擊是由某些歷史情況所引起的。因爲波斯蓋勒柏特攻擊路易十四的朝臣稅收入和貴族所懷抱的盲目破壞的貨幣獲得慾(註十四)，所以在他一方面，彼替對於貨幣獲得慾，則贊揚刺激着全國民從事工業發展及世界市場底征服之强力的衝動。這裏依然具有原理上的深刻衝突，這衝突不斷地發生在純正的英國經濟學者和純正的法國學者之間(註十五)。事實上波斯蓋勒柏特但看見財富底物質的內容，即財富底使用價值，即財富底享用(註十六)，並認定勞動底資本主義形態，即作爲商品之使用價值底生產及該商品底交換，是個人勞動

用以達到其目的之自然的社會形態。當他遇着資
本主義財富底特殊性質那時候，與在貨幣底場合
同，他看到有外來的要素底侵入，所以他對於某一
形態中之資本主義勞動制度發憤攻擊，而對於他
一形態中之資本主義勞動制度又空想似的讚美。
(註十七)波斯蓋勒柏特供獻我們以這個證據，卽是
個人可以把勞動時間看作商品價值底尺度，同時
也可以將包含在商品底交換價值裏且是用時間來
測定的勞動與個人底直接的自然活動混同。

註十四、波斯蓋勒柏特為反對當時『黑暗的財政』，說：
『財政學不是關於農業和工業底利益之深刻認識。』法蘭西
詳論 (Le Détail de la France) 一六九七年。十八世紀之
財政經濟學者 (Economistes financiers du XVIII) 戴爾
(Eugéne Daire)版，一八四三年第一卷二四一頁。

註十五、然而不是拉丁系經濟學；因為意大利人在那
不勒斯(Naples)學派及米蘭(Milan)學派中演出英法經濟
學者間之對立，而早時的西班牙人，或則是純重商主義者及
如烏斯大立茲(Ustariz)之修正的重商主義者，或則如佐維
拉羅斯(參看他的Obras, Barcelona)，同與亞丹斯密司主張

—— 51 ——

『中庸』。

　　註十六、『眞的財富……卽全享樂物，不僅是人生底生活必需品，而且是一切贅物及一切滿足官能之物。』波斯蓋勒柏特的富之性質論及前書四〇三頁。彼等是一個輕浮的，有掠奪慾的和無節操的冒險者，而波斯蓋勒柏特縱然是路易十四底下一個監督，却以等於其銳利的思索力之精神力擁護被壓迫階級。

　　註十七、蒲魯東式的法國社會主義感受同一國民的世襲病。

　　關於作爲勞動時間之交換價值　解說得十分明瞭幾乎盡人通曉之最初明達的分析，正待見於新世界——在這裏與其經營者同時輸入之資產階級的生產關係，急速發生在有剩餘肥地可補足其歷史的缺限之土地上——這人的著作裏。這人便是富蘭克林，他在他的青年時代所寫的並出版於一七二一年的處女作裏，以公式表述近代經濟學底根本法則。(註十八)

　　註十八、斯巴克編富蘭克林全集第二卷波士頓一八三六年。『關於紙幣底性質和必要之管見』。

他認為必需尋求貴金屬以外之其他價值尺度。這尺度卽是勞動。"利用勞動不獨可以測定其他貨物底價值，也可以測定銀底價值。假定一人從種植穀物，一人採銀煉銀，則在一年告終或某一期，穀底全生產物和銀底全生產物都是各自的事自然價格；又假如穀是二十斗，銀是二十盎斯，時那麼一盎斯銀是相當於生產一斗穀之勞動。現在如果利用某些更近便的更容易的或更豐富的礦山底發現，個人可以獲得四十盎斯銀，如同從前獲得二十盎斯銀一樣容易，而生產二十斗穀仍需要同樣多的勞動，那麼兩盎斯銀便不比生產一斗穀所需之同一勞動價值多，而一斗穀便如二盎斯銀一般便廉，與從前等於一盎斯銀無別，其他情形若均相等。所以一國底財富是由該國有購買力的住民底勞動量來評價。"（見前書二六五頁）因此富蘭克林是從偏面的經濟立場來認定勞動時間是價值尺度。現實生產物成為交換價值之轉換，這是自身明白的事，唯一的問題是在發見價值底分量的尺度。他說："一般的商業旣然除勞動對勞動之交換以外再非其他，那麼正如我以前所説，一切貨物底價值最合用勞動來測定。"（前書二六七頁）然而以'工作'這個名詞來替代上述的'勞動'，則這一形態中的勞動與他一形態中的勞動之混雜立變明顯。例如因爲商業構成靴匠底勞動，鑛工底勞動紡工底勞動，油漆工底勞動之交換，難道可説靴子的價值最合以油漆工的勞動來測定嗎？反之，佛蘭克林却指靴子，礦產，棉紗，漆器底價值是由抽象勞動決定的，這種勞動並沒含有特殊的性質，而且僅能從分量來測定。（前書"關於美國紙幣之批判和事實"，一七六四年）但是因爲他不曾發展這個觀念：即交換價值裏所含有之勞動是抽象的一般的勞動，這勞動具有社會勞動底形態，成爲個人勞動底生產物底一般的去讓底結果；所以他必然不能從貨幣來認識這去讓的勞動底直接體現。因爲這個原故，他未曾看見貨幣與創造交換價值之勞動間底內在的關係，所以他爲技術的便利，僅認定貨幣是由外部引入交換範圍之工具（參看"關於美國紙幣之批判和事實"）。佛蘭克林對於交換價值的分析，不曾在經濟學底一般趨勢上發生任何直接的影響，因為他僅僅討論到對於經濟學有一定的實施機會之特殊問題。

十八世紀間，現實的有用何動和創造交換價值之勞動底對立，曾以勞種特殊的勞動構成資產階級財富底源泉，這個問題底形式騷動了全歐洲。由此確知不是實現於使用價值或生產某些生產物之每種勞動，都直接地創造財富。然而對於重農主義者，與對於他們的反對者同，焦急的問題不是何種勞動創造價值，而是何種勞動創造剩餘價值。當他們已從牠的單純形態解決這問題以前，他們曾用牠的複雜形態接近這個問題，這即是引導他們由交叉路徑底逆行走到真實的出發點之一切科學底歷史行程。科學與其他建築師不同，不僅建立空中樓閣，並在牠未曾樹基之前，建築供人住居之個別樓房，我們不再論重農主義者，也不省去多少過人的理想而已接近商品性質底正確分析之多數意大利經濟學者，(註十九)且直接說建立資產階級經濟學底總體系之第一國人英國人斯

塔特 (Sir James Steuart) (註二十) 他的交換價值的觀念和經濟學底一切抽象底範疇,在他看來,依然像在與該範疇所代表之物質要素分離底過程中,並且現得是十分含糊的和不定的。一方面他以勞動時間決定實在的價值（卽工人一日所能完成的甚麼）,同時却又引進工資和原料諸要素來造成思想的混亂,（斯塔特前書,第一卷一八一至一八三頁）他一方面,他對於他所論究的題目底物質的內容之論爭,甚至益加明顯地現出。他稱包容於某一商品裏之自然材料,如銀印板中之銀,是該商品的"內在的價值",而稱包容於該商品裏之勞動時間是"使用價值"。他說,前者 "是自體現實的東西",而 "後者底價值必須依照爲着生產牠所費去之勞動來評價。……爲〔物體形態〕底變更（Modification）所使用之勞動,表示人類時間底一部份。"（斯塔特前書三六一至三六二頁）

　　註十九、參看意大利古典經濟學論集第三卷加立亞尼（Galiani）貨幣論（卡斯托第編）。Parte Moderna 1803。

『他說,只有努力能予任何物以價值。』稱勞動爲『努力』

(Facina)，過勞，盡力是南方人底特徵。

　　註二十、斯塔特的著作，經濟學原理之研究，關於自由
國家的國內政策學之論文，首先是在一七六七年用兩摺本
出版於倫敦，卽當亞丹斯密司的『國民財富』十年前。我自從
一七七〇年的杜布林本引用的。

　　斯區分斯圖亞特與其前驅和繼承者的，是他
的在交換價值中所表現之特殊的社會勞動和生產
使用價值之具體的勞動間底精密的區分。他說，由
其賣去而創造一般的等價之勞動，我名之爲勤工
（Industry）。他不僅從具體的勞動區別作爲勤工
之勞動，並且從勞動底一切其他社會的形態區別
作爲勤工之勞動。（參看“商業和工業間底相互關
係”第一卷第二篇第一節）。在他看來，勞動底資本
主義形態與其上古和中古的形態相反。他對於資
本主義的勞動和封建的勞動間底差異特別感到興
味，他在蘇格蘭和歐洲大陸底廣闊的旅行中，看出
後一種勞動呈現衰落的形態。自然，斯圖亞特深知
在資本主義以前的時代，生產物具有商品形態，商
品又具有貨幣形態。但他最後證明，僅在資本主義

的生產時代，商品纔變成財富底主要的和基本的形態，〔商品〕底賣去纔變成獲得底支配形態，由此，創造交換價值之勞動，在其性質上，是特殊的資本主義的。(註二十一)

註二十一、所以他指明專替土地所有者供使用價值底直接生產之家長制農業，不是斯巴達，或羅馬甚至雅典國內之一種『濫用』，而是十八世紀的工業國家裏底一種濫用。這種『濫用的農業』不是『商業』，而是一種『生存底直接手段』。正與資本主義的農業開拓有過剩的消費者底鄉村同，資本主義的手工業也開拓有過剩的勞動者底工廠。

在具體勞動底諸不同形態如農業，手工業，航業，商業等，已各自依次宣佈財富底眞正源泉之後，亞丹斯密司聲稱一般的勞動，即具有分工底一般的社會形態之勞動，是物質財富或使用價值底唯一源泉。因爲他忽視自然對於使用價值所担負的任務，所以他在開始論究純社會的財富或交換價值時，他便弄糊塗了。確實，亞丹斯密司是以商品裏包有的勞動時間來決定商品價值，但以這原則底正確應用歸入亞丹斯密司以前的時代。換句話說，他從單純商品底立場所視爲眞的東西，一到資本，工資勞動，地租等底較高的和較複雜的形態替代單純商品時，就不明白了。他解釋這個說，樂園（Parodise）裏慣以勞動時間來測定的商品價值，資產階級社會中是沒有的，在樂園裏，人們彼此不是以資本家，工資工人，地主，佃戶，金利生活者等相看待，是以單純的商品生產者與商品交換者相看待。他常常混雜商品價值依勞動價值底決定，與商品價值依商品裏包有的勞動時間底決定。他昧於提出詳細說明，不能看出社會過程所不得不實行的各種勞動底客觀的同等化，誤認牠爲個人勞動底主觀的同等化。(註二二) 由具體勞動到創造交換價值之勞動，卽到具有根本的資本主義形態的勞動之轉換，他想從分工裏推溯出來。但是旣然私的交換包含分工是對的，則主張分工包含私的交換便是錯誤的。例如在祕魯人當中，雖然沒有私的交換，沒有作爲商品的生產物底交換，而勞動則分至極細的程度。

　　註二二、所以亞丹斯密司說：「勞動底等量隨時隨地可以說是對於勞動者之同等價值。在勞動者的健康強壯及精神生活底普通狀況中，在勞動者的熟練及敏捷底通常程度中，他必然常常犧牲他的安樂，自由和幸福底同一部份。他所付出的價格一定常常是一樣的，不管他所獲得的貨物底分量多少。的確這些貨物有時可以多購，有時可以少購，然而因之變更的是貨物的價值，不是購買貨物之勞動底價值。……所以只有在其本身的價值上從不變更之勞動是貨物的實在價格等。」亞丹斯密司（第一篇，第四卷三四頁，牛津1869。——譯者）

里嘉圖與亞丹斯密司反對，精細闡明商品價值是由勞動時間來決定，並指示這個法則也支配與這法則十分矛盾之資本主義的生產關係。里嘉圖以他的研究專限於價值底分量的決定。關於價值，他全不懂得這法則底實現是依靠一定的歷史條件這事實。例如他說，依價值勞動時間底決定，對於諸 商品皆然，"只要這些商品能 依人類勞動底努力與發生無限制的競爭之生產而大量增加。"（註二三）他所眞正指說的乃是：價值法則爲達到充分的發展，預定實施大規模生產和盛行自由競爭

之工業社會　即近代資本主義的社會。在其他各方面，里嘉圖認定勞動底資本主義形態是社會勞動底永久的自然形態。他將原始的漁夫和原始的獵者目爲商品所有者，是按照這些交換價值裏所體現的勞動時間來直接交換他們的魚和獵物。在這裏他犯了時代的錯誤，認爲原始的漁夫和原始的獵者在關於他們的勞動工具底計算上，曾參照一八一七年倫敦交易所所通用的年利表。"奧文的平行四邊行"，似乎是他所熟知的資產階級社會形態以外之唯一的社會形態。雖然陷於這個資產階級的限界，里嘉圖却以非常得力的理論的穿鑿，卽布魯翰(Lord Brougham)所云"里嘉圖君好像是從另一行星掉下來的"，來分析資產階級經濟，——這種經濟在實際上與表面上看來是全然不同的。

　　註二三、里嘉圖『經濟學及租稅之原理』第三版三頁；

　　一八二一年倫敦。

　　西思蒙第與里嘉圖直接相反，他重視創造交換價值之勞動底特殊的社會性質 (註二四)，並說以價值的大小還元於必要的勞動時間，卽還元於整個社會底需要和充分滿足這種需要之勞動分量間之關係,是"我們的經濟進步底特質"。(前書一六三至一六六頁)西思蒙第再未困於波斯蓋勒柏特的觀念,即謂創造交換價值之勞動是與貨幣相混,而正與波斯蓋勒柏特非難貨幣同,非難大的工業資本。里嘉圖的經濟學在不胡亂地推出其最後的結論以後,便達到牠的頂點,而西思蒙第則將經濟學自身的疑點人格化來補充經濟學。

註二四、西思蒙第『經濟學研究』第二卷一六一頁:『這是使用價值和商業將一切東西所還元的交換價值間底對立。』

因爲里嘉圖給予古典經濟學以最後的型式,用最大的精敏來形成並說明由勞動時間而決定交換價值之法則,所以經濟學者間的一切論爭,自然應集中在他身上。除去牠的瑣屑的(Puerile)形態,這個論爭得概括爲以下諸點:(註二五)

註二五、也許目爲最無謂的就是舍易對於康斯坦夕安(oustancio)譯里嘉圖底法譯本之註解,而最自炫地誇大的便是麥克里德(Mc Leod)在其近著『交換論』上的評論,倫敦1858。

第一： 勞動自身有**交換價值**，不同類的勞動有**不同的交換價值**。我們將交換價值作爲交換價值底尺度，是陷於循環論法、因爲測定其他交換價值之交換價值自身也需要一個尺度。這種反駁可以歸結爲下面的問題： 假定勞動時間是**交換價值底內在的尺度**，由此得說明工資底決定。工資論給予這個問題以答復。

第二： 假如生產物底交換價值等於該生產物所包有之勞動時間，那麼**一日勞動底交換價值卽等於那勞動底生產物**。換句話說，工資必須等於勞動底生產物。(註二六)然而這反駁恰好是事實。因此，這個反駁得歸納爲下面的問題：建立在單以勞動時間來決定交換價值這法則上之生產，如何釀成勞動底交換價值少於勞動生產物底交換價值之結果。

註二六、資產階級經濟學者攻擊里嘉圖時所採用之反駁，後來又爲社會主義者所採用。他們假定公式底正確，非難實施與理論底矛盾， 或要求資產階級社會去在實施上認識從牠的理論的原則可以推出的結論。這個至少是英國社會主義者改變里嘉圖的交換價值底公式來攻擊經濟學所採用之方法。我們記得蒲魯東先生不僅承認舊社會底基本原則是新社會底原則，而且認他自己是里嘉圖綜合英國古典經濟學派底總結果所成之公式底發現者。上面已經證明，當蒲魯東先生在海峽別地『發見』了這公式底時候，里嘉圖的公式底空想的解釋漸次在英國遺忘了。(參看拙著哲學之貧困，巴黎，1847年，關於構成價值底一節)

第三：隨着供給和需要底變化關係，商品底市場價格或則低於其交換價值，或則高於其交換價值。因此，商品底交換價值是由供給和需要底關係，而不是由商品所包有之勞動時間來決定。事實上，這個奇妙的結論不過合成這一問題：即是，建立在交換價值上面之市場價格怎能與那交換價值相違呢？或者更切當地說，交換價值底法則怎麼會出現在牠的反對方向呢？這問題在競爭論裏解決了。

第四：最後的和無疑義是最顯著的駁論，縱不曾用奇妙的實例底通常形式提起過、假如交換價值僅是商品裏所包有的勞動時間而非其他，那麼不包含勞動底商品如何獲得交換價值，換句話說，從何生出單純自然力底交換價值?這問題已在地租論裏解決了。

第二章　貨幣或單純流通

在關於一八四四年及一八四五年底庇爾銀行條例（Sir Robert Peel's Bank Act）之國會辯論上，葛拉德士吞（Gladstone）說，就是戀愛也不會如關於貨幣本質之考察一樣，迷惑如許多人。他向英國人說及英國人。反之，不管皮替的懷疑怎樣，自古對於貨幣投機有"天使的智慧"的荷蘭人，從未對關於貨幣的考察失神惶亂。

只要懂得由商品到貨幣之發展，關於貨幣分

析之主要困難就已克服了。這點一經成立，以後便只須去明白理解特殊的貨幣形式，然而這又由於如次的事實而發生多少困難，即是，一切資產階級的關係旣然是金鍍金或銀鍍金，便有貨幣關係底表現，所以貨幣似乎含有與貨幣形態毫無關係之諸形態底無限差異。

在以下的研究中，僅僅論究那些直接發生商品底交換價值之貨幣形態，即屬於高階段生產之貨幣形態。信用貨幣這裏不會討論。爲簡便計，金全被假定爲貨幣商品。

一

價値尺度

　　第一流通過程可說是構成到達現實的流通之理論的準備過程。第一，具有使用價値性質之商品，創造這些商品相互表現爲理想的交換價值之形態，卽表現爲具體化的一般勞動時間底一定分量之形態。照我們所述，這個過程中首要的步驟，卽是作爲一般的勞動時間底直接的具體化，或一般的等價之某一特殊商品與諸商品之分隔。我們且退回來重述商品轉化金爲貨幣之形態一下。

$$1 \text{ 噸} \qquad \text{鐵} = 2 \text{ 盎斯金}$$

$$1 \text{ 夸 特 小 麥} = 1 \text{ 盎斯金}$$

$$100 \text{ wt.摩加咖啡} = \tfrac{1}{4} \text{ 盎斯金}$$

$$100 \text{ wt.炭 酸 鉀} = \tfrac{1}{2} \text{ 盎斯金}$$

$$1 \text{ 噸巴 西 木 材} = 1\tfrac{1}{2} \text{ 盎斯金}$$

$$Y \text{ 商} \qquad \text{品} = X \text{ 盎斯金}$$

在上述諸方程式系列中,鐵,小麥,咖啡,炭酸鉀等等,彼此都表現爲純一勞動底具體化,即體化於貨幣裏之勞動。表現於各種使用價值之各種具體的勞動底一切特殊性從此完全消失。這些商品作爲價值,都是一致的,都是同一勞動底具體化,或勞動底同一具體化,即黄金。作爲同一勞動底同一具體化之諸商品,僅表現一種差異,即**分量**的差異,換言之,即表現爲不同的價值**分量**,因爲勞動時間不等的分量包含在這些商品底使用價值裏。這些個別的商品底相互關係,即是一般的**勞動**時間底具體化底相互關係,因爲牠們對於一般的**勞動**時間,與對於一除外的商品——金,發生同樣的關係。同一關係底發展使諸商品彼此表現爲交

換價值，也使金所含之 勞動時間表現爲一 般的勞
動時間。這個 一般的勞動時間底一定分量，又表現
於鐵·小麥，咖啡等等底不同分量裏，總之，表現於
一切商品底使用價值裏，或直接擴大於商品等價
底無限系列裏。一切商品都由金來表現牠的交換
價值，而金又由一切商品表現牠的交換價值。因爲
諸商品在相互關係上具有交換價值底形態，故以
一般的等價底形態或貨幣形態給予金。

　　因爲一切商品都是用金來測定牠們的交換價
值，卽依一定的金分量與一定的商品分量所含有
之同長的勞動時間的比例，來測定牠們的交換價
值，所以金遂成爲價值底尺度。僅僅由於成爲價值
尺度之這種功能 —— 有了這種功能，金自身的
價值遂直接由商品底等價底全範圍來測定——金
遂變成一般的等價或貨幣。在他一方面，一切商
品底交換 價值是用金來表現。在這個 表現上·量
的方面與質的方面區分了。商品底交換價值之存
在是同 一無差的 勞動時間底 具體化，而商 品價
值底大小完全表現了，因爲照商品與金相等所按

—— 71 ——

照之同一比例，諸商品亦彼此相等。商品的金等價，一方面表現商品所含之勞動時間底一般的特質，他一方面表現商品的分量。所以表現爲一般的等價，同時又由某一特殊商品表現爲這等價底分量之商品交換價值，或表現爲與某一特殊商品相等的諸商品系列之商品交換價值，即是價格。價格在出現於流通過程內部時，是商品底交換價值轉化而成的形態。

商品在以金價格來表現牠的價值時，同時逐轉變黃金爲價值底尺度，即貨幣。如果諸商品都是用銀，小麥，銅來測定牠的價值，表現爲銀價格，小麥價格，銅價格，那麽銀，小麥，銅一定是價值底尺度，並且是一般的等價。爲要表現爲流通中的價格，商品在參與流通以前，必須是交換價值。僅僅因爲一切商品都是以黃金評價牠的交換價值，黃金纔變成價值底尺度。然而這種關係底全面性——這是發展底結果，而且單由此使金具有價值尺度之功用——包含着：每一個別的商品是用金並按照兩者所含有的勞動來測定：商品和金底現實的共通尺度是勞動；商品和金相互在直接的貨物交易中表現爲相等的交換價值。至於這個相等化當眞是如何發生的，不能在論究單純流通時討論。然而這是如此明白的,在生產金銀的國家裏,一定的勞動時間分量直接體現於一定的金銀分量,而在不生產金銀的國家裏，則以各該國商品底直接的及間接的交換由迂迴路徑達到同樣的結果，卽國民的一定的平均勞動量變爲體現於礦產所有國的金銀中之一定的勞動時間量。金欲能够作爲價值尺度,必須盡可能地是可變價值,因爲金只在是勞動時間底具體化時,纔能變成其他商品底等價,而同一勞動時間隨着具體勞動底生產力底變化,表現爲種種使用價值量。以金評價一切商品,這不過是假定金在某一時期中表現某一勞動量而已,正與以任何其他商品底使用價值來表現任何一商品底交換價值之情形同。上面所說明的交換價值法則,對於金底價值底變動完全適用。如果商品底交換價值不變,那就僅在金底交換價值低落時,商品的金價格底一般的騰貴才可能。如果金底交換價值不變，那就僅在一切商品底交換價值高漲時，金價格底一般的騰貴才可能。在商品價格底一般的低落場合，情形恰恰相反。假如一盎斯金底價值隨着金生產所需之勞動時間底變動而漲落，那麼一切其他商品底價值也隨之漲落至同一程度。所以金底盎斯，無論在變動前後，都是表示屬於一切商品之勞動時間底某一已知分量。同樣的諸交換價值，現時是用比從前較大或較小的金分量來評價，可是這些交換價值是按照金分量的價值底大小底比例來評價的，所以彼此常常保持同樣的比例。2:4:8與1:2:4或4:8:16一樣。隨着金價值底變動而評價交換價值之金分量底變動，不曾防礙金作爲價值尺度的功用，正與比金價值小過十五倍之銀價值不曾防礙金去完成這種功用同。因爲勞動時間是金和商品底共通尺度，又因爲金僅在以牠來測定一切商品時才作爲價值尺度，所以謂貨幣變商品爲可以通約的這種意見，徒然是關於流通過程底一種空想（註一）。轉變金爲貨幣的，毋寧是作爲具體化的勞動時間之商品底可通約性。

商品本具體的使用價值形態參入交換過程，然而仍待由商品底讓渡而變爲現實的一般的等價。商品的價格底決定僅是商品變爲一般的等價之理想的轉化，即變爲等於尙待實現的金之過程。但是因爲商品價格僅在想像上轉變成金，或僅轉化爲想像的金，又因爲商品的貨幣形態與商品的現實存在無別，所以金也僅在想像上變成了貨幣，即僅表現爲價值尺度。且在事實上，一定的金分量僅是對於一定的勞動時間量之名稱。金凝結爲貨幣形態常依諸商品彼此表現各自的交換價值之方法而定。

　　註一、亞歷斯多德的確看出了商品交換價值裏潛伏着商品價格：『交換明明存在於鑄貨以前，因爲無論以五架床交換一所房屋，與交換五架床所值的貨幣，毫無差異。』在他一方面，因爲商品僅在價格上具有相互的交換價值底形態，所以人們遂利用貨幣使商品變爲可通約的。『所以一切都得評價。這樣，交換可以常常發生，並且有了交換，社會能夠存在。鑄貨與尺度同，使着一切物成爲可通約的和相等的，因爲沒有交換，便不會有社會，沒有平等，便不會有交換,沒有通約性,便不會有平等。』他不曾忽視依貨幣所測定的這些不同的對象物是完全可通約的分量。他所要求的,是作爲交換價值之商品底共通的單元,這是一個像他般的古希臘人所不能發現的。然而因爲不得不要達到實施的目的,他乃將本身不能通約的貨幣變爲通約的來解除這困難。『的確不能變如此不同的東西爲可通約的,但爲達到實施目的,這是容許的。』亞歷斯多德著Nicomachea論理學第五卷第八章,一八三七年。

交換價值與價格底差異僅是名目上的;或則如亞丹斯密司所說,勞動是現實的商品價格,而貨幣是名目的商品價格。如果一盎斯金是三十日勞動底生產物,那麼一夸脫小麥不是用三十日勞動來評價,而是用一盎斯金來評價。然而不管這種僅是名目上的差異怎樣,凡在現實的流通過程上襲擊商品之一切風潮,都集中在這個週圍。三十日勞動包括在一夸脫小麥裏,所以不須用勞動時間來表現。然而金是與小麥截然不同的一種商品,所以一夸脫小麥究竟能否現實地變爲牠的價格中所預料的一盎斯金,僅在流通中方能證明。這個要靠證明那一夸脱小麥是否使用價值，那小麥所含有的勞動時間底分量是否社會上關於一夸脱小麥底生產所必要的勞動時間分量。這樣的商品即是一種交換價值，牠有一種價格。在交換價值和價格底這個差異中，伏有這一事實底表現：即是，包含于某一商品裏之特殊的個人勞動首先須經過讓渡過程，用牠的反對物來表現，即表現為非個人的，抽象的，一般的勞動，總之即社會的勞動，即貨幣。個人勞動能否如此表現，這似乎是一件偶然的事情。所此商品底交換價值雖然僅在理想上有價格的殊異的存在，而包含于該商品裏的勞動底二重性，却依然完全表現為兩個殊異的存在形態，所以一般的勞動時間底具體化即金，雖然僅僅作為一種理想的價值尺度，與現實的諸商品對立，可是關於成為價格之交換價值或成為價值尺度之金這事實，含有出賣商品以換取現金之必然性和商品不出賣（Non-alienation）之可能性。總之，這裏潛伏着全部矛盾。這矛盾是商品都是生產物底事實裏所固有的，或私人的特殊勞動非具有正相反對底抽象的一般的勞動形態不能發生社會的效果底事實裏所固有的。正爲這個原故，所以單要商品不要貨幣之空想家，即單要私人交換底生產制度而不注意這制度下潛伏着的必然條件之空想家，一致主張不僅破壞貨幣底可以手觸的形態，並且破壞貨幣的價值尺度底虛無飄渺的形態。在不可見的價值尺度底下，潛伏有現金。

　　金變爲價值尺度和交換價值變爲價格之過程一經完成，一切商品價格僅表現爲想像的種種金分量。作爲同一物品即種種金分量之商品，是彼此相等的，彼此比較的，彼此測定的，由此發生以商品歸於一定的金分量作爲尺度單位之技術的必要，這單位因有能够一再分爲諸可除部分之可分性，遂發展爲一種標準的尺度。(註二)但是那些金分量是由重量來測定的。所以測定底尺度是在金屬重量底一般的測定裏尋找，所以凡是金屬流通佔勢的地方，這些測定原先是作爲價格底尺度。因爲諸商品既不再彼此相關作爲用勞動時間來測定之交換價值，而但作爲用金來測定之同一名稱底大小，所以金遂由價值底尺度一變而爲價格底標準。這個作爲種種金分量之商品價格底相互比較，於是遂結晶爲數字關係，這些數字關係依持一種假定的金分量，並表現這金分量爲各可除部分底價格標準。作爲價值尺度之金與作爲價格標準之金有全異的形式規定，而這兩者底混同遂釀成最胡亂的諸學說。金是一種體現勞動時間之價值尺度，是作爲一定的金重量之價格標準。因爲金對於作爲交換價值之諸商品有交換價值底關係，所以金遂變成價值尺度，又因爲金是價格標準，所以一定的金分量又作爲其他金分量底單位。金所以是價值尺度，因爲牠的價值是可變的，金所以是價格標準，因爲牠確立爲不變的重量單位。在這場合中，正與在決定同一名稱底分量底諸場合中同，樹立一定的和無差的尺度單位是十分重要的。關於定某一金分量爲尺度底單位並定牠的可除部份爲該單位底小分類之必要，已發生這種思想：卽謂本來有使用價值之一定的金分量，對於諸商品底交換價值，具有一固定的價值關係。忽視了在

—— 79 ——

黃金發展爲價格標準以前，商品底交換價值已轉
化爲價格，即轉化爲金分量底事實。金底價值無論
怎樣不同，各不同的金分量底價值關係總是不變
的。假定金底價值低落了十倍，十二盎斯金仍然有
一盎斯金十二倍大的價值，價格上所要考慮的唯
一問題僅是不同的金分量間之價值關係。在他一
方面，因爲一盎斯金底價值底漲落不能改變金的
重量，所以金的各可除部份底重量也不能發生改
變。因此無論金價值怎樣變動，金總是一樣作爲不
變的價格標準。(註三)

　　註二、關於金底盎斯在英國作爲貨幣尺度底單位不
曾區分爲可除部份之特殊情形，已説明之如次：『我國貨幣
制度原來僅適用於銀底使用——因爲一盎斯銀常能區爲
某一適當數目的小幣；但自晚近採用金爲僅適用於銀之鑄
貨以來，金底盎斯不能鑄爲某一適當數目的小幣。馬克拉
稜(Maclari　)著幣制史一六頁，倫敦一八五八年。

　　註三、『貨幣的價值可以不斷地變動，然仍不失爲價值
底尺度，好像牠是永久固定的一般。以價值減少而言，……
在價值減少之前，一金幣（guinea）可以購買三斗小麥或六

日勞動。在價值減少之後，一金磅便只可以購買兩斗小麥或四日勞動。在這兩種情形中，小麥和勞動對於貨幣底關係旣已知道，牠們的相互關係便能推知，換句話說，我們得礁定一斗小麥值價兩日的勞動。測定的價值底所含有的一切，在價值減少以後與在價值減少以前是一樣容易礁定的。某物得作爲價值尺度之優點，完全與其自身的價值的變動無關。』（貝力（Baily）『貨幣及其變遷』一一一頁，一八三七年倫敦出版。

以後我們將要說明的由金屬流通所決定之歷史過程，達到如次的結果：卽貴金屬在其作爲價格標準底功能上，保持同一的重量名目，而非經常變動的及減少的重量。所以英國的的金鎊所指示的不及牠的原重量三分之一，蘇格蘭的金鎊，在英蘇合併以前，僅指示原重量三十六分之一，法國的 Livre 僅指示原重量七十四分之一，西班牙的 Moravedi 不及指示原重量千分之一，葡萄牙的 Rei 指示更小的分數。此卽種種金屬重量底貨幣名目與一般的重量名目間的差別底歷史的起源。（註五）因爲尺度底單位，單位的可除部份及可除部份的名稱底決定都純全是慣例的，又因爲牠們在流通內部應獲有一般性和必然性，所以牠們得由法律來確定。由此，純粹形式的實施乃政府所提倡。(註六) 作爲貨幣材料之金屬，早就爲社會所採用。在各不同的國家裏，法定的價格標準自然是不同的。例如在英國，作爲金屬重量之盎斯，是區分爲 Pennyweights , Grains, 和 Carats Troy, 而作爲貨幣單位之金盎斯則分爲三個八分之七的 Sovereign，一 Sovereign 分爲20先令，一先令又分爲12辨士，所以 100鎊22開的金 (1200盎斯 ＝＝4672 Sovereign)及10先令。然而在消滅了國界底世界市場上，貨幣尺度底民族的特質也消滅了，而代之以一般的金屬重量底尺度。

　　註五、『在今日是想像的鑄貨〔卽牠的名稱再不與牠的價值相符〕，在較古的時候曾通用於一切民族間；這些鑄貨曾一時都是現實的，而且因此之故，曾用之淺計算底目的。』

　　加利亞尼(Ga iani)著貨幣論一五三頁。

　　註六、浪漫主義者米勒 (A. Mûller) 說：『照我們的意見，每個獨立的當局都有權利去給予金屬以貨幣名號並實施上廢除得更早。使着米勒竟被稱爲浮空概念底經濟學者的有兩件事情：第一是他對於經濟的事實全然不知，第二是他對於哲學之淺嘗而狂信的態度。

商品底價格或由商品所想像地轉化的金分量，現在是用金本位底貨幣名稱來表現，所以在英國，不說一夸脫小麥值價一益斯金，而說值價3鎊17先令10½辨士。所以一切價格都是用同一名稱來表現。商品的交換價值所賦之特殊形態轉變成了貨幣名目，各商品遂由這貨幣名目而得知各值價幾何。貨幣再又變爲計算貨幣。（註七）

註七、有人問阿那察夕西（Anacharsis），希臘人爲甚麼要用貨幣，他答道：『爲要計算。』

只要是用交換價值來說明任何種財富底問題，我們遂在我們的思想上，文字上以及談話上將商品轉化爲計算貨幣。（註八）關於這個轉化，我們需要金的實體，但徒然是想像的而已。爲欲用一定數目的金益斯來評價一千包棉花底價值，並用益斯底名目卽鎊，先令，辨士來表現這益斯底數目，並不需要絲毫的現金。所以在一八四五年庇爾

給牠予以名目的義上的社會價值,等級,品位和稱號。』政治

學初步第二卷二七六頁,一八〇九年相林出版。關於稱號

和夫拉斯的意見是對的,但他忘記了貨幣的實質。他的意

見是如何混亂,從下節可以見到。『人都知道額面價格底正

決定有如何重大,特別在英國這種國家裏,政府本其雄圖無

報償地鑄製貨幣(米勒似乎以爲英國政府官吏用他們自己

的貨幣來支 付鑄造的用費),而且政府不索取 任何鑄造料

等,所以金底額面價格如果高於金底市場價格遠甚,卽每一

益斯金如果不照現在支付ð鎊17先令又10-½辨士,而定其價

格爲3磅19先令,那麼一切貨幣都會流入造幣局交換造幣局

堯的銀,再以銀運入市場來交換更廉價的金,同樣又將更廉

價的金運入造幣廠,整個的貨幣制度便因之混亂。』(前書二

八〇至二八一頁)。爲維持英國貨幣制度底秩序,米勒倒陷

於『混亂』。因爲先令和辨士僅是由銀和銅底名目所代表之

一益斯金底 某些部份底名稱, 他遂想像一益斯 金是由金,

銀,銅來評價的, 所以他祝福英國人有三重價值底標準。與

金同爲貨幣尺度之銀, 僅在一八一六年喬治三世五十六年

的第六十八條法令上才正式廢除。實則這事早在一七三四

年已由喬治二世的第十四年第四十二條法令廢除了, 且在

銀行條例施行以前的蘇格蘭，沒有一盎斯現金流通，縱然一盎斯金是用英國的計算標準表現為3鎊17先令又10½辨士，作為法定的價格標準。同樣在西伯利亞和中國底貿易中，是以銀作價格標準，雖然那種貿易畢竟是物品交易。所以貨幣尺度底全單位或其分數無論是否真正鑄造，這對於作為計算貨幣之貨幣是無關重要的。英國在威廉一世時代，僅以一鎊即純銀一鎊及先令即純銀一鎊之二十分之一為計算貨幣，而辨士即純銀一鎊之二百四十分之一，是當時存在的最大的銀幣。在他一方面，英國今日沒有先令和辨士，雖然這是對於金盎斯底一定部份底法定名目。作為計算貨幣之貨幣可以完全存在於觀念上，而現實存在的貨幣則可以按照全然不同的標準來鑄造。所以直到近時，在北美的許多英屬殖民地裏，流通的貨幣仍舊是十八世紀底西班牙鑄貨和葡萄牙鑄貨構成的，雖然計算貨幣已和英國本部一樣普及。(註九)

　　註八、加里耳(G. Garn'er) 為亞力斯密司著作底初期法譯者之一，堅信確定計算貨幣底使用和現實貨幣底使用之比率底奇想。他的比率是十對一。加利耳著『貨幣史』第一卷七八頁。

註九、規定菸草爲法貨但其價值得還元爲英國的金貨幣，即一辨士等於菸草一磅之一七二三年馬里蘭法令，遗留著"Leges borbarorum"。反之在，"Leges borbarorum"中，一定的貨幣額是用牡牛牝牛等來表現。在這場合中，計算貨幣底現實的材料不是金銀，而是牡牛與牝牛。

貨幣作爲價格底標準時，表現與商品價格同樣的計算名目，所以3鎊17先令又10$\frac{1}{2}$辨士底數目，一面可以指示金一盎斯底重量，他一面又指示一噸鐵底價值；按照這個事實，貨幣底這個計算名目遂稱爲貨幣的鑄幣價格 (Mint Prix)。因此發生了這種奇怪的觀念：即謂金底價值是由金自身的物質來評價，並與一切其他商品相反，金價格是由國家來確定的。謂以計算名目歸予一定的金重量，與以計算貨幣確定這些重量底價值是同樣的事，這是思想錯了。(註十) 金既是決定價格之一要素，即金既完成計算貨幣底功用，牠就不僅沒有固定的價格，並且沒有任何價格。爲欲得有一種價格，即是為欲用某一特殊商品來表現金自身是特殊的等價，其他商品不得不在流通過程中担負與金同樣獨特的任務。但是排斥一切其他商品之兩商品也彼此互相排斥。所以凡在法律上規定金和銀齊同完成貨幣底功用或價值尺度底功用之處，常想將金銀目為同一物質，然而無效。假如同一勞動時間底分量所具體化的金分量和銀分量之間有一個不變的比例，事實上即假定金銀是同一物質，即假定某量價值較少的金屬或銀是金底不變的分數。自愛多亞三世時代至喬治二世時代，英國貨幣史包括由金銀價值間底法定比例底抵觸和其現實價值底動搖所釀成的長期混亂。有時金價過高，有時又銀價過高。在那時評價得比其價值低之金屬，已排去於流通之外，融解並輸出了。然後法律再又變更這兩種金屬底價值比例，但是新名目上之價值關係，又與現實的價值關係發生衝突。在現代，由於印度支那需要銀底結果，金與銀比起來，金底價值底極微的和一時的低落，在法國按更大規模地發生了同樣的現象。即銀底輸出及銀從金驅去流通過程。在一八五五年一八五六年及一八五七年之間，法國金輸入超過金輸出合計爲41,580,000鎊，而銀輸出超過銀輸入爲14,704,000鎊。事實上，凡是以這兩種金屬爲法定的價值尺度及法定貨幣，各人得隨意支付任何一金屬之國家裏價值高漲的金屬便增至額面價格以上，且與其他各商品間，是用實際上單作爲價值尺度之過高評價的金屬來測定牠的價格。關於這問題之一切經驗和歷史底結果，簡直是這樣：凡在兩商品依法擔負價值尺度底功用之場合，事實上僅有一商品維持價值尺度底地位。(註十一)

註十、例如在烏葛哈特(David Urquhart) 的『成語集』上，所云如次：『金的價值倘須由金自身來決定；其他物品裏的任何物質怎能是牠自身的價值尺度呢？金的價值是由金自己的重量來確定的；在該重量底虛僞的稱呼底下，卽一益斯價值若干鎊及又幾分之幾。這正是僞造尺度，不是確定標準。』

註十一、『貨幣是商業底尺度和一切東西底比例底尺度，所以應該視爲固定的和不變的(與其他尺度同)。然若你

的貨幣是兩種金屬作成的，而這兩種金屬的價值關係常常
又相因而變動則貨幣不能是固定的或不變的。』洛克著關於
利息等低落之考察(見洛克全集第七版第三卷，一七六八年
倫敦)。

B. 關於貨幣尺度底單位之諸學說

　　商品僅轉化成作爲想像的價格之金，與金僅轉化成想像的貨幣底假定，遂發生想像的貨幣尺度底單位說。因爲在價格決定上，金銀僅作爲想像的計算貨幣，所以遂確認鎊，先令，辨士，德幣佛郞等名目，不表示金銀底一定的重量或何等具體化的勞動，寧表示想像的價值分子。因此，假定一盎斯銀底價值應該高漲，那麼這一盎斯銀自然含有較多的價值分子，便不得不用更多的先令來評價和鑄造。這個學說導源於十七世紀末，再又復活於最近的英國商業危機中，甚至由國會附在一八五八年七月成立的銀行條例委員會底報告書上的兩個特殊報告裏發表。

威廉三世卽位時，英國一盎斯銀底貨幣價格爲五先令又二辨士，卽銀十六分之一盎斯等於一辨士；十二辨士稱爲一先令。按照這個標準，則重六盎斯的銀塊，應該鑄成三十一個小幣，各稱爲一先令。但是一盎斯銀底市場價格高出其貨幣價格，卽由五先令二辨士高達六先令三辨士，換句話說，要購買重一盎斯的銀條，應付六先令三辨士。旣然貨幣價格對於一盎斯銀底可除部份僅是一種計算名稱，則一盎斯銀底市場價格如何能高出其貨幣價格呢?這個謎很容易解答。因爲那時流通的5,600,000鎊銀幣中,有四百萬盎斯已經磨減了盜削了並變造了。據檢查的結果，原重220,000盎斯之75,000鎊銀，實際上僅重141,000盎斯。造幣廠是按照原定的標準繼續鑄造，而現實流通中之重量輕的先令則代表比其額面重量更輕的可除部份。所以市塲上便不得不爲一盎斯銀條而支付更多的輕量先令。因素亂發生之故而決定一般的改鑄以後，財政大臣郎戴斯（Lowndes）聲稱:銀盎斯底價值既經高漲，此後應改鑄一盎斯銀爲六先令三辨士以替代從前的五先令二辨士。他的主張在實施上釀成這個局面，卽是銀盎斯底價值高漲引起了銀盎斯底可除部份底價值低落。然而他的錯誤的學說祇作爲代適當的實施目的之一種粉飾。國債既是用輕質先令來訂約的，難道會用重質先令來償還嗎? 當你收入名義上的五盎斯而實際上的四盎斯這時候,他不說歸還銀四盎斯,而說歸還名義上的五盎斯,然而金屬的實體却減爲四盎斯,並稱你前此所稱謂的五分之四先令爲一先令。因此郎戴斯在實施上固執金屬的重量，而在理論上則堅持計算名目。他的反駁論者,僅僅堅持計算名目,並稱百分之二十五至五十的輕質先令與重量充足的先令一致,故在他一方面固執金屬的實體。

洛克也對郎戴斯實行攻擊，他是一切形態的新資產階級底代言人，卽與勞動階級和貧民對立的工業家,與舊式高利貸者對立的商人,及與國家債務者對立的財閥底代言人，公然在他自己的著作裏證明資產階級的理性是人類常態的理性，並對郎戴斯加以攻擊。洛克以十先令或十四先令合成一 Guinea 所借去的貨幣，以二十先令合成一 Guinea 取還而得到勝利。(註一) 斯圖亞特概括這全交易如下："……政府顯著地獲得租稅利益 與債權者獲得其資本及利息同；而主要的損失者之國民反而滿意，因為他們的標準（他們自身的價值底標準）不曾低下。斯圖亞特以為商業越發達，證明國民越活潑。實則他是錯誤的。約在一百二十年之後，前此演過底同樣的事又重演了。

註一、洛克曾在某處說:『從前僅是一個 Crown 底二分之一的,於今則稱為一 Crown。……銀底同等分量對於其同等分量永久是同一價值。……因為任何鑄貨底銀分量底二十分之一的減少,若不減低牠的價值,則任何鑄貨底銀重量底二十分之十九的減少也不會減低牠的價值。所以稱為一 Crown 之一辨士是與包含二十倍多的銀之一 Crown 同,得購買同樣多的香料,綢緞或其他商品。…… 現在〔假定這一切都可以成立〕正給予少的銀分量以多的標記和名稱,……然而支付債務及購買商品的不是銀·而是名稱。』(散見前書一三五至一四五頁間)。假如提高貨幣底價值僅是指給予一銀幣底可除部份以任意的稱呼，即稱一盎斯銀的八分之一為一辨士，那麼貨幣眞正可以任意評價高。同時，洛克答覆耶戴斯說，市場價格在貨幣價格以上之高漲，不是由於銀底價值底高漲，而是由於重量較輕的銀幣。77枚盜削了的先令，絲毫不會比重量充足的62枚先令重。末了他完全正確地指出：不管流通鑄貨底重量失耗為何，英國銀條底市場價格還可以高至其貨幣以上若干，因為允許銀條底輸出而禁止銀幣底輸出。(前書五四至一一六各頁)。洛克非常小心的不涉論迫切的國債問題，又同樣小心的避免精細的經濟問題底討論。這精細的經濟問題，據銀條對於銀幣之交換比例所指示的，即是通貨與其銀量底現實的減少之相差。我們且在流通媒介那章裏，專就一般的形態來討論這個問題。巴本（Nicholas Barbon）在為答覆洛克的考察，關於鑄造輕量的新貨幣之研究一書（1696倫敦）上，想致洛克於困難境地，然而無效。

英國哲學底神祕的觀念論之代表柏克立主教（Bishop Berkeley）應曾給予貨幣尺度底觀念的

單位說以理論的轉變，即實際的"財政大臣"所不克給予的轉變，這正是事理之常。他問："難道 Crown，Leivre，Pound Sterling 等名稱不是認為那些關係（即抽象的價值底關係）底標示物或稱呼嗎？難道金，銀，銅不是關於計算，記錄和轉換之合式物或計算物嗎？難道支配別人的勞動之權力不是眞正的財富嗎？難道貨幣不是為移轉並記載那種權力之實物，合式物或證物嗎？難道甚麼材料作成合式物是極其重要的嗎？"（註二）我們在這裏找到了一個混同：第一是價值尺度和價格標準底混同，第二是把金銀一面作為尺度一面又作為流通媒介底混同。因為在流通過程中能够以名目貨幣（tokens）替代貴金屬，柏克立遂得出這個結論：即謂這些名目貨幣不表示甚麼，僅表示抽象的價值概念。

註二、『實問者』五，六，七頁。『關於貨幣之實問』都是巧妙的。就中柏克立完全正確地說：北美殖民地底發展『使著美洲如白日般光明；金銀對於一國的富不如各庸俗階級所想像般的必要。

　　斯圖亞特充分發展了貨幣尺度底觀念的單位
說，所以他的繼承者——無意識的繼承者，因爲他
們並不知道他——對於這學說，不但不曾增加一
點新的文句，甚至不曾增加一點新的例證。他說：
"我所命名的 計算貨幣，無非卽是相 等部分底任
意的尺度，是發明之以測定得出賣的貨物底相對
價值。所以計算貨幣是一種與鑄幣（Money coin）
截然不同的東西，鑄幣是價格(註三)，而且就令世
界上沒有東西能突變爲任何商品底適當的和比例
的等價之實體，還可以存在。……計算貨幣對於物
底價值所完成的任務，與度，分，秒等對於角度所
完成的任務，或與縮尺對於地圖或其他平面圖所
完成的任務同。在這些發明物之中，常有同一名稱
作爲單位。……這一切發明物底效用全限於比例
底指示。所以貨幣單位對於價值底任何部份不能
有一定的比例，換句話說，牠不能固定於金，銀，或
其他商品底任何特殊分量，單位一經固定，我們遂
能將單位相乘來增高至最大價值。……所以商品
底價值旣是依關係商品和人的想像之諸情形底總

結合而定，那麼商品價值就不得不視爲單是相互
關係的變動，因此，凡對於以一般的及一定不變的
標準來確定此等比例底變動有害之物，一定也對
於商業有害。……貨幣……是各相等部份底一種
想像的尺度。假如問到甚麼是某一部份底標準價
值，我可提出另一問題來答覆：即甚麼是一度，一
分，一秒底標準長度呢？這是沒有的。……可是剛
在一部份依尺度底性質而定之後，其餘各部份必
然依這個比例而定。關於此種觀念的貨幣，我們有
兩個例證。一個例證是阿姆斯特丹銀行，另一例證
是安哥拉海岸。"（見斯圖亞特前書第二卷一五四
及二九九頁。）

　　註三、價格這名詞，在這裏是照十七世紀英國經濟學
者所共用的意思，指眞實的等價。

　　斯圖亞特在這裏僅說到貨幣在流通中所担負
之價格標準及計算貨幣底功用。假如不同的商品
分別按15先令,20先令,36先令記載在價格表上,那
麼在比較該商品的價值底大小時，事實上我既不
注意銀的實體，也不注意先令的名稱,15.20,36等

數目間的比例指出了一切，數字"1"遂變成了唯一的尺度單位。僅僅各數目底抽象比例，完全能够作爲比例底純粹抽象的表現。爲要貫澈他的理論，斯圖亞特不僅應該廢掉金銀，更要廢除金銀底法定的名稱。因爲他不懂得價值尺度變爲價格標準之轉化底性質，他自然相信作爲尺度單位之一定的金分量不是作爲關於其他金分量之尺度，而是作爲關於那些價值之尺度。因爲諸商品經過其交換價值到價格底轉化，表現爲同一名稱底各種分量，他便否認以各分量歸爲一個名稱之尺度底那種性質；又因爲在不同的各金分量底比較中，作爲尺度單位之金分量是慣例的，他遂完全沒有看到固定金分量底必要。他可以不稱一圓周底三百六十分之一度，竟稱一百八十分之一度，於是一直角必然不用九十度但用四十五度來測定，其他鈍角和銳角也必然照這樣來測定。然而角度依然如舊，第一是一分量上一定的數碼即圓，第二是一分量上一定的圓弧。至於斯圖亞特的經濟的例證，一方駁倒了他自己的議論，他一方面却不曾證明一點甚麼。事實上，阿姆斯特丹的銀行貨幣僅是替代西班牙金幣(doubloon)之計算名稱，存放在銀行藏庫裏保持十足的重量，而流通鑄貨則因外界的經久摩擦而越變越薄了。關於非洲的觀念論裏，我們只得聽其自然，且侍批判的考察專家來向我們報告詳細。(註四) 法國紙幣 (Assignate) 得稱爲斯圖亞特的想像中之一種約近觀念的貨幣．即國有財產，100佛郎的紙幣。確實，規定這種紙幣 (Assignation) 所表現的使用價值，即沒收的士地，在這裏巳經指明了，然而尺度單位底分量的規定却被遺忘了，而"佛郎"這名詞逐成爲毫無意義的空話。法國紙佛郎究竟代表若干多或若干少的士地，是依國家拍賣底結果而定，然而事實上，紙佛郎是通用爲銀幣底價值標記，所以紙佛郎的價值低落是由這種銀標準來測定。

　　註四、在最近的商業危機時期，非洲的觀念的貨幣，自從海岸通用至於今日的巴巴利(Barbary)底中心之後，受了英國某些區域的稱獎，人謂柏柏人 (Berkers) 之免於商業危機和工業危機，是由於他們的貨幣底觀念的尺度單位。如此，難道不好更簡便地說，商業和工業是商業危機和工業危機底必要條件嗎？

在英國銀行停止兌現的時代，無數貨幣說殆與戰時公報一樣盛行。在某些銀行代言人方面，紙幣底低落和金的市塲價格超過其貨幣價格底高漲，再又引起觀念的貨幣單位說。卡斯爾累（Lord Castlereagh）以古典的混亂的學說來解釋他的混亂的見解，而說貨幣尺度底單位卽"關於與商品對立的通貨之價值底意思"。在巴黎和平條約訂立之後數年，一般情形容許兌現底復活，於是在威廉三世時代曾由郎戴斯所提倡的同一問題，殆又不變形式地發生了。巨大的國債，二十年來堆積的私債，以及定期證券等，都根據跌價的銀行券訂立了。這些債務從何用名目上是4672磅又10先令而實際上僅代表100磅22開金之銀行券來清償呢？於是北明翰銀行家安特烏德（Thomas Attwood）起而成爲復活的郎戴斯。債權者名義上是收回所借去的一般多的先令，但若照古時造幣底標準，一盎斯金底約七十八分之一構成一先令，那麼可說現在一盎斯金底九十分之一是稱爲一先令。安特烏德的信徒名爲"小先令主義者"（little shilling-men）底北明翰學派。關於觀念的貨幣單位底論爭，自一八一九年直到一八四五年，在庇爾和安特烏德之間相持不下。就貨幣作爲一種尺度之功用而論，安特烏德自己的智力完全總結於下節裏。他在這裏提及庇爾對於北明翰商業會議所之論爭說："你們的質向底內容是……鎊這個字用作甚麼意義？……一鎊的數目可以與甚麼相等？……3鎊17先令及10½辨士是一盎斯金嗎？或者僅是一盎斯金底價值嗎？假如3鎊17先令10½辨士是一盎斯金，爲甚麼不用牠們原來的名稱來名這些東西，而取消鎊，先令，辨士等名目而說盎斯，Pennyweight，及格蘭姆呢？……如果我們採用盎斯，Pennyweight格蘭姆等名目作爲貨幣制度，那麼我們應該追求直接的物品交易制度。……但是如果每盎斯金評價爲3鎊17先令及10½辨士底價值，如何有時要去制止每一盎斯金漲至5鎊4先令竟感受非常多的困難呢？有時我們又眼見每一盎斯金僅命價爲3鎊

17先令及9辦士呢？……鎊是關於價值之辭句，而不是一種固定的標準價值。……鎊這個名詞是觀念的單位。……勞動是生產費底爺娘，給與金或鐵以相對價值，凡是用來表現某人的一日勞動或一週勞動之特殊的計算名稱，也表現所生產的商品底生產費。"(註h)

　　　　註五、貨幣問題，吉米尼書簡集(The Gemini Letters)
二六〇至二七二頁，一八四四年倫敦出版。

　　總而言之，觀念的貨幣尺度底模糊的概念消滅，而其眞實的意義發生。金底計算名‧鎊，先令等應該是對於一定的勞動時間分量之名稱。因爲勞動時間構成價值底實體和價值底內在的尺度，所以這些名稱勢必現實地表現一定的價值比例。換句話說，勞動時間是保持爲貨幣底眞正的尺度單位。關於這點，我們與北明翰學派分離，但是我們還須記着，觀念的貨幣尺度說，在關於銀行券底兌換性或不兌換性底問題之論爭上，獲有新的重要。假如紙幣是由金或銀取得牠的名稱，那麼不管民法怎樣規定銀行券底兌換性或銀行券對於金銀底不能交換性便成爲一種經濟的法則，不管民法是怎樣。所以普魯士的紙 Thaler，雖在法律上規定不能兌換，但若在日常交易上，紙 Thaler 比銀 Thaler 不值價，卽是說，假如實際上紙 Thaler 是不能兌換的，牠可以卽時跌落。因此英國不兌換的紙幣底澈底的主張者都以觀念的貨幣尺度爲護符。假如貨幣底計算名如鎊，先令等等是價值分子底一定分量底名稱，卽一商品在與其他商品交換時所吸取或損失之時多時少的諸價值分子底名稱。那麼五鎊的英國紙幣對於金之關係，正與對於鐵或棉花之關係一樣獨立，因爲這紙幣的稱號對於一定的金分量或任何其他商品分量再未含有理論的相等，關於紙幣的兌換性之要求，卽關於紙幣與某一特殊物底一定分量底實際的相等之要求，實必爲紙幣底概念自身所排除。

　　作爲直接的貨幣尺度之勞動時間說，首先由格雷 (John Gray) 系統地說明了。(註六) 他令國立中央銀行各分行調查種種商品底生產所消費之勞動時間。生產者在他的商品底交換上獲得一種法定的價值證券，卽取得與他的商品所含之一定勞動時間相等的收入（註七），而這些一週勞動　一日勞動，一時勞動等等銀行券，同時作爲對於銀行儲庫裏所儲藏的一切其他商品底等價之支票。（註八）這是詳細嚴密製定的並完全根據現存的英國制度的基本原則。格雷說，在這個制度底下，"爲變得貨幣而出賣正與現在用貨幣來購買一樣容易實行。……生產必然變得與需要一致，並且是需要底無盡藏的源泉。"（前書一六頁）貴金屬必然失去侵越其他商品的"特權"，而 "與牛油和鷄蛋，棉花和洋布同在市場上佔有牠的相當地位，所以在我們看來，貴金屬的價值可以與金鋼石的價值一般小。"（貨幣講義一八二頁）。"我們還是保持我們的想像的價值尺度卽金而阻礙一國的生產力呢？還是依牠價值底自然的尺度卽勞動而發展一國的生產力呢？"（前書一六九頁）。

註六、格雷著社會制度論――關於交換原理之研究一八三一年愛丁堡出版。參照同著者所著『關於貨幣的性質及用途之講義』，一八四八年愛丁堡出版。二月革命之後，格雷呈一建議書於法國臨時政府，他在該建議書上向政府建議說，法國不需要『勞動組織』，但需要『交換組織』。關於交換制度，在他的貨幣制度論裏業已詳細規定。然而盡忠的格雷不曾想到在他的『社會制度論』出現以後十六年，關於同一發現底特權會被有天才的蒲魯東所奪去。

　　註七、格雷著『社會制度論』六三頁：『貨幣僅是一種領收證，即貨幣所有者給予國民的儲財以一定價值之證據，或從已經給予國民的儲財以一定價值之人獲得的於同一價值之權利之證據。』

　　註八、『從前已按生產物評價的價值，假定儲藏在某一銀行裏，並在全體口頭上的同意認爲必要時再又提出，即是存款於設計的國民銀行之人，可以取去該款所包有之相等價值，不必要取回他所存放的同一物。』(前書六八頁)。

勞動時間旣然是價值底內在的尺度，爲甚麽同時又得有另一外部的尺度存在呢？爲甚麽交換價值發展成了價格呢？爲甚麽一切商品都是用一已經轉化爲交換價值底特殊存在即貨幣之除外的商品來評價呢？這都是格雷不得不要解答的問題。但他未曾解答那些問題，而僅想像這些商品能够

作爲社會的勞動底生產物而彼此直接地相關。諸
商品都是獨立的私人勞動底直接生產物；這些私
人勞動應該由私的文換過程中之勞動讓渡而體現
爲社會勞動，換句話說，以商品底生產爲基礎之勞
動，僅由個人勞動底一般的讓渡才變爲社會的勞
動。然而格雷以假定諸商品所含有之勞動時間是
直接的社會勞動的時間爲前提，遂假定這是共通
的勞動時間，或直接聯合的諸個人底勞動時間。在
這些情形底下，某一特殊商品如金銀，不能作爲一
般的勞動時間底化身，與其他商品對立，交換價值
也必然不變成價格，而在他一方面，使用價值也必
然不變成交換價值，生產物也必然不變成商品，於
是乎資本主義生產制度底基礎本身便必然廢止。
然而這却不是格雷所有的意見。生產物是作爲商
品而生產的，不是作爲商品而交換的。他委託一個
國民銀行來實現這種深切的願望。一方面，社會利
用銀行使着各個人與私的生產條件獨立，他一方
面，却又容許各個人根據私的交換來進行生產。然
而事故意使格雷逐一否認資本主義的生產條件，

雖然他想僅去‘改良’從商品交換所發生的貨幣制度。因此他將資本變爲國有資本（註九），將土地變爲國家財產（註十），而且假如仔細考察他的銀行，就可知道這個銀行不僅一方面收受商品，一方面發行勞動證劵，且又同時調節生產。在他的晚著“貨幣講義”一書上，格雷渴想指明他的勞動貨幣純粹是資產階級的改良，然而他反爲陷於益加明顯的矛盾。

　　註九、『各國事業應該按照國家資本進行』。格雷著『社會制度論』一七一頁。

　　註十、『土地轉變爲國有財產。』前書二九八頁。

　　每種商品直接是貨幣。這就是格雷對於商品之不完全的和錯誤的分析所演繹的理論。“勞動貨幣”，“國民銀行”及“商品倉庫”底“有機的”組合，無非是些荒渺的幻想，在這些幻想中，用變弄手段作成的武斷竟向我們表現爲一般的法則。商品即是貨幣之斷說，或商品裏所含有之個人的孤立勞動即是直接的社會勞動之斷說，單據一個銀行相信這斷說並本此而從事營業底事實　自然不可成爲正確的。而且在這種場合中，實施的結果很易釀成破產。格雷的書裏所有隱匿的及不曾留意的地方，卽是勞動貨幣是達到廢除貨幣底切望之一個強有力的經濟名詞。且因廢除貨幣必隨而廢除交換價值，因廢除交換價值必隨而廢除商品，因廢除商品必隨而廢除資本主義的生產形態。這個已由格雷前後的少數英國社會主義者明白地說明了(註十一)。然而蒲魯東及他的學徒，則以一切熱誠來頌揚貨幣底廢革和商品底尊崇是社會主義底動因，並把社會主義貶降爲商品和貨幣間的必要關係底幼稚的誤解。(註十二)

　　註十一、參看湯普孫（W. Thompson）著『關於財富分配之研究』及布雷（Bray）著『勞動的過犯無勞動的救濟，』

　　註十二、達爾孟特（Alfrek Darimont）的『銀行改革論』可以視爲這種傳奇的貨幣論底摘要。一八五六年巴黎出版。

二

流 通 媒 介

自商品在價格決定底過程中獲得了某種形態而變爲有流通底可能，及金在同一過程中獲得了貨幣底性質以後，流通遂同時表現並解決商品交換過程中所含有之矛盾。商品底現實的交換，即社會的物質轉換，含着展開商品底二重性爲使用價值和交換價値之形態變化，同時商品自身的形態變化結晶爲一定的貨幣形態。敍述這個形態變化即是敍述流通。如上所述，假定有一商品世界及與之俱來的分工制度，商品便不過是交換價值底發展的形態，同樣，流通便含有一正在不斷地面面更新之交換行爲底常流。這是第一個前提。至於我們所提的第二個前提，乃是，商品賦有一定的價格而參入交換過程，或是 在這過程裏表現兩 重性質，即實在地表現爲使用價值，觀念地——在價格上——表現爲交換價值。

倫敦底繁盛街市充斥着商店，商店的陳列窗堆滿着全世界的珍貴：印度的披巾，美國的連發手鎗，中國的磁器，巴黎的胸衣，俄國的皮服和熱帶地方的香料。但是這些享樂物都懸有致命的白紙條，以阿剌伯數碼註明鎊，先令，辦士等略字。這就是出現於流通中之商品形態。

a. 商品底變形

仔細考察起來，看出流通過程包有兩個特殊的循環形式。如果我們以字母C指示商品，以字母M指示貨幣，我們便能表現這兩個形式如次：

$$C\text{——}M\text{——}C$$

$$M\text{——}C\text{——}M$$

在本篇中，我們專論第一個形式，卽作爲商品流通底直接表現之形式。

$C\text{——}M\text{——}C$ 過程包含運動 $C\text{——}M$，卽商品對於貨幣之交換或出賣；又包含相反的運動 $M\text{——}C$，卽貨幣對於商品之交換或購買；又包含這兩個運動底統一 $C\text{——}M\text{——}C$，卽商品對於貨幣之交換及貨幣對於商品之交換，換言之，卽自出賣至購買。但是這過程底終了之結果是 $C\text{——}C$，卽商品對於商品之交換，或現實的物質轉換。

我們若從第一個商品底一極來看，$C\text{——}M\text{——}C$ 同時表現其由商品變爲金之轉化及由金變爲商品之再轉化，換言之，這是一個運動，在這運動中，商品原先是特殊的使用價值，然後脫去這種性質而獲得與其他自然形態毫不相同之交換價值或一般的等價底性質。於是商品將最後的形態末了變爲對特殊需要底滿足之現實的使用價值。商品在這最後形態中從流通範圍落入消費範圍。

所以全流通過程C——M——C包括變形底總系列，每一商品爲要變爲其所有者之直接的使用價值，都發生這種變形。第一變形成功於流通過程底前半C——M中，第二變形成功於流通過程底後半M——C中，而全過程構成商品底總歷程(Curriculum Vitae)。但是C——M——C過程指示一單個商品底總變形，同時又構成其他商品底某一方面的變形底總和。因爲第一個商品底各個變形構成由這一商品變爲別一商品之轉化以及由別一商品變爲這一商品之轉化，所以這變形構成流通底同一階段中所發生之兩重的轉化。因此我們必須個別地考察C——M——C流通所變成之兩交換過程底各個過程。

C——M或出賣：　商品C參入流通過程不僅作爲特殊的使用價值，例如一噸鐵，且又作爲有一定價格底使用價值，例如3鎊17先令10½辨士的金或一盎斯金。這價格既然一方是一噸鐵所含有之勞動時間分量底指數，卽一噸鐵的價值量底指數，同時這個價格表示鐵變成金之熱切願望，卽給予該鐵所含之勞動時間以一般的社會的勞動時間底形態之熱切願望。除非這種變質說（Trans-sub-stantiation）成立，一噸鐵不僅不成 其爲一種商品，甚至不成其爲一種生產物，因爲鐵所以是商品，僅僅由於牠對鐵的所有者是非使用價值。換句話說，他的勞動得作爲現實勞動，僅以此勞動對於別人是有用的爲限，而對於他有用的勞動僅是作爲抽象的一般的勞動。所以要在商品界找出鐵從何吸引金，這是屬於鐵或鐵的所有者底問題。但是這個困難，卽商品底致命的飛躍（Saltos mortale），如單純流通底分析上所假定的，已在現實地實行出賣時克服了。當一噸鐵依牠的讓渡，卽依視鐵爲非使用價值之人手裏移到視鐵爲使用價值之人手裏，而實現爲使用價值時，牠遂同時實現牠的價格，並從純觀念的金變爲現實的金。於今一盎斯現實的金，出現以代替一盎斯金底名稱或3磅17先令又10½辨士，但一噸鐵則已略去那個塲所。不僅在價格上已經觀念地轉化爲金之 商品是依 出賣 C ——M 而變成現實的金，而作爲價值尺度之金

——原先僅是觀念的貨幣，並在事實上僅表現爲商品自身底一貨幣名——現在則由同一過程而變成現實的貨幣(註一)。從前因爲一切商品都是用金來測定牠們的價值，所以金遂成了觀念的一般的等價，於今則因爲金是諸商品對於牠之一般的讓渡底產物，而出賣C——M是發生一般的讓渡所依持的過程，所以金又變成得絕對讓渡的商品，卽實在的貨幣。但是金僅經過出賣而變成實在的，因爲諸商品底交換價值在其貨幣價格上已經是觀念的貨幣。

註一、『貨幣分觀念的和實在的兩種，並適於兩種不同的用處，卽決定物品底價值並購買物品。爲達評價底目的，觀念的貨幣是與實在的貨幣一樣好，甚至比實在的貨幣更好。貨幣底別種用法卽是購以買貨幣評價之物。……價格和契約是由觀念的貨幣所決定，由實在的貨幣所遂行的。』加里亞尼（Galiani）前書一一二頁。

在出賣C——M和購買M——C中，兩種商品，卽交換價值和使用價值底統一，彼此對立，然商品底交換價值僅存在爲觀念的價格。至於金，雖然牠確實是一種使用價值，可是牠的使用價值僅以作爲交換價值底担當者爲限，所以牠僅是形式上的使用價值，對於現實的個人的需要並無關係。因此使用價值和交換價值對立，分配於Ｃ——Ｍ底兩極端，所以商品作爲尙待依金來實現其交換價值或其價格之一種使用價值，與金對立，而金則作爲尙待依商品來實現其形式的使用價值之一種交換價值，與商品對立。僅依商品作爲商品和金底這種二重化，卽依各極僅在觀念的場合表示其對極是實在的又僅在實在的場合表示其對極是觀念的所由來之二重對立的關係，總之，僅依諸商品作爲對立的兩極之表現，交換過程中所含有的一切矛盾乃得解決。

我們已認定Ｃ——Ｍ過程是出賣，是商品變爲貨幣之轉化。但若從他極來看，同一過程也可以具有Ｍ——Ｃ形態或購買，卽貨幣變爲商品之轉化。出賣必然同時是牠的對立物購買。我們若從這極來考察這個過程，牠便是出賣 若從他一極來考察這個過程，牠便是購買。實際上這過程所不同者

唯此,即在C——M運動中,是從商品底一極或出
賣底一極起始,而在M——C運動中,是從貨幣底一
極或購買底一極起始。在考察商品底第一變形,即
商品轉化爲貨幣而成爲流通底第一階段C——M
底完成底結果時,同時我們又假定另一商品已經
轉化成了貨幣,而且現時正在流通底第二階段M
——C中。於是我們陷於假定底循環。流通自身構
成這一循環。如果我們不把M——C階段中的M
看作另一商品底變形底結果,我們必然把交換行
爲排於流通過程之外。然而C——M形態消滅於流
通過程之外,所以僅有兩個不同的C如鐵和金彼
此對立。牠們的交換既然是直接的物品交易,不能
構成流通過程底某一階段。金在其生產場合是與
任何其他商品同爲商品。牠的相對價值與鐵或其
他商品底相對價值,在這裏都是用牠們相互交換
所依持之分量來表現。但是金底價值既已知於商
品價格裏,則這種作用是包容於流通過程中。所
以說金和商品在流通過程內部發生直接的物品
交易底關係,說牠們的相對價值是依牠們的交換

而確定爲諸單純商品，這是最錯誤不過的觀念。兌金在流通過程中作爲一單純商品來交換其他商品之誤解，是由於認價格代表一定的商品分量與一定的金分量相等所用之等式，換句話說，商品與含有貨幣性質而作爲一般的等價之金發生關係，並表現爲能够直接交換黃金這事實。商品交換作爲商品之金，卽作爲勞動時間底特殊的具體化之金，是以金來表現商品價格爲限。而商品交換具有貨幣功能而非商品功能之金，卽交換作爲勞動時間底一般的具體化之金，是以商品爲金所實現的價格爲限。然而無論在那一場合，在流通過程中，不是以交換來決定商品所交換之金分量，而是以商品底價格來決定交換，卽是以依金評價之交換價值來決定交換。(註二)

　　　　註二、自然。這個不能制止商品底市場價格高于或低于商品的價值。可是這個考察却與單純流通無涉，屬于我們以後在研究價值和市場價格底關係時所待考察之全異的範圍。

　　　在流通過程內部，金在每人手中表現爲出賣

C——M底結果。但是，因爲出賣 C——M同時是購買M——C，則正當該過程出發之商品C經過牠的第一變形時，與C對立成爲相反的M極之別一商品，也正完成牠的第二變形；並當前一商品還在流通底第一階段中，後一商品正經過流通底第二階段。

從流通底第一過程底結果，即出賣底結果，我們遂取得貨幣，即第二過程底起點。商品的金等價出而替代具有第一形態的商品。這個結果現在得形成一休息點，因爲具有這第二形態之商品獲有牠自己的耐久的存在。商品，即所有者手裏的非使用價值，現在具有手頭常得使用的形態，因爲具有常得交換的形態；而且這個是看商品在何時並在商品界表面底甚麼點再參入流通之情形而定。商品的金蛹形態，在其得延長一長期或短期的生涯中，構成一獨立期間。至於在物品交易底場合，某一特殊的使用價值底交換直接與另一特殊的使用價值底交換相結合，創造交換價值之勞動底一般性，表現在購買行爲與出賣行爲底分隔和不差離上。

購買M——C是C———M底反運動，同時是商品底第二變形或最後的變形。作爲金之商品，卽具有一般的等價形態之商品，得直接依一切其他商品底使用價值來表現。而一切其他商品則希求金來作牠們的未來的形態，但是同時在其他商品價格上指出必得演奏的普調，然後其他商品的軀骸，卽其使用價值，得替代貨幣，而其他商品靈魂，卽其交換價值，得參入金。諸商品底一般的讓渡底產物卽是絕對得讓渡的商品，金變成商品之轉化沒有品質的制限，但有分量的制限，卽金自身的分量和其價值的大小底制限。"獲得一切是爲交換現金。"在C———M運動中，商品是由讓渡作爲使用價值而實現商品自身的價格及他人的貨幣底使用價值。而在M——C運動中，商品是由讓渡作爲交換價值而體現商品自身的使用價值和其他商品底價格。依商品價格底實現，商品將金化爲現實的貨幣，而依商品自身底再轉化，商品將金化爲徒然暫時的貨幣形態。因爲商品流通包含一種廣泛的分工及各個人方面的需要底多樣性，卽與各個人自己的**生產物**底**特殊化**成反比例之多樣性，所以購買M——C對於一商品等價得表現爲等式，或得分爲被購買者的需要範圍及他們所有的貨幣總額所限制的一系列的商品等價，正與出賣卽是購買同，購買也卽是出賣。M——C同時就是C——M，不過在這裏起點是屬於金或購買者而已。

　　現在再回到C——M——C或總**流通**。這個總**流通**顯然包含一商品所經過之諸變形底總系列。但在商品參入商品流通底第一過程並完成商品的第一變形時，另一商品也同時參入流通底第二過程，並完成牠的第二變形而落於流通以外。又當第三商品參入流通，並經過流通底第一過程而完成第一變形時，第一商品也同時參入流通底第二過程，完成牠的第二變形，並落於流通以外。

　　因此，作爲一商品底總變形之總**流通**C——M——C，常常構成另一商品底總變形底終點和第三商品底總變形底起點，卽無始無終的一系列。爲要說明這個，我們且分別名這兩極的C爲C'和C''，以便區分這兩個商品。這系列如次：C'——M

——C"。前半節C'——M是以M為另一運動C——M底結果這事實作前提，所以C'——M自身僅是這C——M——C'系列底後半節；而後半節M——C"僅是C"——M底結果，或表現為C"——M——C'''底前半節。由此類推。況且M雖然僅是一出賣底結果，而後半節M——C却可表現為M——C'+M——C"+M——C'''等等；換句話說，這後半節M——C可以分成許多購買和許多出賣，或諸商品底新的總變形底許多前半節。因為一單個商品底總變形不僅表現為變形底一無限的連瑣底一節，並且表現為許多這樣的連瑣底一節，商品界中之流通過程表現許多交錯運動底絕望的混雜，不斷地在無數處所終止後又重新開始。然而每一單個的出賣或購買成為一獨立無援的行為，這種行為的補足行為得在時間上和空間上與這種行為分離，所以不必直接繼續這種行為作為牠的連續。每一個別的流通過程C——M或M——C，卽一商品變成使用價值他一商品變成貨幣之轉化，卽流通底第一過程和第二過程，各自形成一

—— 121 ——

獨立的休息點。但在他一方面，一切商品的第二變形，是在一般的等價卽金底共通形式開始，在流通底第二過程底起點告終。因爲這個原故，現實流通中的任何C——M都與任何M——C巧合，卽一商品底後半世與他一商品底前半世巧合。例如A出賣值價兩鎊的鐵，他乃完成C——M行爲，或商品鐵底第一變形，但延長他的購買到某一時期。而在兩星期前出賣兩夸脫小麥以換取六個金鎊之B，又用這同樣的六個金鎊購買摩西斯公司底一套衣褲以完成M——C行爲，或商品小麥底第二變形。

　　M——C和C——M這兩種行爲在這裏僅表現爲一連瑣底諸節，因爲以金來表現的商品，看來是和其他商品一樣，我們不能單依金底外形就認爲這是鐵的變形或小麥的變形。所以在現實的流通過程中，C——M——C表現爲無數偶然符合的並相繼發生的許多不同的總變形底混雜。因此，現實的流通過程不表現爲一商品底一總變形，卽不表現爲通過對立的階段之商品運動，僅表現爲許多偶然符合的和不斷的購買和出賣底會集。
於是流通過程失去一切形式規定性，尤其是在這
裏爲然；因爲每一單個的流通行爲即出賣同時是
牠的對方即購買。購買也同時是牠的對方即出賣。
在他一方面，流通過程無非是商品界中底變形運
動，所以也必須在商品總運動中反映商品界。至於
那流通過程如何發生反映，我們將在下一章裏討
論。此處得補述在C——M——C中，C和C兩極
構成對於M不合同一關係之兩商品形態。第一個
C對於貨幣之關係，與一特殊商品對於一般的商
品之關係同，而貨幣對於第二個C之關係與一般
的商品對於一特殊商品之關係同。所以C——M
——C能够用抽象的論理化爲最後的公式S——
U——I。這公式底S是代表特殊性，形成第一極；
U指一般性，形成連繫底中項；I示個別性，構成
最後極。

　　商品所有者參入流通範圍，僅成爲商品底保
護者。在流通範圍內部，他們在購買者和出賣者底
相反的地位上彼此對立，即一方是人格化的砂糖，

一方是人格化的金。砂糖一變爲金，出賣者逐變爲購買者。這些一定的社會的功用不是人類個性底產物，而是生產具有商品形態之財貨者間的交換關係底產物。他們與購買者和出賣者間之單純的個人關係相出遠甚，購買者和出賣者參入這個關係，達到否定他們的個人勞動並變爲非個人勞動之貨幣這種程度。所以正如把購買者和出賣者底這些經濟的資產階級的任務目爲人類個性底永久的社會形態一樣是兒戲的，同時在他一方面，對於經濟的資產階級的任務來慨嘆個性底滅絕，也是不合理的。(註三) 在社會的生產制度底一定階段中，他們是個性底必然的表現，而且在購買者和出賣者底對立上，資本主義的生產底矛盾性仍然表現爲極表面的單純形式，所以這個對立也屬於資本主義以前的社會形態；因爲牠單要求個人底相互關係應該是商品所有者底相互關係。

　　註三、從培理耳 (M. Isaac Pereire) 的『產業及租稅論』(一八三二年巴黎)底下面一節，可以看出購買和出賣之敵對底全表面的形態怎樣深重地傷害了少數優美的人們。

具有 "Credit Mobilier" 銀行創立人和總裁資格底同一培理耳，獲得巴黎交易所的狠底稱號這事實，正指示在經濟學底任情的批評 之後潛伏着什麽。他是當時的聖 西門信徒，說:『因爲各個人在他們的勞動和消費上都是彼此孤立的及分隔的，所以他們按照各有的產業底生產物而發生交換。從交換底必要又發生决定物的相對價值底必要。于是價值和交換這兩個概念便密切地結合，同時在其現實的形態上表現爲個人主義和敵對。……僅僅因爲有購買和出賣‧換句話說，僅僅因爲在社會各成員間有一種敵對，生產物價值底决定始行發生。僅僅有出賣和購買存在底場合，換句話說，僅在各個人不得不努力出爲他自己獲得他的生計所必需的目的物底場合，他才不得不勞神于價格和價值底問題。』

現在我們若考察 C——M——C 底結果，這便屬於純全的物質轉換C-——C。商品交換了商品，使用價值交換了使用價值；而變成貨幣之商品或具有貨幣形態之商品底轉換，僅作爲影响這物質轉換之一種手段。因此貨幣僅表現爲商品交換底媒介；可不是一般的交換底媒介，而是流通範圍裏的交換底媒介，即流通媒介。(註四)

註四、『貨幣僅是方法和手段，而有益于生活之物則是目的和對象』。波斯蓋勒柏特著『法蘭西評論』（一六九七年），見戴爾斯（Eugene Daires）著『十八世紀之金融經濟學者』第一卷（一八四三年巴黎）二一〇頁中。

我們已知商品底流通過程歸結於 C——C，表現爲依貨幣作媒介之純物品交易，換言之，C——M——C 通常不僅表現兩個孤立的過程，並且表現這兩個過程底動的統一。不過要從這裏來演出購買和出賣形成一不可分的單元這個結論，却是一個思惟形式，關於這思惟形式底批判是屬於論理學的領域而非屬於經濟學的領域。交換過程中購買和出賣底分離，破壞一切地方的，原始的，家長的和世襲的障碍而成爲社會的物質轉換。同時這是社會的物質底相關的諸要素底分離和對立底一般的形態，其中含有商業危機底可能性，因爲商品和貨幣底敵對是資本主義的勞動制所含有之一切敵對底抽象的和一般的形態。所以貨幣底流通可以不發生危機，但沒有貨幣流通，危機決不能發生。換句話說，凡在基於私的交換制度之勞動未曾達到有貨幣存在底階段中，不能產生那些促成資本主義的生產樣式底充分發展之諸現象。這記了得點，我們便能測定主張以廢除貴金屬所享受的"特權"並採用所謂"合理的貨幣制度"來除去資本主義生產底"缺點"之批判底深淺。曾經稱爲極銳利的下段可以作爲有對立性質底經濟學者的辯論底例證。著名的英國經濟學者斯圖亞特的父親米爾說:『每年生產底總數不能超過每年需要底總數。在完成交換底兩人當中，一人不但帶有供給物，另一人不但帶有需要，各人都帶有需要和供給物。……他所帶來的供給物是他的需要底工具，所以他的需要和供給物自然剛好彼此相等。所以不能說在任何一國裏某一商品或大宗商品曾比需要大，別一商品或別一大宗商品曾比需要少，彼此不是同等的數量』(註五)

　　註五、一八〇七年十一月，斯賓塞(William Spence)曾在英國發表一本名爲『英國獨立的商品』底小冊子。本書所提出的原則，以後更由柯柏特(William Cobbet)在他的『政治錄』裏用一個毒辣的題名『死滅的商業』加以發揮。一八〇八年詹姆斯·米爾曾在他的『商業保護論』上答覆這個原則；該書包含從他的『經濟學原理』所引來的一節（一九〇至一九三頁，譯者）。舍易在與西思蒙第和馬耳薩斯關于商業危機底論爭上，採用了這個妙計，而且因爲實在不容易指出那喜劇的『科學底皇子』是用甚麼新思想充實了經濟學的內容，所以他的大陸的讚賞者便頌揚他是買賣底形而上學的平衡這寶貝之發現者。事實上，他的功績寧是由他一樣誤解他的同時人馬耳薩斯，西思蒙第和里嘉圖所持的公平而構成。

米爾將流通過程轉化爲直接的物品交易，又將他從流通過程所借來之購買者和出賣者人物密輸入直接的物品交易，來回復需要供給底平衡。用他自己的混亂的語句來說，在一切商品是不能出賣的這一定期間，實際上一商品底購買者卽貨幣底購買者多於出賣者，而一切其他貨幣底出賣者卽諸商品底出賣者多於購買者；例如一八五七年至一八五八年中在倫敦和漢堡底商業危機中之一定期間，正是這種情形。購買和出賣底形而上學的平衡結果乃是：每一購買都是出賣，每一出賣都

是購買；這是對於不能出賣商品又不能購買商品
之商品保護者之一種可憐的安慰。(註六)

　　註六、從下面的例證可以看出各經濟學者如何說明商
品底種種形態。

『我們有錢在手，只要行一次交換就可以獲得欲望底對象，
若用其他剩餘生產物，我們就得行兩次交換，第一次比第二
次難得很多。』(奧普第啓(G. Opdyke)『關于經濟學之研
究』二七七至二七八頁，一八五一年，紐約)。

『貨幣底優越的出賣性是商品底低劣的出賣性之正確效果
或自然終結。』(柯柏特著『關于個人財富底原因及樣式之考
察』一一七頁，一八四一年倫敦。)

『貨幣有常能交換牠所測定的東西之性質。』(博山克 (Bos-
anquet) 著『金屬，紙幣和信用通貨』一〇〇頁，一八四二年
倫敦)。

『貨幣能常時購買其他商品，而其他商品不能常時購買貨
幣』涂克 (Th. Tooke) 著『關于通貨原理之研究』一〇
頁，一八四四年倫敦)。

　　在發生商品生產者和商品消費者底最後交換
以前，出賣和購買底分離能够使許多空的交換與

真的交易同時並存。牠能使許多寄生者侵入生產過程並利用這種分離。但牠又指因有作爲資本主義制度下的勞動底一般的形態之貨幣存在，故有這種勞動的矛盾底發展底可能性。

b. 貨幣的流通

初看起來，現實的流通表現爲許多偶然發生的併行的購買和出賣。在購買與出賣中，商品和貨幣常常立於同一的相互關係上：出賣者立於商品這方面，購買者立於貨幣那方面。所以作爲流通媒介之貨幣常時表現爲購買手段，由此商品變形底對立的階段中之貨幣規定底差異便成爲不能區別的。

在同一行爲中，商品轉入購買者手裏，貨幣轉向出賣者手裏。所以商品和貨幣在兩個相對的方入流動，而這個場所變更——在這變更中，商品移到這極，貨幣移到他一極——同時發生在資產階級社會底全表面底無限多的場所。然而商品在流通過程中所採之第一步，也就是牠的最後的一步。
（註七）不管商品是因爲以商品吸引金（C——M）
而離開牠的場所，抑因爲以金吸引商品（M——C）
而離開牠的場所，經過一次流動，即一次場所變更
之後，商品遂從流通過程落入消費過程。流通是商
品底不斷的流動，然而是不同的商品底流動，因爲
各商品僅作一次流動。每一商品侵入流通底第二
階段，不是作爲同一商品，而是作爲另一商品即
金。所以變形的商品底運動即是金底運動。在C
——M運動中與某一商品變換場所之同一金片或
同一金幣，從其對方表現爲M——C底起點，然後
在第二次與另一商品變換場所。商品從購買者B
的手裏移到出賣者A的手裏時，同時牠就離開那
已經變成購買者的A之手，而移到C的手裏。商品
轉換爲貨幣又從貨幣轉換爲商品所經過之路徑，
即商品總變形底運動，表現爲與不同的兩商品兩
度變換場所之同一金幣底外面的運動。不問購買
和出賣彼此得發生怎樣散亂的和偶然的並列，在
現實的流通中，總是一個出賣者對一個購買者；而

交换了出卖的商品之货币，在达到购买者手裏以前，一定曾与别一商品变换过场所。這货币迟早再又离开由出卖者而变成的购买者之手，移入一個新出卖者手裏。所以這經常反復的场所变更，形成商品变形底交错。同一铸货常从流通過程底這一極流入那一極，有的更經常，有的不經常；常常居於与流動的商品底方向相對的方向，由此表现或長或短的流通弧。同一铸货底種種運動反在時間上能相繼而起；在他一方面，表现為商品和货幣間底許多隔别的场所变更那許多散亂的购买和出卖，同時僅在空間上現得是隔别的。

註七、同一商品能夠买回再又卖出許多次。所以牠流通起來，不僅作為一種商品，並且從單純流通底觀點看來，從商品和货幣底單純的對立底觀點看來，具有一種不嘗存在的性質。

單純形態中之商品流通 C——M——C，完全表现於從购买者之手至出卖者之手，再又從由出卖者而变成的购买者之手至新出卖者手裏之货幣移轉中。這個流通完成商品底变形，且又由此完成貨幣底運動，假如那運動是商品變形底表現。但是因為新使用價值不斷地照新商品底形態生產並經常地重新輸入流通過程，所以 C——M——C 反復被同一商品所有者更新了。商品所有者在身為購買者時所用去之貨幣，一待他們再又成為商品賣主，仍復回到他們的手裏。商品流通底經常的更新，反映在擁有大宗貨幣之資產階級社會底全表面上的不斷的流通中。這貨幣從這一人的手移到別一人的手，同時描出從無數所在出發而囘到各自的起點以反復同一運動之許多不同的小循環。

商品方面之形態變更僅表現為貨幣方面之場所變更，而流通運動底繼續性則完全在貨幣方面，因為商品往往朝着與貨幣相對的方向僅進行第一步，而貨幣則常常替商品進行第二步。所以這全運動似乎是從貨幣出發，雖在出賣場合中，商品曳出了貨幣的地位，即商品流動貨幣，與在購買場合中商品依貨幣而流通同。再則貨幣本其作為購買手段之功能常與商品對立，並本着這個功能，單依實現商品的價格而運動；根據這個事實，全流通運動是表現爲貨幣和商品之場所變更；貨幣或依同時併行的各特殊流通行爲，或依同一鑄貨依次實現各商品價格時之繼起的流通行爲，來實現物價。例如 我們若不管 流通過程中不 能區別的品 質要素，來考察　C——M——C'——M——C"——M——C'"等系列，我們得目擊同樣單調的交易。M在實現C底價格之後，依次實現C'，C"等底價格；而商品 C'，C"C,'"等則經常替補貨幣所離開的場所。因此貨幣由實現商品價格而使商品流通。貨幣爲欲解除這實現價格底職能，牠自身正在經常地流通，有時變更牠的場所，有時描出一流通弧，有時又完成那起點和終點一致之小周圈。作爲流通媒介之貨幣，是屬於貨幣自身的流通。所以流通的商品底形態變更表現爲貨幣運動，這運動促進自身不能流動的商品底交換。因此商品底流通流通底運動，具有作爲流通媒介之金底運動底形態，即貨幣流通底形態。

　　因爲商品所有者由轉變一物即金爲一般的勞

動時間底直接表現即貨幣，來給予他們的個人勞
動底生產物以社會勞動底生產物底形態，故影響
他們的勞動底物質生產物底交換所依持之他們自
身的全面運動，現在都對他們表現爲那一物底直
接運動,即表現爲金底流通。對於商品所有者,社會
的運動自身一半表現爲朝外的必要物，一半表現
爲純形態的中間過程，這過程使那以任何使用價
值投入流通之各個人，能够從流通取出一等價底
其他使用價值。商品底使用價值要到離開流通範
圍,才發生作用,而作爲流通媒介之貨幣底使用價
值,則正在貨幣的流通裏。流通範圍裏商品底運動
是暫時的運動，而該範圍裏貨幣底功能則是無止
息的運動。貨幣由於在流通範圍裏完成這種特殊
的功能,逐獲得一新的能力。現在我們應得更詳細
地研究這個能力。

　　首先，我們知道貨幣流通形成一無止息的割
分運動，因爲這反映流通過程分爲無限多的購買
和出賣，及商品變形底相互補足的諸階段底無關
係的分離。在貨幣描出起點與終點相迭之小環循

—— 135 ——

中，我們正發現一復歸運動，卽現實的循環運動：
因有多少商品便有多少點，而且這些循環底數目
是無限大的，故這些循環是完全不能支配，測定及
計算的。商品自出發至歸元底時間正是一樣不一
定的。再則那一循環曾否現實地出現於某一已知
場合，這是不關重要的。沒有比一個人能以這一
手用去貨幣不能以那一手取回貨幣更週知的事
實。貨幣是從無限多的出發點復歸於同樣多的不
同點，可是出發點和歸元點底一致是一件偶然的
事，因為在 C——M——C 運動中，購買者再變
為出賣者之情形不是必要條件。至於貨幣流通近
於從一中心點發散到圓周諸點又從圓周諸點回
到中心之運動，則更少。照我所懸想的，所謂貨
幣底循環簡直是這樣：卽是我們到處看見貨幣底
出現和消滅，看出貨幣自這一場所到別一場所之
永不停止的變更。在貨幣流通底較高和較複雜的
形態中卽銀行劵流通中，我們可以看出貨幣支出
底條件包含牠的還元底條件。但在單純的貨幣流
通中，同一購買者再變為出賣者，是偶然的一回

事。事實上我們在發生不斷的循環運動底地方，看見這些運動無非是生產過程中更深的力量底許多反映。例如製造家在禮拜五從他的銀行家取去貨幣，禮拜六將貨幣付給工人，工人又直接將大部份的貨幣付給小賣商人，小賣商人再又在禮拜一歸還銀行家。

　　在齊同發生之極多的購買和出賣中，我們知道貨幣同時實現一定數底價格。在他一方面，同一鑄貨實現種種變形底價格，並因之造成或多或少的運動，是以貨幣的運動表現商品底總變形運動及這些變形底連瑣為限。我們若以某一國的流通目為一一定時間，如說一日，那麼關於價格實現以及最後關於商品流通所需之金分量，可由兩個條件來決定：第一條件即價格總額，第二條件即由同一金貨所決定之平均的運動數。這個運動數或貨幣流通底速度，再又依諸商品的變形底種種階段所依之平均速度而定，換言之，表現這種平均速度，即諸商品變形相繼連續及已變形的商品再被流通過程中之新商品替換所依之速度。我們已知在價格決定底過程中，一切商品底交換價值是觀念地轉變爲具有同一價值之一定的金分量。同一價值額表現在兩重形態中，卽流通底孤立運動M——C及C——M之任何一運動中，卽首先體化於商品，然後體化於金。然而金所以有流通媒介底資格，不是由於金與靜止狀態中的個個商品之獨立的關係，而是由於金在動的商品界中之活動的容態，卽是由於金從牠的場所變更表現商品的形態變更，又從牠的場所變更底速度表現商品的形態變更底速度之機能。所以流通過程中之金所表現的程度，卽流通過程中之現實的金分量，是依金在全過程履行牠的機能至何程度而定。

貨幣流通包含商品流通；貨幣流通有價格的商品，卽預先在觀念上等於一定的金分量之商品。在商品價格底決定上，作爲測定單位之金分量底價值，或金底價值，是假定爲已知的。按照這假定，流通所需之金分量 首先是依尙待實現之商品價格底 總和而定。但是這個總和 自身底決定是：(1 由於價格底標準，卽以金評價商品底相對高或相對低的交換價值,(2)由於照固定的價格流通之商品數目，卽由於照已知價格之購買和出賣底數目所決定。(註八) 假如一夸脫小麥值價六十先令，則流通這一夸脫小麥，或實現這一夸脫小麥的價格。需要比僅值價三十先令時兩倍多的金。要流通值價六十先令之小麥五百夸脫，便需要供同一價格之小麥二百五十夸脫底流通兩倍多的金。最後，流通值價一百先令之小麥十夸脫，但需流通值價五十先令之小麥四十夸脫之貨幣一半。所以關於流通所需之金分量可以不管價格底高漲而低減，假如流通的商品總數底減少比價格總數底增高有較大的比例。反之，流通媒介底分量也可以不管流通的商品總額底減少而增高，假如價格底總和有較大比例。例如詳細和精密的英國考察曾指出如次的事實：在英國穀價最貴底初期，因爲減少的穀供給底總價格大於從前較多的穀供給底總價格，而當時其他商品底流通是照牠們的舊價格繼續不變，所以流通的貨幣分量增加。但在穀價最貴底末期，流通的貨幣分量遂見減

少，因爲這時或則除穀以外而仍用舊價格出賣的
貨物少，或則那些貨物底同一分量是照較低的價
格出賣。

註八、貨幣底分量『在足夠維持諸商品底現存的價格
時』，是無關緊要的。波斯蓋勒柏特前書二一〇頁。

『假如四萬萬商品底流通需要四千萬通貨，而這十分之
一的比率是以金來評價通貨及商品之適當的準則，那麼如
果因爲自然的原因，這些正在流通的商品底價值增至四億
五千萬，我應說貨幣爲要繼續牠的準則，一定增至四千五百
萬。』布拉克(William Blaek)著『關于政府支出所產生的影
響之考察』八〇頁，一八一三年倫敦。

然如上述，流通的貨幣分量，不僅依尚待實
現的商品價格底總和而定，且依貨幣流通之速
度，即貨幣完成這個實現商品價格底任務之速度
而定。假如同一 Sovereign 一日行十次購買，商
品底每一購買都有一 Sovereign 底價格，並且更
換十次手，那麼這 Sovereign 便完成與各於一日
僅完成一次流通之十金鎊同樣多的工作。(註十) 因
此，金底流通速度能够替代牠的分量，換句話說

流通過程中金底存在，不僅依作爲與金對立的商
品底等價之金的存在而定，並且依商品變形底運
動中之金的狀態而定。然而貨幣底流通速度得作
爲貨幣分量之替代物，僅至一定的限度，因爲在任
何已知時間，許多分離的購買和出賣同時發生於
諸不同的場所。

註十、『釀成貨幣量底增減的是貨幣底流通速度，不是
金屬底分量。』加利亞尼前書九九頁。

如果流通商品底總價格高漲，不過是在小於
貨幣底流通速度底增加之比例中，則流通媒介底
分量會要減少。在他一方面，假如貨幣底流通速度
減低，是在大於流通商品底總價格之比例中，則通
貨底分量會要增加。與一般的價格跌落相混之增
加的通貨分量，或與一般的價格高漲相關之減少
的通貨分量，是價格史中一個最顯明的現象。但是
於關發生價格準則之同時增加，及貨幣底流通速
率底準則之更大的增加之諸原因底考察，或反對
的現象，屬於單純流通底範圍以外。舉例來說，在
信用制度盛行時代，貨幣底流通速度增加得比商

品價格快,而在信用制度降落時代,商品價格跌落得比流通速度慢。單純的貨幣流通底淺薄的和形式的性質表現在如次的事實裏: 卽對於通貨分量有決定的影響之一切要素,例如流通商品底分量,價格,價格底漲落,同時並存的購買和出賣底數目,貨幣流通底速度; 都依商品界裏所發生之變形過程而定。而這變形過程再又依生產方法底一般性,人口底稀密,城市和鄉村間的關係,運輸手段底發達,或大或小的分工,信用等等而定; 總之,依橫在單純的貨幣流通範圍以外並且僅反映在單純的貨幣流通範圍裏之一切情形而定。

流通底速度既然已知,則通貨底分量僅依商品價格而定。所以價格或高或低,不是因爲通貨底分量或多或少; 反之,通貨底分量或多或少是因爲價格或高或低。這是最重要的一個法則,這法則依持價格史之詳細證明或許是里嘉圖以後之英國經濟學底唯一成績。假如經驗告訴我們,某一國裏貨幣流通底準則,卽流通的金銀底分量: 是依暫時的漲落而且時常最激劇的漲落而定

（註十一），但在大體上是長期靜止的，漲落的偏差僅構成近於平均準則之些小游移；這個現象是由決定通貨分量之諸情形底對立性來說明。牠們的同時的變化抵銷牠們的效果，所以一切依然如舊。

　　註十一、一八五八年的英國給予關于金屬流通低過其平均準則之異常的低落底一例證；從下面的倫敦經濟學報的引用文可以看出這個例證。『在事態底性質上（卽單純流通底孤立性質上），關于正在市場上及非銀行階級手裏流通的現金額，不能搜集最正確的材料，但是諸大商業國家的鑄幣廠底活動或不活動，也許是現金額底比差底最相近的指示。需要貨幣多，便鑄造得多，需要貨幣少，便鑄造得少。……英國貨幣廠裏的鑄幣，在一八五五年，爲9,245,000鎊，一八五六年爲6,476,000鎊，一八五七年爲5,293,855鎊。在一八五八年，鑄幣廠很少鑄造。』（經濟學報，一八五八年七月十日）然而同時却有一千八百萬磅儲在銀行藏庫裏。

　　認流通媒介底分量是依貨幣流通底一已知速度及商品價格底一已知總數而定之法則，也可以解釋如下：假如商品底交換價值和商品變形底平

均速度是巳知的，則流通的金底分量是依牠自身
的價值而定。所以如果金底價值，卽金生產所需之
勞動時間應該高漲或低落，商品價格便要依反比
例高漲或低落。而適應價格漲落之流通速度旣然
不變，則保持同一商品量底流通必需要或多或少
的金分量。如果舊價值尺度被值價多或值價少的
金屬所廢棄，必然發生同樣的變動。例如在因對於
國債之擔心及對於加利福尼亞和奧大利亞金鑛發
現底效果之恐怖，而以銀貨幣替代金貨幣時，荷蘭
爲流通同一商品分量所需的銀，比從前所需的金
多至十四倍或十五倍。

　　流通的金分量依商品價格底不定的總和及變
動的流通速度而定。從這事實來看，可知流通媒介
底分量一定是能縮小並開展的；總之，卽按照流通
底必要條件，金本牠的流通媒介底功能，時而參與
之通過程，時而離開流通過程。至於流通過程本身
如何實現這些條件，我們以後可以見到。

c.　鑄貨及價值標記

金在牠的流通媒介底功能上，具有一獨特的形態，牠變成鑄貨。爲免除鑄貨流通中之任何技術的困難，所以鑄貨是按照計算貨幣底標準鑄造的。凡其模樣和數字都表示含有與貨幣計算名如鎊，先令，等相合的金底一定重量之金片，都是鑄貨。鑄貨價格底規定與鑄造底技術工作，都是國家事業。作爲計算貨幣及鑄貨之貨幣，具有地方的及政治的性質，牠說種種語言，穿種種國服。作爲鑄貨之貨幣底流通範圍是別稱爲國內流通範圍，國內流通範圍是依各國的限界而與商品界中之一般的流通範圍分離。

然而金條和金鑄貨間之唯一差異，卽是鑄貨名和重量名間之差異。好像是後一場合中之名稱的差異，表現爲前一場合中之形狀的差異。金鑄貨得投入熔金爐中，直截了當地再轉化爲金，正與反之只須將金塊投入造幣廠來取得鑄貨底形態般。從這一形態到另一形態之轉化及再轉化，表現爲一單純的技術的事情。

個人得在英國造幣廠取得 4672½ 金 Soveriegn 以交換二十二開的金 100 磅或 1200 盎斯。假如把這些金 Sovereigns 放在天秤底一方，把 100 磅金條放在他一方，這兩種重量會彼此平衡；這個證明金 Sovereign 無非是含有英國鑄貨價格中的這個名稱並具有牠自己的形態和模樣之一定的重量底金片。4672½ 個金 Sovereigns 投入流通底種種所在，並且一經入了流通界，牠們每日行一定數的通用，卽是有些金 Sovereign 行通用底次數多，有些行通用底次數少。假如一盎斯金每日底平均通用數是十次，那麼 1200 盎斯金得實現 12,000 盎斯金或 46725 金 Sovereign 爲商品價格底總額。然而任你怎樣將一盎斯金變換並籌算，絕對不會有十盎斯金底重量。但在這裏，流通過程中的一盎斯金實際是重十盎斯。流通過程中一鑄貨所完成的工作，等於該鑄貨所含有的金分量乘該鑄貨底通用數。一鑄貨除去依其作爲有一定重量底一單個金片而獲得現實的存在以外，更因牠的機能而獲得一觀念的存在。然而無論金 Sovereign 流通一次或十次，在每一特殊的購買或出賣中，牠但發生一金 Sovereign 底作用。這個好比一位上過十次戰場的軍官，曾担當十位軍官底任務，但在各個戰埸上依舊是同一無別的軍官。隨貨幣流通裏分量爲速度所替代而發生之流通手段底觀念化，僅影響流通範圍內部之鑄貨底作用，不曾影響個個鑄貨底性質。

貨幣流通是經過外界之運動，而金 So ereign 隨之通用。鑄貨經過種種手，錢囊，衣袋，荷包，通帶，開口袋，小箱和鐵箱底摩擦而磨滅了，這裏失去一金分子，那裏又失去一金分子，因爲在世上通用而遭蝕耗，遂逐漸失去牠的內在的本質。因爲供人使用之故，牠竟磨滅了。我們且就自然的和純全的性質已略受侵蝕的金 Sovereign 考察一下。多德（Dodd）(註一) 說一個製麵包者，今天從銀行裏領到一枚新的金 Sovereign，明天將牠付給麵粉商，却不是付給同一眞實的金 Sovereign。這付出的金 Sovereign 比領取時變輕了。一個無名作家(註二)說：鑄貨在一般事物底本來性質上，顯然一定逐一減少，成爲通常的和不可免的磨滅底結果。要在某一期間甚至一日，完全排除輕的鑄貨於流通之外，這是物理上一件不可能的事。雅克布(Jacob)計算在一八〇九年歐洲共存三億八千萬鎊，至一八二九年，即二十年間，有一千九百萬鎊完全失去了。(註三)所以商品踏入流通範圍第一步以後逐排出流通範圍之外，而鑄貨則在該範圍中兩步之後，表現比牠現實含有的金屬更多的金屬。在流通速度不變的場合，鑄貨底流通時間越長，或同一時期中之鑄貨底流通速度越大，則牠的鑄貨形態與牠的現實的金銀形態間之差異也越大，殘存者乃一巨大的名稱之影(Magni Mominis Umbra)。鑄貨底本體僅僅變成一個影。如果鑄貨最先是依流通過程而加重，那麼現在便依流通過程而減輕，不過繼續在各個單一的購買和出賣中表現金底原有的分量。作爲想像的金 Sovereign 之金Sovereign或想像的金之金Sovereign，繼續完成法定鑄貨底功能。其他實物因與外界接觸而失去牠們的觀念主義，而鑄貨則因漸次將其金的本體或銀的本體轉化爲假想的存在，由實施而觀念化了。從流通過程本身或從貨幣的名目的重量與實際的重量底差異而發生之金屬貨幣底第二觀念化，是半由政府半由私企業家所施行的種種貨幣僞造。從中世紀初期直到十八世紀，貨幣鑄造底全歷史無非是這兩重的和敵對的僞造底歷史。卡斯托第（Custodi）的意大利經濟學者底論著集成大部份是論及這點。

註一、多德著『產業底奇異』，1854年倫敦出版。

註二、『一銀行家的通貨問題評論』六九頁。一八四五年愛丁堡出版。

『如果用得輕了的 Ecu（五佛郎銀幣）不得不比全新的 Ecu 約值價少些，那麼流通便會陸續發生阻礙，而不致引起爭論之支付必然不能實行。』（加立耳前書第一卷二四頁）

註三、雅克布著『關於貴金屬底生產和消費之研究』第二卷第二十六章。一八三一年倫敦出版。

然而金由於牠的功能而發生之想像的存在，與其實在的存在開始衝突。在流通過程中，一金鑄貨失去金屬實體多，其他金鑄貨失去金屬實體少，所以於今在事實上，一金鑄貨是比其他金鑄貨值價多。但因金鑄貨在担負鑄貨功能時有同一價值，因有四分之一盎斯重底金 Sovereign 不比僅視作有假想的四分之一盎斯重底金 Sovereign 值價多，所以重量充足的金 Sovereign 遂在無法橫行的所有者手裏被施以外科的手術，這些手術人工地把流通過程所自然地發生的貨幣變爲牠們的輕質的同胞。牠們的重量減削，而過剩的金脂肪（fat）則放在溶金爐裏。4672½金 Sovereign。假如在天秤底一端量得平均重量僅爲800盎斯，而非1200盎斯，則在投入金市塲時，牠們僅可購買金800盎斯。每一鑄貨，就令是重量充足的鑄貨，在鑄貨形態中都比在金條形態中值價少。重量充足的金Soverei n必然再轉化爲金條形態，在這一形態中，多量的金常比少量的金值價大。這金屬重量底減輕必然影響極多數的 Sovirign，使金市場價格常久高漲在其鑄貨價　以上，同時鑄貨底計算名雖然依舊一樣：

而必然開始指示少量的金。這就是說，貨幣的標準
必然變更；而且在將來，金必然是依照這個新的標
準來鑄造。因觀念化爲流通媒介之故，金必然反映
並且改變當地通用爲價格標準時所依之法定的比
例。同一變革必然在一定期間之後反復，所以金
必然在作爲價格標準及流通媒介時遭遇不斷的變
動，卽是具有前一形態之變動到具有後一形態之
變動，及具有後一形態之變動到具有前一形態之
變動。這個解釋了上述的現象，卽是在所有的近代
國民底歷史上，同一貨幣名是表示一經常減少的
金屬分量。作爲鑄貨之金與作爲價格標準之金底
矛盾，也變成作爲鑄貨之金與作爲一般等價之金
底矛盾。金本着一般的等價這機能，不僅流通於國
境內部，並且流通於世界市場。作爲價值尺度之
金，往往有充足的重量，因爲牠僅充當觀念的金。
金在孤立的交易C——M中之等價機能上，立卽
從動態復歸於靜態；但在牠的鑄貨機能上，牠的自
然的實體與這個機能發生不斷的抵觸。金Sovere-
ign 變爲想像的金之轉化，是不能完全避免的，但

在 Sovereign 的金屬實體底短欠達到某種程度時，立法遂規定排出金 Sovereign 於流通之外，以圖防止牠作爲鑄貨之無限的通用。例如照英國法律，一金 Sovereign 的重量若不够 0,747 格蘭姆，不得爲法定貨幣。在一八四四年及一八四八年這一短期間，曾量過四千八百萬金 Sovereign 底重量之英格金銀行，在科吞 (Cotton) 的金天秤上找出一個機械，這機械不但能辨識兩金 Sovereign 間百分之一格蘭姆底差異，並且如理性物一般，隨將重量輕的鑄貨抛在一塊板上，落在另一機械底下，再由這機械用東方的殘酷將這輕質 Sovereign 切斷。

這個旣屬實情，那麼金鑄貨的流通若不限於不致磨滅得如此其速之一定範圍，牠便完全不能流通。僅重五分之一盎斯之金鑄貨，若作爲四分之一盎斯金通用，事實上這一金鑄貨僅是一盎斯金底二十分之一底標記或象徵，由此，一切金鑄貨都依流通過程自身而轉化爲牠們的或多或少的實體底單純的標記或象徵。然而沒有何物能成爲自身的象徵，畫成的葡萄不是眞的葡萄底象徵，而是想像的葡萄。所以重量輕的金鎊不能作爲重量充足的金鎊底象徵，正與瘦馬不能作肥馬底象徵同。因爲金成爲牠自身的象徵，但同時不能担當牠自身的象徵，故在金磨滅最速底流通範圍裏，即在經常發生最小規模之購買和出賣底範圍裏，金與金的存在分離而獲有一象徵的銀或銅的存在，在這些範圍裏，就令不是同一無別的鑄貨，金貨幣底總供給底某一部份仍舊得經常通用爲鑄貨。屬於這一部份，金是被銀或銅的名目貨幣所替代。因此雖然僅有一特殊商品能在某一國裏完成價值尺度底功用即貨幣底功用，而其他種種商品却同時能與並立作爲鑄貨。這些補助的流通媒介，如銀幣或銅幣，代表流通範圍裏之金幣底一定成份。所以銀幣或銅幣的重量不是依銀及銅底特殊價值對於金底特殊價值之比例關係而定，而是依法律任意固定的。銀幣或銅幣僅可照這樣多的分量發行，即是牠們所代表的金鑄貨底小段片應經常流通以達交換名目較高的金鑄貨或實現同等小的商品價格底目的。在小賣交易中，銀銅名目貨幣屬於特殊的流通

—— 153 ——

範圍。就事態底本質言，銀銅補助貨幣底流通速度
與牠們在各單個的購買或出賣中所實現的價格成
反比例，卽與牠們所代表的金鑄貨部份底大小成
反比例。我們若要考察英國這種國家裏的日常小
賣交易底範圍是如何廣闊，我們得從補助貨幣底
總量底比較不足的部份，來瞭解補助貨幣底流通
必然是如何的快捷和確實。例如據最近發表的英
國國會報告書，得知在一八五七年，英國造幣廠鑄
造金貨4,859,000鎊及 733,000 鎊名目價值之銀
幣，事實上這些銀幣僅含363,000鎊金屬價值。至
一八五七年十二月十一日止，這十年間所鑄造的
金底總額為55,239,000鎊，銀底總額僅2,434,000
鎊。一八五七 年中銅幣底供給 共計僅6,720鎊名
目價值，含銅價值3,429鎊，其中有3,136鎊屬於辨
士，2,464鎊屬於半辨士，及1,120鎊屬於法丁。這
十年間所 鑄造的銅幣底總 價值是141,477磅名目
價值，含金屬價值73,503磅。正與法定因重量減
少而失去貨幣資格之金鑄貨，不得永久保持牠的
鑄貨功用同，銀銅名目貨幣也由於牠們通用為法

定貨幣之最大限度底規定，不得從牠們的流通範
圍移入金鑄貨底流通範圍，並且不得獲有貨幣底
性質。例如在英國，法定的銅幣僅值六辨士，銀幣
僅值四十先令。假如銀銅名目貨幣發行的**分量**在
牠們的流通範圍所要求之必要以上，結果商品價
格不會高漲，而小賣商人手中的這些名目貨幣底
蓄積，却會達到這種程度，即是最後他們不得不將
名目貨幣作爲金屬出賣。因此一七九八年中私人
發行的英國銅幣，蓄積在小商人手裏總計爲2035
0磅，最後當他們不得不把這些銅幣作爲金屬而投
入銅市場時。他們曾想再以之投入流通；然而無
效。(註三)

　　註三、布卡南（David Buchanan）著『關於斯密司博
　　　　士的國富論中所論及的諸問題之考察』三頁。一八四一年愛
　　　　丁堡出版。

　　在國內流通底一定範圍中，代表金幣之銀銅
名目貨幣包含法定底一定的銀銅**分量**，但在牠們
參入流通之後，由於牠們的流通底迅捷和確實，牠
們也像金幣般磨滅了，而且甚至更快地變成了純

全的假象。爲要再引長喪失貨幣資格之界綫——超過這界綫，銀銅名目貨幣必然失去其鑄貨性質——，銀銅名目貨幣在牠自身流通底一定範圍裏，不得不再又被某些其他象徵的貨幣如鐵和鉛來替代，而這由別一象徵的貨幣對於這一種象徵的貨幣之替代，必形成一永無止息的過程。在有發展完全的流通底國家裏，貨幣流通底自身必要，必然使銀銅名目貨幣底貨幣性質與金鑄貨的重量減少無關。所以銀銅名目貨幣作爲金鑄貨底象徵，不是因爲牠們是銀或銅作成的象徵，不是因爲牠們有一定的價值寧是因爲牠們沒有價值這乃當然之事。

有相對價值底貨幣，例如紙幣，結果能够完成金貨幣底象徵底功用。銀銅等金屬名目貨幣構成補助貨幣之說，主要地是由於如次的事實；大多數國家裏值價少的金屬，如英國的銀，古羅馬，瑞典，蘇格蘭等國的銅，當由流通過程落入小交換並被價值昂貴的貴金屬所替代以前，就通用爲貨幣了。而且金屬流通裏直接發生的貨幣象徵，本身應該是一金。正如常須流通爲小錢底這一金部份被金屬名目貨幣所替代一般，常被國內流通吸收爲鑄貨並得繼續通用之另一金部份，也被價值少的輔助貨幣所替代。通用鑄貨底分量之最低準則，是依各國的經驗而定。因此金屬鑄貨底名目重量與金屬重量間之最初細微的差異，得發展至絕對的分離點。貨幣底鑄貨名與牠的實體分離，並存在於實體以外變爲無價值的紙片。正與商品底交換價值從其交換過程而結晶爲金貨幣同，金貨幣也首先用金鑄貨形態，然後用補助的金屬鑄貨形態，末了用無價值的名目貨幣，即紙幣，即純全的價值標記底形態，從其流通而昇華爲牠自身的象徵。

金鑄貨已產生牠的補助物，首先是金屬補助物，然後是紙的補助物，僅在於不管金鑄貨的金屬喪失如何，要繼續來完成鑄貨底功用。金鑄貨不是因爲牠的磨滅和減削而流通，反之，是因爲牠繼續流通而磨滅成象徵。流通過程中之金貨幣一變成牠自身的價值底單純標記，純全的價值標記逐得起而代之。

C——M——C運動既代表直接由一而他之

兩要素 C——M 及 M——C 底動的統一，換句話說，商品既通過牠的總變形過程，則牠要價格及貨幣表示牠的交換價值，僅須直接棄去原有形態而再轉化爲商品，或毋寧說，再轉化爲使用價值。這就是說，商品僅發展牠的交換價值底外觀的獨立存在。在他一方面，我們已知金既完成鑄貨底功用，換言之，金既不斷地通用，實際上牠僅形成諸商品變形間之連繫，僅構成商品變形的一時的貨幣形態。而且金實現某一商品底價格，僅是爲着去實現別一商品底價格，但牠不能構成交換價值底靜止的存在，或表現牠自身爲一靜狀的商品。交換過程中商品底交換價值所獲有之實在性及金的通用中金所代表之實在性，乃是電火花般的實在性。金雖是現實的金，但發生假象的金底作用，所以在這個功能上，得由金自身的標記來替代。

　　發生鑄貨效用之價值標記，例如紙幣，是以牠的鑄貨名來表現之金分量底標記，卽金標記。正與一定的金分量不是依自身而表現價值關係同，替代金之標記也不是依自身而表現價值關係。既然作爲具體化的勞動時間;之一定的金分量有若干大的價值，則金標記便是代表價值。然而金標記所代表之價值底大小，常依金標記所代表之金分量底價值而定。就商品說，價值標記表現商品價格底實在性；牠所以是商品的價格標記(Signum Pretii)及價值標準，僅因爲商品的價值是表現在商品的價格裏，在 C——M——C 過程中，當此過程代表兩個過程變形底動的統一或直接的相互轉化時——這是價值標記解除其功用之流通範圍中所形成的形態——商品底交換價值在價格上僅獲得一觀念的存在，又在貨幣上僅獲得一想像的象徵的存在。所以交換價值僅獲得一想像的若物的表現。然而除去在體現一定分量底勞動時間之商品本身裏，交換價值沒有任何現實的存在。因此明白價值標記直接代表商品底價值，不是由表現爲金底標記，而是由表現爲僅存在於商品中且僅表現於價格之價值標記。然而這是一個錯誤的現象。價值標記直接僅是價格標記，卽金標記，間接僅是商品價值標記。金與 Peter Shlemihl 不同，不曾出賣牠的

影,而是以牠的影購買。價值標記所以通用,僅因
爲該價值標記在流通範圍內部代表與別一商品底
價格對立之某一商品價格,換言之,僅因爲該價值
標記代表屬於諸商品所有者之金。某一比較無價
值的物如皮片紙片等,依持習慣力變成一貨幣材
料底標記,但是僅在該物的貨幣象徵性質受商品
所有者底同意所保證時,即在該物獲得法定的固
定形態及強制通用力時,方得維持該物的存在於
貨幣材料底標記中。國家發行並通用爲法定貨幣
之紙幣是價值標記底完備的形態,而且是直接發
生於金屬流通或單純商品流通中之紙幣底唯一形
態。信用貨幣屬於社會的生產過程底高範圍,並
且是受完全不同的法則所支配。象徵的紙幣除去
牠所達到的流通範圍較廣以外,實際上與補助的
金屬鑄貨毫無差異。我們已知道價格標準或金鑄
貨價格底單純技術的發展以及金條鑄成金幣之定
形,已引起國家底干涉;這種情形釀成了國內商
品流通與世界商品流通底明顯的分離;這個分離
又釀成鑄貨變成價值標記之發展。作爲單純的流

通媒介之貨幣，僅在國內流通範圍裏，能够保持一獨立的存在。

我們的說明已經指出作爲價值標記之金底鑄貨形態與金的實體自身分離，直接發生於流通過程，非發生於任何同意或國家的干涉。俄國給予價值標記底自然的發生底明證。當獸皮和皮製物在俄國担負貨幣的作用時，物質底耐久性及其流通媒介功用間之矛盾，結果釀成以附有記號的小皮片替代貨幣這習慣；從此這種小皮片遂成爲得支付獸皮或皮製物之支票。以後這些小皮片附以科拍克名目成爲替代銀盧布的零數之單純標記，直到一七○○年彼得大帝下令禁止收囘小皮片以交換國家發行的小銅幣時，凡有少數地方使用。（註四）博考金屬流通現象之古代學者，早就把鑄貨看作象徵或價值標記。柏拉圖（註五）和亞歷斯多德（註六）便是這樣。在信用制度不曾發達的國家，例如中國，很早就有法定紙幣存在。（註七）最早擁護紙幣的人，曾明白指出金屬鑄貨是在本身流通過程中轉化爲價值標記這一事實。富蘭克林

（註八）　和柏克立(註九)　便是這樣。

　　註四、斯托兹 (Henry Storch) 著『經濟學原理』附舍易註譯本，第四卷一七九頁，一八二三年巴黎出版。本書是斯托兹在彼得堡用法文發表的。隨後舍易在巴黎再版，補以引證的註釋。事實上，那些註釋的內容無非是些陳腐之語。斯托兹決不喜好他的著作『科學之王』底這種註釋。（參看他的 "Cnosiderations sur la Nature du Revenue National"。

　　註五、柏拉圖著共和國第二卷 『交換底貨幣象徵』，三〇四頁。一八五〇年倫敦，柏拉圖說明貨幣僅有兩種功能，卽價值尺度和價值標記，但除供國內流通之價值標記以外，更有供希臘與各外國間底交易之另一價值標記。（參看他的『法律論』第五編。)

　　註六、亞歷斯多德著 "Nicom倫理學" 第五卷第八章。『爲需要底滿足，貨幣依同意而變成交換媒介。因此之故，貨幣含有法貨名稱；因爲貨幣的存在不是起於自然，而是起于法律，所以變更貨幣並使貨幣歸於無效，這是我們的能力範圍以內的事。亞歷斯多德對於貨幣比柏拉圖有更綜括的和深刻的見解。在下面一節裏，他精密地指出各原始共產社會間之物品交易，如何發生將貨幣底性質歸於一特殊商品，卽本身有內在價值的商品之必要。『當一國人民益加倚賴他國人民，輸入他們所需要的一切並輸出剩餘物時，貨幣必然地開始供人使用。……所以人類在他們彼此間的交換上，同意使用本實有用的並容易與生活目的適應的東西，例如鐵，銀及同類物。』昭危特(B. Jowett)譯 "The Politics of Aristotle" 一六頁，一八八五年倫敦出版。本節是由既未讀過 亞歷斯多德 的著作又不懂得亞歷斯多德 之米克爾 (Michel Chevalier) 引來證明亞歷斯多德的見解中所謂貨幣一定包含一個有內在價值之實體的。反之，亞歷斯多德却會詳盡地說，據『法貨』名稱底含義，作爲單純流通媒介之貨幣，似乎是由於同意或法律而獲得牠的存在。而且在事實上，貨幣獲得其作爲鑄貨的效用，是由於牠的機能，不是由於他自身底內在的使用價值。『其他學者認爲鑄貨僅是一個假象，卽一非自然的而僅是慣例的物，假如使用者代用他一商品，這物對於日常生活底目的便沒有價值或效用。』(前書第十一節)。

註七、孟第維爾 (Mandeville Sir John) 著 "Voyager and Travels" 一○五頁，一七○五年倫敦出版『這位皇帝

（卡泰或中國的）可以隨意揮霍許多的貨幣。因爲他並未用去金屬貨幣，也未生產金屬貨幣，而但發行皮片或紙片。此種貨幣使用既久而開始磨滅時，人民遂以之交還於皇庫，而取得新貨幣以替代舊貨幣。貨幣遂流通於全國各省。……他們沒有製造金銀貨幣』。因此孟第維爾以爲『所以皇帝得不法地使用新貨幣。』

　　註八、富蘭克林著『關於美國紙幣之批評及事實』三四八頁，一七六四年。『在目前，就是英國的銀幣，對於牠的價值部份，卽牠的現實的重量和名目間之差異部份，應屬於法定貨幣。現在流通的大部份先令及半先令，因磨滅到百分之五，百分之十，百分之二十，少數的半先令甚至磨滅到百分之五十，所以變得太輕。對於實體和名目間之這種差異，沒有任何內在的價值。你也沒有如許多紙幣；你一無所有。法定貨幣者是指其能易再通用爲同一價值，這同一價值使三辨士的銀通用爲六辨士。』

　　註九、柏克來著前書五至六頁。『只要名目保存，就是鑄貨的金屬全無之後，難道商品流通不可以依舊繼續嗎？』

有多少帖切成紙幣的紙能通用爲貨幣呢？這樣的問題必然是弄不清楚的。無價值的名目貨幣是價值標記，僅以牠們代表流通範圍裏的金爲限，而且牠們代表金，又以金本身被流通過程吸收作爲貨幣爲限；商品底交換價值和商品變形底速度旣是一定，故此這個金分量是依自身的價值而定。有五鎊名目的紙幣比有一鎊名目的紙幣少流通五次，所以假如以先令券行一切支付，則應以一鎊券之二十倍的先令券投入流通。假如金鑄貨是被有種種名目的紙幣如五磅券，一磅券及十先令券所代表，那麼這種種價值標記底分量，必然不僅由整個的流通所必需之金分量來決定，並且由各種紙幣底流通範圍所必需之金分量來決定。假如一千四百萬鎊（英國銀行條例底規定，但不是對於全部鑄貨之規定，而是對於信用貨幣之規定）是一國流通所不能再少的準則，則應有各爲一鎊底價值標記之一千四白萬紙幣流通。如果金底價值高漲或低落，是因爲金的生產所需之勞動時間已經高漲或低落，那麼同一商品分量底交換價值旣然一樣，流通鎊券底數目必然增加或減少，與金底價值變動成比例。如果金是被銀替代作爲價值尺度，則銀與金之價值比例是1∶15，又如各紙券是與以前代表金一般，現在又代表同一分量的銀，那麼現時在流則將來必有二億一千萬的一鎊券流通以替代從前的一千四百萬。因此，紙券底數目是依該紙券在流通中所代表之金幣分量而定；又因紙券僅在代表金貨幣之限度裏是價值標記，所以紙券的價值僅依紙券的分量而定。因此，流通的金底分量雖是依商品價格而定，反之，流通的紙券底價值則完全依牠們自身的分量而定。

發行有強制通用力的紙幣——我們正專論這種紙幣——之國家底干涉，似乎要推翻經濟法則。從前國家在鑄貨價格上給予一定重量底金片以一定的名稱，並在貨幣鑄造時僅於金上面打一刻印，現在則似乎是依持刻印底魔術將紙轉化爲金。因爲紙券是法定貨幣，所以無人能制止國家強制將任意多的紙幣投入流通，並在紙幣上刻印一鎊，五鎊，二十鎊等任意的鑄貨名。因爲一方面紙幣的流通是爲國境所阻礙，他一方面除在流通以外，紙幣沒有一切價值，即使用價值以及交換價值，所以一經投入流通之紙幣，遂不能排斥。紙幣除去牠們的機能，便成爲無價值的紙屑。然而國家的這種權力是一個純全的假像。國家得將任何名目的紙幣底任意的分量投入流通，但對於機械的行爲，國家的支配無能爲力。價值標記或紙幣一經把握流通，遂受制於流通的內在法則。

假如商品流通所需的金分量爲一千四百萬鎊，又如國家有一磅券二億一千萬投入流通，那麼這二億一千萬一磅券必然變爲總數一千四百萬磅之金底代表物。此與國家以一磅代表比金價值少十五倍或重量輕十五倍的金屬同。此種變動不管是貨幣本位底變動底直接結果，抑是間接由於紙幣底增加到達新的金標準所需的程度，除去改變本來得任意規定的價格標準底名稱以外，再不改變其他。因爲鎊的名稱現在應代表小十五倍的金分量，一切商品底價格必然增加十五倍，事實上現在二億一千萬一鎊券必定與成前一千四百萬一磅券一樣需要。價值標記底總額現在應增加到甚麼程度，各價值標記所代表之金分量也必然增加到甚麽程度。價格底高漲僅形成流通過程方面之一種反動，這流通過程強將價值標記與規定價值標記所替代之金分量相等。

　　在英法政府鑄造劣質貨幣底歷史上，我們屢屢看見物價高漲銀鑄貨惡劣不是在同一比例中。這個僅是由於鑄貨增加之比例與鑄貨惡劣之比例並不相合底事實，這就是說，假如商品底交換價值將來是以作爲價值尺度之新鑄貨來評價，並以適應這低的尺度單位之鑄貨來實現，這是因爲已發行金屬成太少的鑄貨底不充足的分量。這個解決了洛克和郎戴斯的論戰上所未曾解決的困難。紙幣或劣質的金銀所構成之價值標記對於依鑄貨價格來計算之金銀底重量所含的比例，不是依該價值標記自身的構成而定，而是依該價值標記存在於流通裏之分量而定。去瞭解這個關係之困難是由於如次的事實：卽是具有價值尺度和流通媒介這兩種功能之貨幣，是受與這兩種功能底差異相應之不僅對立而且顯然矛盾的兩法則所支配。貨幣在擔當價值尺度底功用上，僅作爲計算貨幣，金僅作爲觀念的金；一切都依貨幣底自然的實體而定。交換價值在以銀來計算或以銀價格來評價之場合，與以金來計算或以金價格來評價之場合全然不同。反之，在流通媒介底功用上，金不僅是想像的，並且確實是與其他商品一同存在。貨幣的實材是無關重要的，一切都依貨幣的分量而定。關於尺度單位之決定的要素，或則是一鎊金銀，或則是一鎊銅，而在鑄貨方面，不管該鑄貨自身的構成如何，牠可以按照牠的分量而變成各尺度單位底化身。然而謂在純想像的貨幣底場合一切應依貨幣底物質的實體而定，而在現實存在的鑄貨底場合一切應依觀念的數量關係而定，此爲普通見解所不容。

所以隨着紙幣分量底增減而發生之物價底漲落——後者僅在紙幣構成唯一的流通媒介之場合——不過是依流通過程而與外界機械地相違之法則底確定而已，卽流通的金底分量依商品價格而定，流通價值標記底分量依該價值標記所代表之金鑄貨底分量而定。因此之故，紙幣底任意的數量都可以被流通過程所吸收並同等地消化，因爲價值標記，不管是以甚麽金名目來參與流通過程，在流通範圍內部必然壓縮爲金分量底標記，這標記得現實地替代金而流通。

對價值標記底流通而言，關於現實的貨幣底流通之諸法則，表現爲相反的並顚倒的。金因爲有價值所以流通，而貨幣則因爲流通所以有價值。對於商品底一已知交換價值而言，流通的金底分量依金自身的價值而定，而紙幣的價值則依流通的紙幣底分量而定。流通的金底分量隨着商品價格底漲落而增減，而商品價格似乎是隨着流通的紙幣分量底增減而漲落。因爲商品底流通僅能吸收金鑄貨底一定分量，而且結果流通貨幣底交互的伸縮表現爲必然的法則，所以紙幣似乎是依任意的數量而投入流通。國家旣已發行一種比名目內容僅低百分之一格蘭姆之鑄貨而來僞造金鑄貨及銀鑄貨並淆混其流通媒介的功用，遂由發行僅除含鑄貨名以外再無任何金屬之絕對無價值的紙幣而完成一完全正當的勾當。金鑄貨明白地代表商品價值，僅以該價值本身是依金來評價或表現爲金價格爲限，而價值標記則似乎直接代表商品價值。所以偏面地考察貨幣流通底現象之學者，限制他們的考察在有強制通用力的紙幣底流通裏，顯然不克把握那些支配貨幣流通之內在的法則。事實上，這些法則在價值標記底流通裏不僅現得是顛倒的，而且是絕滅的，因爲按適當分量而發行的紙幣已完成非作爲價值標記之紙幣所特有的一定運動，而紙幣所特有的運動不直接發生於商品底變形中，但發生於紙幣與金之適正比例底矛盾中。

三

貨　幣

貨幣與鑄貨卽 C——M——C 流通過程底結果不同，形成 C——M——C 流通過程底起點，卽貨幣對於商品底交換到商品對於貨幣底交換之過程底起點。在 C——M——C 形態中，商品形成這運動底起點和終點，在 M——C——M 形態中，貨幣形成這運動底起點和終點。在前一形態中，貨幣是商品交換底媒介，在後一形態中，商品幫助貨幣變成貨幣。在前一形態中僅表現爲流通媒介之貨幣，在後一形態中則表現爲目的；而在前一形態中表現爲目的之商品，在後一形態中僅表現爲手段。因爲貨幣自身是C——M——C流通底結果，流通底結果同時又在M——C——M形態中表現爲牠的起點。但在C——M——C方面，物質底轉換構成該過程底眞實的內容，從這第一過程發生出來的商品形態，構成M——C——M第二過程底內容。

在C——M——C形態中，兩極是有同一價值底兩商品，然而是品質不同的兩種使用價值。這兩種商品的相互交換C——C構成現實的物質轉換。在M——C——M形態中，兩極是金而且同時是有相等價值底金。以金交換商品再以商品交換金，或就我們考察最後的結果M——M，卽以金交換金，似乎是不合理的。但是我們若將M——C——M公式譯成爲出賣而購買之說明，卽經過一中間運動之金與金底交換，我們立卽認識資本主義生產底佔優勢的形態。然而在實施上，人民不是爲出賣而購買，而是爲貴賣而賤買。貨幣交換商品

是爲着以同一商品來交換較多的貨幣,所以M,M
兩極若無分量的差異,即有品質的差異。這一品質
的差異假定兩非等價物底交換。然而商品與貨幣
僅是同一商品底對立的形態,即是同一大小的價
值底不同的形態。所以M——C——M循環,在貨
幣及商品底形態底下,隱藏着高度發展的生產關
係,而且僅是有更發展的性質之運動底單純流通
範圍內部之一種反映。所以與流通媒介不同的貨
幣,必然從商品流通底直接形態C——M——C
發展出來。

　　作爲價值尺度及流通媒介之特殊商品之變成
貨幣,未曾依賴社會方面底任何幫助。在英國,銀
不是價值尺度,也不是佔勢的流通媒介,所以不曾
變成貨幣,正與在荷蘭,金的價值尺度的地位被剝
奪之後,再不成爲貨幣。因此,商品變成貨幣,全持
該商品價值尺度和流通媒介底混合的功能,換句
話說,價值尺度和流通媒介底統一就是貨幣。然而
作爲這個統一之金,還有獨特的存在,與牠在這兩
種功用中的存在獨立。作爲價值尺度之金,僅是觀

念的貨幣或觀念的金，而作爲單純的流通媒介之金，寧是象徵的貨幣或象徵的金。但在金的單純的金屬實體中，金是貨幣，或貨幣是現實的金。

現在我們考察具有靜止狀態且在與其他商品底關係上發生貨幣作用之商品金一下。一切商品都以其價格表現一定金幣底金，換句話說，商品僅是想像的金或想像的貨幣，卽金底代表物；正與在他一方面，具有價值標記底形態之貨幣表現爲商品價格底單純代表物同。(註一) 因爲一切商品僅是想像的貨幣，所以貨幣是唯一現實的商品。一切商品僅表現獨立存在的交換價值，卽一般的社會勞動或抽象的財富。金與之相反，是抽象財富底物質的形態。各商品依持其使用價值，卽對於某一特殊需要之關係，僅表現物質的財富底一方面，卽財富底唯一孤立的方面。然而貨幣得滿足各種需要，因爲牠能直接轉變爲任何需要底目的物。貨幣自身的使用價值，實現於形成貨幣等價之使用價值底無限系列裏。金在自然的金屬狀態中，藏蓄着顯現在商品界中之一切財富。因此，商品是依其價格代

表一般的等價或抽象的財富卽金，而金則依其使
用價值代表一切商品底使用價值。所以商品就是
物貧的財富底具形的代表物。商品是"一切物底要
領"(Precis de toutes les choses)(波斯蓋勒柏特)，
卽社會財富底要領。同時就在其形態上，商品是
一般的勞動底直接的化身，在其實體上，商品是
一切具體勞動底總體。牠是個別化的一般的財富
（註二）。作爲流通媒介之金遭受種種損耗，被人盜
削，甚至降落到純象徵的紙片底情境。而作爲貨
幣之金，却回復了金色的輝煌（註三）。金由奴隸變
爲主人，由下人升到商品之神底地位（註四）。

　　註一、『不僅貴金屬是諸物底標記，反之，物也是金銀
底標記。』吉羅威夕（A. Genovesi）著『市民經濟論』二八一
頁，一七六五年出版。見卡斯托第編纂書近代之部一之八。

　　註二、配第說『金和銀是一般的財富』。"Political Ar
ith metic"二四二頁。

　　註三、米色耳登（C. Misselden）著『自由貿易或貿易
振興策』一六二二年倫敦出版。『商業底自然的材料是商人
資本貿易底目的物底意味名爲商品（Commodity）之『貨

物』(merchandise)。商業底人爲的材料是具有戰爭及國家命脈底稱號之貨幣。……在性質及時間上，貨幣雖居於『貨物』之後，然在供人使用時，便占着首要的地位。』(七頁)他用『分手來玩弄他的孫兒，右手擱在幼的身上，左手擱在長的身上之老雅各』底態度，來比較他自己對於商品及貨幣底研究。(同頁)波斯蓋勒柏特著『關於富底性質之研究』『吾人將此等金屬（金和銀）目爲一種偶像，所以吾人在商業上，意忘記了要求以金銀爲交換及相互受授底担保之目的和意圖；於此人遂抛棄金銀底這種任務，而將牠們偶像化了。卽在黑暗的古代，吾人亦未嘗犧牲過此種錯誤的偶像，從以前到現在，一向犧牲這一切貴重的物品及人。』(前書三九五頁)。

a. 貨幣底儲藏

當商品中斷牠的變形過程而具有金蛹形態時，金遂從流通過程分離而成爲貨幣。此種現象常發生於出賣不直接伴有購買之場合。所以金作爲貨幣之獨立化，是流通過程或商品變形分成兩個

—— 177 ——

彼此獨立的單獨行爲之分裂底有形的表現。商品
流通一經中斷，鑄貨本身就變成貨幣。在以自己
的商品換取鑄貨之出賣者手裏，鑄貨是貨幣而不
是鑄貨，然而一過出賣者之手，牠又是鑄貨。各
人都是自己生產的某一商品底出賣者，然而是專
爲他的社會的生存所必要之其他一切商品底購買
者。他的出賣是依他的商品底生產所需之勞動時
間而定，而他的購買是依生活欲望底繼續的更新
而定。爲要不出賣而能購買，他必然不購買而出
賣。事實上，C——M——C流通過程是出賣和購
買底動的統一，僅以該過程同時構成出賣和購買
底分離底經常過程爲限。鑄貨底不斷的流動依其
鑄貨準備金底形態中之不斷的蓄積而定，這些鑄
貨準備金發生於金流通範圍，並形成供給底源泉。
這些準備金底形成，分配，消滅及再形成，正在不
斷地變更，牠們的存在不斷地消滅，牠們的消滅
又不斷地存在。亞丹斯密士解釋鑄貨變爲貨幣貨
幣又變爲鑄貨之永無止息的轉化說：各商品所有
者，除去他出賣的特殊商品以外，必須常常儲有作

爲購買手段之一定額底一般的商品。在 C——M
——C 過程中，我們看見第二節 M——C 分裂成
一系列的購買，這些購買不是同時發生的，而是陸
續相繼發生的，所以 M 底一部份通用爲貨幣，而他
一部份則停止爲貨幣。在此場合，貨幣僅是停止的
鑄貨，而通用的鑄貨量底各構成部份，則不斷地變
動，有時表現這一形態，有時表現一別形態。流通
媒介變成貨幣之第一轉化，因此僅表現爲貨幣流
通底技術的容態（註一）。

註一、波斯蓋勒柏特一見永久動底最初的休止，卽貨
幣的流通媒介功能底中止，立卽懷疑商品外之貨幣的獨立
的存在。他說，貨幣一定是『在經常的運動中，貨幣所以能
夠成爲貨幣，僅僅因爲是能動的，若遇不動時，決不成爲貨
幣。』『法蘭西詳記』二三一頁）他忽略了那最初的休止構
成貨幣運動底條件。事實上，他希望商品底價值形態應該僅
表現爲商品的物質轉換底過渡形態，決決不能變成牠的自
身目的。

財富底原始形態是剩餘或過剩底形態，是生
產物底不直接需要作爲使用價值之部份，或是其

使用價值落於單純必要底範圍以外之生產物底占有。在考察商品變成貨幣之轉化時，我們看見生產物底此種剩餘或過剩，構成低發展的生產階段中之商品交換底本來的範圍。剩餘生產物變成能够交換的生產物或商品。這個剩餘生產物底適當形態是金和銀，卽以之保持財富爲抽象的社會財富之最初形態。不但商品能保存在金錢底形態或貨幣底實體中，而且金銀也是保存的形態中之財富。各使用價值是依消費卽破壞而完成該項功能，而作爲貨幣之金底使用價值，乃在於是交換價值底担當者，在於體現一般的勞動時間爲不成形的原料。作爲不成形的金屬之交換價值具有不滅的形態。由此獲來鑄爲貨幣之金銀形成儲藏貨幣。在有完全的金屬流通之諸民族中，自個人以至國家——國家守護自己的國有儲屬貨幣——一律實行儲藏。在更古的時代底亞洲和埃及，這些在國王及神父底保護底下的儲藏貨幣，無寧是他們的權威底證明。在希臘和羅馬，以國有儲藏貨幣蓄積爲剩餘生產物底最安全的和最合使用的形態，乃屬於國家政策。此項儲藏貨幣由征服者之手從一國至別國之急劇移轉，及其一部份流入一般的流通之突然流動，構成古代經濟底特徵。

作爲勞動時間底具體化之金，有牠自身的價值，而且因爲金是一般的勞動時間底具體化，所以金在流通過程中得保證牠的交換價值底經常作用。因爲商品所有者得保持其商品於交換價值底形態中，卽保持交換價值爲商品之簡單事實，故以保持商品於金底轉化形態中爲目的之商品交換，遂成爲流通自身的動機。商品變形C——M是爲該變形本身而發生的，卽是從此將商品由特殊的自然的財富轉化爲一般的社會的財富。商品變形的唯一目的是形態底變動。而不是物質的變動。商品保存爲財富，卽保存爲商品，僅以這商品存在於流通範圍內部爲限，而商品得保存爲流動狀態，僅以這商品凝結金銀底形態爲限。商品保持流動狀態而成爲流通過程底結晶。同時金銀本身變成貨幣，僅以金銀不擔負流通媒介的功用爲限。作爲非流通媒介之金銀纔變成貨幣。所以將

具有金底形態之商品引去流通，乃是經常保持商
品於流通範圍內部之唯一方法。

　　商品所有者能够從流通取得貨幣，不過這是
他付予該項貨幣之商品之報價。所以從商品流通
底立場來看，不斷的出賣卽商品底不斷地投入流
通，是貨幣儲藏底第一條件。在他一方面，作爲流
通媒介之貨幣，因爲常時實現爲使用價値，並分解
在瞬息的享樂中，所以時常消滅在流通過程自身
裏。因此必須將貨幣引去一切用盡的流通之流以
外，換言之，必須將商品保持在商品第一變形之內，
方不致使貨幣不克完成其作爲購買手段的功用。
現在變成貨幣儲藏者之商品所有者，一定出賣儘
其多而購買儘其少，正如老伽圖（Cato）所云："家
長賣而不買" "Patrem familias vendacem, non
emacem esse"。勤勞構成貨幣儲藏底積極的條件，
而節約則形成消極的條件。具有特殊商品或使用
價値底形態之商品等價引出流通越少，則具有貨
幣或交換價値底形態之商品等價引出流通越
　　（註五）。故一般的形態中之財富底獲得必要放棄

物質的實體的財富。所以關於貨幣儲藏之衝動卽是貪慾，貪慾底對象不是作爲使用價值之商品，而是作爲商品之交換價值。爲欲獲得一般的形態中之剩餘生產物，必須將諸特殊慾望看作許多奢侈和縱慾。所以一五九三年科德司國會（Cartls）呈一建議書於腓立第二，其中有一段說：“瓦拉多利國會（The Cortes of Valladoleb）曾於一五八六年呈請皇帝不許洋燭，玻璃器，寶石類，小刀及諸類似物再行輸入帝國；這些無益於人身的物品恰如西班牙人無益於印度人，均來自外國以交換金幣。貨幣儲藏者犧牲世俗的一時的享樂來追求永久的財富，這種財富爲蠹鏽所不能食，完全是天上的同時又是現世的。“我國貨幣缺乏底一般的遠因，由於帝國消費外國商品過多，此類外國商品對於我們不啻是非商品；並向我們奪去所應輸入以替代此類玩物之同樣多的金銀，奈何我國民衆，消費大宗西班牙，法國，來因及利凡德的葡萄酒，西班牙的乾葡萄，利凡德的 Corints（乾葡萄之種），漢勞特的薄麻布及白麻布，意大利的絲綢，西印度的糖

及菸草，東印度的香料。凡這一切俱非我們所需，
然而都是以現金購來的。"（前書一至一三頁）

註五、『商品供給越增加，儲藏貨幣便越減少。』（米色
耳登前書二三頁）

在金銀形態中之財富是不滅的，因爲交換價
值保持在不滅的金屬形態裏，而且特別因爲作成
流通媒介之金銀不得變爲商品底全然消滅的貨幣
形態。所以可滅的實體是爲永久不滅的形態而犧
牲。"假如用征稅方法，將貨幣從以之購取飲食及
其他可滅商品之人取來，而轉移於以之購製衣服
之人，我說即在這種場合，社會也有少許利益，因
爲衣服不若飲食是立即消滅的。然而若以同一貨
幣購置家具，利益少許多些，若用於房屋底建築，
利益更多，若用於修路，掘鑛，漁業等等，利益尤
多；然利益最多的是輸入金銀於國內，因爲金銀不
僅是不可滅的，而且隨時隨地是被尊重爲財富。因
此，凡是可以消滅的，或其價值依靠時風的，或則
稀貴無常的商品，都是這時這地（Pro hic et nunc）
的財富。（註六）引去流通過程並免除社會的物質

轉換之貨幣，完成其極端形態爲貨幣儲藏。所以
社會的財富是作爲地藏的和不滅的財寶，與商品
所有者發生完全祕密的私的關係。曾在奧郎則布
(Aurenzeb)朝短期居官於德利(Delhi)之伯立耳
博士 (Dr. Bernier)，指出幾乎操縱一切商業及一
切貨幣之商人，特別是囘教的異教徒，怎樣把他們
的貨幣祕密地深埋在地中，"因爲他們相信生時所
埋藏的金銀 可以在他們死後的 來世供他們使用"
(註七)。然而因爲貨幣儲藏者底禁慾主義與積極
的勤勞相混，他寧是宗敎之中新敎派，甚至更是
淸敎徒。"誰也不能否認購買和出賣是必要的，個
人不能獨自不要買賣，個人與一個基督徒同，得購
買特別有補於需要和榮譽之物，因爲家長也買賣
過牲畜，羊毛，穀物，牛油，牛乳及其他貨物。這些
貨物是神賜生在地面上並分配於人間的賜物。然
而我們若但有一王侯政府，則從加爾過大，印度及
其他地域所輸入之許多商品 —— 包括徒供奢侈
而毫無實用之昂貴的絲綢，金器，及香料，涸渴國
家及人民的貨幣——絕對不能容許。然而現在我

—— 185 ——

不想提及此事，因爲在我們再沒有貨幣底時候，我相信外國貿易不得不自行中止。奢侈和饕餐也必然隨之中止，因爲到了我們迫於窮困貧乏時，書本和教訓是無能爲力的。"（註八）

註六、酈第著『政治數學』一九六二年。（1899年版二六九頁——譯者）

註七、伯立耳著 "Voyage Contenant la descaiption des etates du grand mogul"（巴黎版一八三〇年第一卷三一二至三一四頁）。

註八、馬丁路德博士，『商業及高利貸論』一五二四年。路德在同一場所說：『神禁止我們德國人將我們的金銀投出外國，使全世界富足而我們自己一若乞丐。假如德國放棄英國的布，那麼歸於英國手裏底金便少，又如我們廢止葡萄牙香料底輸入，那麼歸於葡萄牙國王手裏之金必然也少，假如沒有必要和原因，而計算有多小德國市場在佛郎克堡，那麼諸君必然驚疑，爲甚麼德國還有鐕銖殘留。佛郎克堡是德國所鑄造的金銀流出外國所經過之洞，若是這個洞被塞住了，那麼現在便聽不到到處只是負債而無貨幣以及鄉村和城市都被高利貸所吸盡底嘆聲了。然而我們德國人終歸是德國人，我們除在必要場合以外，是不能將物品給予的。』

在上面引用的著作裏，米色耳登想保留最少的金銀在教國底範圍內：『貨幣缺乏底其他遠因是在教國之外與土耳其，波斯及東印度所行的貿易，這些貿易大部份是賴現金持續，與教國內本國貿易有不同的性質，因爲教國內的貿易雖然用現金來行使，然而這些現金依然保留在教國底邊境。教國內部所經營的貿易中，的確也有貨幣底順流和逆流，卽高漲和低落，因爲有時候教國底某一區域貨幣多，別一區域貨幣少，與這一國缺乏而他一國豐富同。貨幣沿着教國境內發生，流通及旋捲，然仍舊保持在疆界內部。但因國外通商而流入上述各地之貨幣，則不斷地外溢，且不能再行收回。』（一九至二〇頁）

在社會的物質交換過程底混亂時期，貨幣儲藏甚至發生在達到高發展段階底資產階級社會裏，堅固形態中之社會紐帶正免去社會的運動（在商品所有者看來，這種紐帶就是商品，商品底適當形態就是貨幣）。社會的神經系統埋藏在牠的身體之傍。

儲藏貨幣現在必然變成純全無用的金屬，牠

的貨幣精神必然與牠分離，而且牠若不經常想去復歸於流通，牠必然成爲流通底餘燼，卽價值的殘滓（Caput Mortnum）。貨幣或結晶的交換價值，就其品質而言　是抽象的財富底形態，但在他一方面，任何一已知的貨幣額是分量有限的價值量。交換價值底分量的限界是與牠的品質的一般性相矛盾，而且貨幣儲藏者設想這限界事實上是同時變爲品質的制限之制限，卽使貨幣儲藏成爲純物質的財富底制限代表物之制限。如上所述，具有一般的等價底性質之貨幣，表現爲一方程式底一端，他一端包括商品底無限系列。貨幣實現爲此無限系列至甚麼程度，卽貨幣適應其交換價值底概念至甚麼程度，依交換價值底大小而定。作爲交換價值之交換價值底自動的運動，只能運動越過牠的分量的限界。但由越過儲藏貨幣底分量的限界，又發生一應再除去之新限界。沒有表現爲貨幣儲藏底制限之一定的限界，各限度都只發生那種作用。所以貨幣儲藏並無內在的限界，也無內在的尺度；牠是一個無止息的過程，這過程在每一連續的結果裏找出一新端緒底動力。儲藏貨幣固然僅因被保存而得增加，也僅因被增加而得保存。

　　貨幣不僅是致富慾底對象，而且是致富慾底唯一對象。後者顯然是對於黃金之渴望（Auri sacra fames）。致富慾與關於特殊的自然財富或使用價值如衣服，裝飾品，家畜等底慾望相反，僅在一般的財富已個別化爲一特殊物並能固定於單一商品底形態中這時候，方是可能的。所以貨幣不獨是致富慾底源泉，同時也是致富慾底對象（註九）。根本事實乃是：那種交換價值及其隨之俱來的增加成爲終局目的。貪慾是由不許貨幣變爲流通媒介而固持儲藏貨幣，而對於金之渴望，則由維持金與流通之永久的近似而保持儲藏貨幣底貨幣精神。

　　註九、『首先從貨幣發生貪慾；……後者漸漸成爲一種顚狂，這種顚狂再不是貪慾，而是對於黃金之渴望。（自然史第一卷第十四章）。

　　總之，形成儲藏貨幣之過程，由於一方面還元爲依繼續反復的出賣而發生之貨幣引出流通，他方面還元爲單純的儲藏即蓄積。事實上，僅在單純流通底範圍裏，特別在貨幣儲藏底形態裏，方始發生那種財富底蓄積，但就以後所述之別一個所謂的蓄積形態而言，以單純的貨幣蓄積底場合之同一名稱來名那些形態，這絕對是一個誤稱。

　　一切其他商品都是儲藏爲使用價值的，在這場合，蓄積底方法是依該商品的使用價值底特殊性而定。例如：穀物底蓄積需要特殊的設備，羊底蓄積使吾人成爲羊主，奴隸及土地底蓄積創造主人及奴隸關係等等。特種財富底蓄積需要與簡單儲藏底行爲不同的特殊程序，並發展各個人的特色。換句話說，具有商品形態的財富是蓄積爲交換價值，所以在此場合，蓄積表現爲一種商業的行爲或特殊經濟的行爲。從事這些行爲的人，變成穀物商人，牲畜商人等。金銀不是依蓄積貨幣之個人底活動而始爲貨幣，乃是毫不借助他的助力而前進之流通過程底結晶。個人除收存金銀，在他的儲藏貨幣上附以金屬底新重量之外，更無事可作。這是毫無意謂的活動，此種活動假如適用於其他一切商品，必然失去牠們的一切價值（註十）。

　　註十、賀拉西不懂得儲藏哲學，他說：

『假如某人購買提琴，買到就將牠藏起，而音樂底研究却從未加意；

又一人收藏如許多靴模與靴針，却不精通皮匠的技藝；

更一人藏置着船帆，但連船的頭尾也不知悉；

你道他們都是瘋子，我正要請教你，

別人怎樣和他們不同？

得了甚麼也是一樣地藏匿，

且以爲借一枚法丁，便是欺神滅理。』

（科文頓譯，倫敦，1870年，六〇頁）

西立阿（Senior）君懂得這個問題多了：『銀似乎是普遍的慾望所及之唯一對象。所以如此者，乃因銀是抽象的富，吾人得以之滿足固有的種稱欲望。阿立瓦本伯爵（Comte Jeau Arrivabene）譯『經濟原理』巴黎一八三六年二二一頁。（上節見於經濟原理英譯本二七頁，倫敦一八六三年。——譯者）斯托克理解這個問題如次：『因爲貨幣代表一切其他形態底財富，所以蓄積貨幣對於爲個人自己而儲備世

上現存的種種財富是必要的』(前書第二卷一三四頁)

我們的 貨幣儲藏者 表現爲交換 價值底殉 教者,即表彰金屬柱之神聖的禁慾者。他欲求財富僅在乎牠的社會的形態,故他埋藏財富與社會隔絕。故他希望取得在有常時參入流通底可能之形態中的商品,故他將商品引去流通。財富底流動形態及其石化(Pretsification),生命底仙丹和智慧底石,彼此瘋狂般地縈擾於冶金術的方法中。在他的想像的無限的享樂慾上,他斷送他自己的一切享樂。因爲他想滿足一切社會的慾望,故他僅僅滿足他的基本的自然的慾望。他雖固持他的財富在金屬固形體中,然而財富已離開他而成爲幻想。但在事實上,爲達貨幣目的之貨幣蓄積是爲達生產目的生產底原始形態,即爲達超過通常的慾望以上之社會勞動底生產力底發展。商品底生產發展越低,交換價值變爲貨幣之最初的結晶化,即貨幣儲藏,便越重要,所以在各古代民族,在直到於今的亞洲,以及在交換價值尚未操縱一切生產關係之近代諸農業國家,貨幣儲藏都佔着重要地位。在考察金屬流通範圍內部之貨幣儲藏底特殊的經濟功用以前,我們且先逑貨幣儲藏底其他形態一下。

與其美觀的特質完全無關, 銀商品及金商品都得轉化爲貨幣, 因爲構成金銀商品底材料就是貨幣材料 (Moneg Material); 在他一方面,金貨幣與金條也能轉化爲商品。因爲金銀構成抽象財富底材料, 故財富底最大表現包含金屬作爲具體的使用價值之效用, 所以假如商品所有者在生產底一定階段中埋藏他的儲藏貨幣,只要於他安全,他便是很熱切的對其他商品所有者表現像豪奢的西班牙貴族 (Rico hombre)。他將自己和他的家庭都鍍了金(註十一)。在亞洲尤其在印度,與在資本主義制度底下的地方不同, 貨幣儲藏不表現爲生產制度底隨伴的機能, 寧表現爲現得是貨幣儲藏自身底最終目的; 金商品及銀商品實際上都不過是儲藏貨幣底美觀的形態。在中世紀的英國,法律規定金商品和銀商品是儲藏貨幣底單純形態, 因爲金銀商品的價值僅依爲金銀商品底生產所費去之粗素勞動而少許增加。金銀商品是以再投入流通爲目的，所以法律規定牠們的品質是與鑄貨的品質一樣。隨着財富底增加而來的作爲奢侈品之金銀底增多的使用，這是極端簡單的－－囘事，就是古代人也完全明白(註十二)；但是近代經濟學者却定立這個錯誤的命題，認爲金銀商品底使用價值不是按照財富增加底比例而增加，而是按照貴金屬價值底低落比例而增加。他們關於加利佛尼亞及澳大利亞的金底使用之其他正確的說明，都是得不出結論的，因爲依據他們的學說，在金價值底任何相應的低落裏，金用作原料之加多的消費找不出說明。自一八一〇年至一八三〇年，由於美洲殖民地之反西班牙戰爭及革命所引起的探礦業底中斷，每年貴金屬底平均生產減少一半以上。歐洲流通鑄貨底減少，以一八二九年與一八〇九年比較，總計約少六分之一。雖然所生產的分量從此減少，生產費(假如這已完全變動)却從此增加，然在上述戰爭期間中之英國及巴黎和平條約以後之歐洲大陸，作爲奢侈品之貴金屬已增加到異常的程度。消費隨着一般的財富底增加而增加

（註十三）。這個得定立一個普遍的法則如次：即金銀貨幣之轉化爲奢侈物係盛行於和平時代，而奢侈物之再轉化爲金條或鑄貨是發生於大風雨時代（註十四）。至於具有奢侈物形態之金銀儲藏貨幣對於作爲貨幣之貴金屬底分量比例有若干大，得從下面的事實觀察出來，據雅各布說，在一八二九年，英國的比例爲二比一，而在全歐及美洲，具有奢侈物形態之貴金屬，則超過具有貨幣形態之貴金屬四分之一。

註十一、在商品所有者已經變爲文明人並發展爲資本家這時候，他的靈魂乃有若干不變，這已由如次的事例證明了。一位世界銀行底倫敦代表將懸在鏡框裏底一張十萬鎊的銀行券用作適當的家族紋章。這裏注目的事實是在對於流通的銀行券底可笑的輕侮。

註十二、參看以後從撒洛渾（Xen phon）引來的詞句。

註十三、雅各布前書第二卷第二十五及章二十六章。

註十四、『在大騷動和不安時代 特別在內亂和外敵侵入期間，金銀商品迅速轉化爲貨幣；而在昇平和興盛時代，貨幣却轉換爲器皿和首飾。』（前書第二卷三五七頁。）

　　我們已知貨幣底流通僅是商品變形底現象形態，或社會的物質轉換所生之形態變更底現象形態。隨着商品底總價格之變動或同時的商品變形底分量之變動，各場合中之形態變更底速度既然已知，則流通貨幣底總量必常時或伸或縮。而此事僅在一國的貨幣總額對於流通貨幣底分量不斷地含有對比之條件下方纔可能。這個條件與貨幣儲藏底過程相會合。隨着價格的低落或流通速度底增加，儲藏貨幣的貯池吸取那離開了流通之貨幣部份，隨着價格的增加或流通速度的低落，儲藏貨幣的貯池打開並以其一部份還於流通過程。流通貨幣進到儲藏貨幣之硬化與儲藏貨幣進到流通過程之流出，是一個不斷地振動的運動，在這運動中這一傾向或那一傾向佔優勢，完全依商品流通底漲落而定。所以儲藏貨幣是供給貨幣流通及排出貨幣於通流之兩條水溝，所以無論何時只有流通底直接需要所必需之貨幣分量得流通爲鑄貨。假如全流通底範圍突然擴大，出賣和購買底動的統一具有這樣的容積：即尚待實現的價格底總額若比貨幣流通底速度增加快，則儲藏貨幣便大大減少。但在總運動異常緩慢或購買和出賣底運動固定時，流通媒介大都硬化爲貨幣，而儲藏貨幣底貯池便溢出於平均的準則以上。在單行金屬流通之國家，或生產尚在低發展階段之國家，儲藏貨幣不斷地分裂並散佈全國，而在資本主義制度已發展之國家，儲藏貨幣則集中在銀行貯池內。儲藏貨幣不與準備鑄貨 (Coim reservoirs) 混同，準備鑄貨是流通中之貨幣總量底部份，而儲藏貨幣和流通手段間之相互關係含有貨幣總量底減少或增加。如上所述，金銀商品形態都是排出貴金屬之水溝，同樣又是供給貴金屬之源泉。通常只有前一功用對於金屬流通底經濟是重要的(註十五)。

　　註十五、在下節裏，撒洛渾說明具有貨幣及儲藏貨幣底特殊形式之貨幣：『在我所熟悉的一切活動中，這是對產業底長足發展毫不感着何等嫉妬之唯一活動。……發現的礦額越大，採掘的銀數越多，準備從事此種活動的人　也越多。……一個已經得到了充足的家用器具的人，除掉想去購買所獲無幾不曾使他叫喊『夠了』之銀以外，不會夢想去再爲他的家庭購買器具。反之，如果竟有某人獲得了極多的銀，他卻十分高興在地上掘一個洞，將銀儲藏作爲銀底現實的使用。……國家在興盛時，人民所最希望的莫過於銀。男子想得貨幣來買美觀的甲冑，良馬，房屋以及種種消費的裝飾品。女人便忙想購買高價的衣服和金首飾。或在國家因穀物與其他果實底歉收或戰爭而釀成之衰危時期，關於通貨底要求甚至是更不必要的(其時土地是不生產的)。』（達欽斯 (H G Dokyns)譯撒洛渾『收入論』，倫敦一八九二年第二卷三三五至三三六頁)。亞歷斯多德在他的『政治學』第一卷第九章裏用「經濟學」及「財政學」兩名稱說明流通底兩個對立的運動 C——M——C及m——C——m，這兩個形態由希臘悲劇作家幼立比得斯 (Euripides) 解說爲正義 (Sikn)和利益(Keodos)。

b.　支付手段

曾經區別貨幣與流通媒介之兩形態即是停止的鑄貨及儲藏貨幣底形態。鑄貨變爲貨幣之暫時的轉化，在第一形態底場合中，是指C——M——

C的第二節即購買M——C，必須在一定的流通範圍裏分裂成一系列的繼起的購買。至於貨幣儲藏，在未直接進入M——C時，牠僅建立在C——M運動底孤立化之上.換言之，牠僅是商品底第一變形底一獨立的發展。貨幣儲藏表現貨幣爲一切商品底讓渡底結果，與作爲具有常時得讓渡的形態底商品化身之流通媒介對立。準備鑄貨及儲藏貨幣是僅作爲非流通媒介之貨幣，而此非流通媒介之得名，僅因爲牠們不能流通。作爲非購買手段之貨幣,流通或參入流通,但不曾完成流通媒介底功用。作爲流通媒介之貨幣常常是購買手段，於今牠不發生非購買手段底作用。

剛在貨幣由儲藏過程而發展爲抽象的社會財富底存在及物質的財富底現實代表物這時候，貨幣逐本着那個規定性在流通過程內部獲得特殊的作用。假如貨幣僅通用爲流通媒介以及購買手段，那就曉得商品和貨幣同時彼此對立，即同一價值表現爲兩重的形態，即一端是出賣者手裏的商品，一端是購買者手裏的貨幣。這個兩對蹠等價底同時的存在及其同時的場所變更或交互的讓渡，再又預定出賣者和購買者發生關係，成爲現存的兩等價底所有者。但是產生種種貨幣形態之商品變形過程，同時也改變商品所有者，即改變商品所有者相互表現的社會的性質。在商品底變形過程中，凡遇商品變更場所或貨幣確定新形態時，商品底保護者即改變他的外形。因此商品所有者起先僅彼此對立爲各商品所有者，但是後來他們變一方爲購買者，變他一方爲出賣者，以後又各交互變爲購買者及出賣者，然後是貨幣儲藏者，最後都是富翁。這種不是來自流通過程之商品所有者即非是參與流通過程者。事實上，貨幣在流通過程中所確定之種種形態，僅是商品自身底形態變更底結晶，而商品自身底形態變更又僅是商品所有者彼此實行物質轉換所發生之變動的社會關係底具體的表現。流通過程裏發生新的交易關係，這些變動的關係底代表者，即商品所有者，獲得新的經濟的資格。正與金在國內流通範圍內觀念化，及具有金底代表物底資格之紙幣完成貨幣底功用同，同一流通過程也以現實的出賣者和購買者底効力給予參入此過程之購買者或出賣者，卽僅作爲將來貨幣及將來商品底代表之購買者和出賣者。

金發展爲貨幣所具之一切形態，僅是商品變形本身內部所含之諸可能性底開展。在貨幣表現爲鑄貨，及 C——M——C 運動形成一動的統一之單純的貨幣流通過程中，這些形態不曾變爲顯然有差別的，至多牠們得表現爲單純的可能性，例如商品變形中斷底場合。我們已知在 C——M 過程中，商品與貨幣的關係就是現實的使用價值及理想的交換價值對於現實的交換價值及理想的使用價值底關係。出賣者由去讓他的商品爲使用價值而實現商品自身的交換價值及貨幣的使用價值。反之，購買者由去讓他的貨幣爲交換價值而實現貨幣自身的使用價值及商品的價格。商品與貨幣相應地變更場所。出賣者現實地出讓他的商品，但僅理想地實現商品的價格，他已照商品價格將他的商品出賣了，然而這價格僅在將來確定時方得實現。購買者是以將來貨幣底代表者的資格而購買，而出賣者是以現在商品所有者的資格而出賣。在出賣者方面，作爲使用價值之商品現實地去讓了，却沒有現實地實現的價格。在購買者方面，貨幣現實地實現爲商品底使用價值，却沒有現實地去讓爲交換價值。於今購買者自己象徵地代表貨幣，與以前價值標記象徵地代表貨幣不同。正與在前一場合中之，價值標記底象徵性質發生國家的保證，使價值標記成爲法定貨幣同，於今購買者底人格的象徵主義，也在商品所有者間發生法律上有強制力的私人契約。

在 C——M——C 過程中，得發生如次的矛盾:在貨幣底使用價值實現以前，換言之，卽在商品現實地去讓以前，貨幣得去讓爲現實的購買手段，並且由此得實現商品底價值。此種現象經常發生於豫約底場合。英國政府向印度農人購買鴉片或居留俄國之外商購買大批農產物，都屬於這種場合。然而在這些場合，貨幣永久作爲人所通知的購買手段，所以不曾獲得任何新的形態（註一）。因此，我們不必再去討論這個。但關於 M——C 及

C——M兩過程現在所具有之變化的形態，我們得指明如次：購買及出賣間之差異，在直接的流通過程中僅表現爲想像的，於今竟變成現實的之差異，因爲在前一形態，僅有貨幣存在，在後一形態，僅有商品存在；無論在那一形態，僅有發生過程底開始之一極存在。而且這兩個形態有一共通點：卽無論在裏一形態，兩等價之一僅表現於購買者與出賣者底共同意思中，卽束縛雙方並確立一定的合法形態之意思中。

註一、自然，資本也是用貨幣形態前貸的，並且這樣前貸了的貨幣可以前貸資本，但是這種見解不陷於單純流通底眼界裏。

出賣者和購買者變成債權者和債務者。商品所有者以前看來是滑稽的作爲儲藏貨幣底保護者，於今他變爲傷感的，因爲他但把他的隣人與一定貨幣額同一看待，再不把他自己與一定貨幣額同一看待，並且但使他的隣人成爲交換價值底殉教者，而不使他自己成爲交換價值底殉教者。他從信仰者變爲債權者，他以法律替代宗教。

"請照證書辦理"。"I stay hare on my bond"

所以在表現 商品而但代表貨 幣之變化的 C
——M形態中，貨幣首先發生價值尺度底功用。商
品底交換價值是依作爲交換價值尺度之貨幣來評
價，但作爲交換價值並由契約規定之價格，不僅
存在於出賣者的心中，並也在購買者方面成爲強
制的尺度。此外，作爲價值尺度之貨幣，又在這裏
發生購買手段底功用，雖然具有這種功用的貨幣，
僅僅投射的牠將來的存在底影子。貨幣將商品從
出賣者手裏曳入購買者手裏。契約履行期限到來，
貨幣即參入流通，因爲貨幣從過去的購買者之手
移入過去的出賣者之手而改變了牠的場所。但
牠不是參與流通作爲流通媒介或購買手段。貨幣
在現實存在以前已完成了那些功用，而在完成
了那些功用以後，纔參入流通。今則貨幣參入流
通是作爲唯一適當的商品等價，作爲交換價值底
存在底絕對的形態，作爲交換過程最後的結語，總
之作爲貨幣，而且是有一般的支付手段底特殊作
用之貨幣。具有支付手段底功用之貨幣，表現爲

絶對的商品，然表現在流通範圍內部，而不與儲藏貨幣同表現在流通範圍外部。購買手段和支付手段底差異，在商業危機底時期，越發顯得不定。（註二）

註二、路德力說購買拜段和支付手叚的差異。

本來流通過程中生產物之轉化爲貨幣，似乎僅是商品所有者個人的必要，因爲他自己的生產物對於他沒有使用價值，而不得不將牠去讓來獲得使用價值。但是爲要按契約期限支付，商品所有者必須先就將商品出賣。因此，流通過程底運動，與他個人的欲望完全無關，是實行出賣各商品所有者公認之社會的必要。某一商品底過去的購買者之商品所有者，不得不變爲另一商品底出賣者，以獲得不作爲購買手段但作爲支付手段即交換價值底絕對的形態之貨幣。作爲終局行爲之商品變成貨幣之轉化，或作爲自身目的表現於商品所有者底貨幣儲藏心中之那商品第一變形，現在變成一經濟的功能。專爲支付打算之出賣底動機和內容，從流通過程底唯一形態而變成牠的自我發生的實體。

在出賣底這種形態中，商品完成了牠的場所變更；當商品延滯牠的第一變形即牠變爲貨幣之轉化時，牠就流通起來。反之，在購買者方面，當第一變形發生之前，卽當商品轉化爲貨幣之前，已完成第二變形，卽貨幣已再轉化爲商品。因此在時間上第一變形發生於第二變形之後，而貨幣，卽第一變形中之商品形態，獲得一新的形式規定。貨幣或交換價值底自然發展，再不是商品流通底純媒介形態，而是牠的終局結果。

所謂延時出賣（time sales）──在此種出賣中，出賣底兩極有時間的分離──在單純的商品流通中有牠們的自然的起源，這個不須詳細證明。第一流通底發展釀成同一商品底所有者彼此對立爲出賣者和購買者之間的相互交換底不斷的反復。這種反復不是偶然的，例如商品是爲將來某一期間去讓並支付而處理的。在這種場合，出賣是想像的，卽是依據法律而成交的，沒有商品和貨幣底現實存在。貨幣底兩種形態，流通媒介及支付手段.在這裏仍然一致,因爲一方面商品和貨幣同時變更塲所,他方面貨幣不購買商品,但實現以前所購買的商品底價格。第二,大多數使用價值底性質使商品底同時去讓不可能,於是去讓不得不停滯一定期間。例如當屋底使用出賣一個月,則屋底使用價值僅讓予一個月底期間,雖然在月初變更屋底佔有者。因爲使用價值底現實的移交及其實在的去讓,在時間上是分離的,所以牠的價格底實現也在牠的場所變更之後。末了,各種商品底生產所需之季候及時間長度底差異,發生當某人想出賣他的商品時而別人却不打算購買底情形。而且因有同一商品底所有者之間底反復的購買和出賣,出賣底兩目的便按照各人的商品底生產條件而分離。於是在各商品所有者中間,發生債權者及債務者的關係,這關係雖成爲信用制度底自然的基礎,可是在信用制度存在以前就充分發展了。這是明白的,隨着信用制度底擴大以及一般的資本主義生產制度底發展,貨幣作爲支付手段底功用,必然犧牲牠的作爲購買手段以至儲藏要素底功用來擴大。例如在英國，作爲鑄貨之貨幣幾乎完全流入生產者和消費者間之零賣與小交易範圍裏，而作爲支付手段之貨幣則支配大商業交易（註三）。

　　註三、麥克留德(MacLeod)君，不管他關於定義底空口自負如何，完全不懂得最基本的經濟關係，因此他想從貨幣的最上層形態卽支付手段底形態來推演貨幣底起源。就中他說，因爲人民並不時常同時需要相互的勤務，也不是同樣需要勤務，『所以第一人對第二人必然負有勤勞底一定差或分量，卽債務』。這個債務底債權者需要不直接需要的的勤勞之第三者底勤勞，並將第一人所負他的債務移轉於第三者。因此債務底證據——通貨——變更所有者。……某人受有一種以金屬通貨表明的債務時，他不僅能要求最初的債務人底勤勞，並能要求工業社會全體底勤勞。』(麥克留德著："Theory and Practice of Banking" 倫敦一八五五年第一卷第一章。

　　作爲一般的支付手段之貨幣，最初僅在商品流通範圍裏變成一切契約底一般的商品(註四)。但是隨着貨幣底這種功用底發展，支付底一切其他形態逐逐漸變爲貨幣的支付。貨幣發展爲唯一的支付手段所達到的程度，指示交換價值支配生產底深廣所達到的程度（註五）。

　　註四、柏來（Bailey）前書第三頁。『貨幣是契約底一般的商品，或是行尚待將來完成的大多數財產交易所依之商品』。

　　註五、西立阿說：（見阿立瓦 朋斯出版的西立阿講演集，前書一一七頁）『因為一切物底價值在一定期間裏變動，故吾人選擇一種價值變動最少而保持購買物品底一定的平均能力又最久之物為支付手段。因此，貨幣變成價值底表現物或代表物。』反之，正因為金銀等已變成貨幣卽獨立存在的交換價值底化身，金銀便變成一般的支付手段。在西立阿君所述關於貨幣價值底持久性之考察發生效力底時期，換言之，卽在貨幣由於環境底力量而確立為一般的支付手段底時期，正是發現貨幣價值的變動底時期。這卽是英國伊利沙伯時代，那時柏立伯爵（Lord Burleigh）及斯密司男爵（Sir Thomas Smith）眼見貴金屬底顯著的跌落，曾通過一國會法令，令牛津劍橋兩大學規定牠們的地租以小麥和麥芽支付三分之一。

流通中作為支付手段之貨幣底分量，與在單

純的貨幣流通底場合同，首先是依支付額卽依去讓了的商品底價格總額而定，非依尚待去讓的商品底價格總額而定。然而這樣決定的分量受制於兩個修正。第一個修正是由於同一貨幣片反復同一功用所經之速度，卽由於多數支付交相繼續所經之速度。A支付B，B又支付C，由此類推。同一商品所有者既然是某人底債權者及他人底債務者，則同一鑄貨反復牠的作爲支付手段底功用所經之速度，首先依商品所有者間債權者債務者底關係底連續而定，其次依區分種種支付期間底長度而定。支付底這個連鎖，或商品底補助的第一變形底這個連鎖，性質與作爲流通媒介之貨幣底通用所形成的變形底連鎖不同。後者不僅是漸漸地表現，而且是漸漸地形成某一商品首先轉化爲貨幣，然後再轉化爲商品，使另一商品得轉化爲貨幣，其他類此。換言之，出賣者變成購買者，然後別一商品所有者變爲出賣者。這個繼起的連絡，偶然發生於商品交換底自身過程裏。但在由A付予B之貨幣再又由B付予C由C付予D等等並也在彼此迅速接連的期間這時候，這個外部的連絡僅表現爲一現存的社會的連絡。同一貨幣不是因爲牠表現爲支付手段，所以，通用於許多人的手，而是因爲已經握在許多人的手，所以通用爲支付手段。貨幣通用爲支付手段所經之速度，指示個人已經參入流通，比通用爲鑄貨或購買手段所持之速度指示個人已參入流通過程更深。

同時同地發生的一切購買和出賣底價格總額，構成流通速度對於鑄貨量底替代之制限，假如正待同時而行的諸多支付集中在一處——這個現象自然發生於商品流通範圍最大之處——那麼各種支付遂彼此平衡爲消極量和積極量，因爲A不得不支付B，同時又不得不受C支付等等，所以需要作爲支付手段之貨幣分量，不必依必待同時而行的各種支付總額而定，而是依諸支付底集中底大小及諸支付相互中和爲消極量和積極量之後所存留的殘額而定。甚至在信用制度完全不發展的地方例如古羅馬，也發生關於這種相互平衡底特殊調協。然而關於這些調協底考察，以及關於普

遍確定在社會底一定範圍內之一般的支付期限底
考察，不屬於此處。我們可以加添一句，這些支付
期限對於通貨分量底週期的變動所發生之特殊影
響僅在最近纔科學地研究了。

　　既然各支付相互平衡爲積極量和消極量，現
實的貨幣底干涉便全不存在。在這裏貨幣僅依牠
的價值尺度底功用來表示，卽第一依商品價格，第
二依交互的債務底大小。交換價值除去牠的觀念
的形態以外，不獲得任何獨立的存在，甚至不獲
得價值標記底存在。換句話說，貨幣在這裏僅担負
觀念的計算貨幣這種功用。因此貨幣作爲支付手
段底功用含有一個矛盾，卽一方面在支付平衡的
場合中貨幣僅觀念地作爲價值尺度，他一方面在
支付已經現實地實行的場合中，貨幣參入流通不
作爲一時的流通手段，而作爲一般的等價底靜止
的存在，卽絕對的商品，總之卽貨幣。所以凡在作
爲支付底連瑣之物及平衡各支付之人爲的制度已
發展時，一遇某種激動釀成支付之流底強制的中
斷並攪亂相互平衡底機構，貨幣忽然改變牠的作

爲價值尺度之想像的模糊形態爲現金，卽支付手段。所以在充分發展的資本主義生產底狀況下——這裏商品所有者久已確立爲資本家，知道他的辯護人亞丹斯密司，並自卑地嘲笑這個迷信：卽只有金銀構成貨幣，或貨幣與其他商品完全不同，而成爲絕對的商品——貨幣不是忽然再表現爲流通媒介，而是再表現爲交換價值底唯一適當的形態，卽正如貨幣儲藏者所目爲的財富底唯一形態。具有財富底這種排他的形態之貨幣，與在貨幣制度底下不同，不出現在一切物質財富底唯一想像的價值減少及價值喪失底場合，而出現在現實的價值減少及價值喪失底場合。此卽構成世界市場的危機底特殊現象之物，名爲貨幣危機，在那時候，人們要求爲財 富底唯一形態之最高善（Summum bonum），乃是貨幣卽現金，而與貨幣對立之一切其他商品，正因爲是使用價值，所以如極多的細物和玩具般無用，與我們的馬丁路德所謂裝飾及饕餮底唯一目的物同。從信用制度到現金制度底這個突然的變更，以理論上的恐怖加於實際上的恐

怖；身爲流通底代表者之商人，遂在包含他們自己
的經濟關係所不可測的神密之前發抖。（註六）

　　　　註六、好似是阻止資產階級的生產關係底發展並猛力
　　攻擊資產階級自身之波斯蓋勒柏特，僅緊念貨幣底想像的
　　或暫時的諸形態。因此他首先說到流通媒介，然後說到支
　　付手段。他所不曾見到的，乃是貨幣從其觀念的形態到物質
　　的形態之直接變化，因爲現金潛在於想像的價值尺度裏。
　　他說，僅作爲商品底另一形態之貨幣，是表現在卸賣交易
　　中，此種卸賣交易在商品自身被評價之後，得不用貨幣底仲
　　介而發生交換。（法蘭西詳論一〇頁）

　　支付再又要求準備金底積立，卽作爲支付手
段之貨幣底蓄積。準備金底積立再不與在從前的
貨幣儲藏底場合同，表現爲流通範圍以外所行之
一種活動，也不與在貨鑄準備底場合同，表現爲鑄
貨底純技術的累積。反之，貨幣必須從現在逐漸蓄
積，有益於支付期到來之一定的將來。在作爲致富
手段之抽象變形中的貨幣儲藏，隨着資本主義生
產制度底發展而減少，而由生產過程直接引起之
貨幣儲藏則增加。換句話說，商品流通範圍逐漸形

成的幣貨儲藏底一部份，是吸取爲支付手段底準備金。資本主義生產制度越發展，準備金就越限於必要的最小限度。洛克在他的"關於利息底低落"一書中，給予關於當時這些準備金底大小以有味的說明。這些說明指示英國正在銀行制度開始發展時，曾吸收了極大部份一般的貨幣爲支付手段之準備金。

在單純貨幣流通底分析中所形成的關於通貨分量之法則，依支付手段底循環，發生了本質的修正。在作爲流通媒介或支付手段之貨幣底通用速度一定的場合，一定期間內之流通貨幣底總額，必依正待實現之商品價格底總額，加同時滿期的支付底總額，減相互平衡的支付底總額而定。關於通貨底分量依商品價格而定之一般的法則，毫不受這個所影響，因爲支付總額本身是依契約上確定的價格而定。然而明白指出的乃是這個：假定通用底速度及支付底經濟不變，在一定期間內例如一日之流通的商品底價格總額，與同一日流通的貨幣底分量決不相等，因爲還有大多數商品——

物們的價格尚待將來用貨幣實現——正在流通，並有多數貨幣——構成此種貨幣對於離開流通好久了的商品之支付——正在流通。後者的分量是依同一日滿期之支付底價值總額底大小而定，即令是照全異的期間訂立契約。

我們已知金銀底價值的變動不得影響金銀的價值尺度或計算貨幣底功能。但是這個變動對於作為儲藏貨幣之貨幣，有決定的重要，因為隨着金銀底價值底漲落，金銀儲藏貨幣底價值也或漲或落。對於作為支付手段之貨幣，這個變動底影響更大。支付行於商品出賣以後，換言之，貨幣在兩個不同期間具有兩重不同的功用，即首先作為價值尺度，然後作為適應測定之支付手段。假如在這時期中，貴金屬底價值 或貴金屬的生產所需之勞動時間發生動變，同一分量底金銀，在表現為支付手段時，必然比表現為價值尺度時，即當契約訂立時，值價多或值價少。某一特殊商品如金或銀作為貨幣或獨立的交換價值底功用，在這裏與價值底大小依其生產底變動而定之特殊商品底性質發生衝突。引起歐洲貴金屬底價值低落之大社會革命，盡人皆知是反對性質的社會革命，這個革命是由平民債務訂立契約所依之銅價值底高漲，發生於古羅馬共和國的初期。這裏我們不必再出考察貴金屬底價值變動及其對於資產級級經濟制度之影響，卽可明白貴金屬底價值低落是犧牲債權者而有利於債務者，而貴金屬底價值高漲則是犧牲債務者而有利於債權者。

c. 世界貨幣

金變成與鑄貨不同之貨幣，首先靠引去流通作爲儲藏貨幣，其次靠參入流通作爲非流通媒介，最後則衝破國內流通底限界而在商品世界具有一般的等價底功能。由此，金變成世界貨幣。

雖然貴金屬底一般的重量尺度是用作牠們的本來的價值尺度，於今在世界市場上却發生相反的過程，貨幣底記算名轉化爲適應的重量名。同樣，雖然不成形的生金屬（青銅）從前是流通媒介底原本形態，鑄貨形態僅構成那確定某一定金屬片有某一定重量之公認的標記，可是現在具有世界鑄貨功用之貴金屬，已除棄了牠的標記和樣式，而復歸於無差別的金條形態；所以卽令國家鑄貨例如俄國的 Imperails，墨西哥的 Dollars 與英國的 Sovereigns 通用於國外，牠們的名稱都無關重量，所重要者僅是牠們的內容。最後作爲國際貨幣之貴金屬，再又開始去完成牠們的原本的交換手段底功能，這種功能與商品交換同，最先不是發生在各原始共產社會內部，而是發生在各共產社會相互的接觸處。作爲世界貨幣之貨幣因此重新具有牠的原始形態。貨幣離開國內流通範圍時，牠便脫去從前在特殊的國界內之交換過程底發展中所獲得的特殊形態，卽價格標準，鑄貨，補助貨幣及價值標記底地方的形態(Local garbs)。

我們已知在國內的本國流通中，僅有一商品作爲價值尺度。然而因爲在某些國家是以金來擔負這個功能，在其他國家是以銀來擔負這個功能，所以世界市場上有兩重價值尺度，貨幣逐在牠的一切其他功用中具有兩個形態。商品價值之從金價格轉換爲銀價格以及從銀價格轉換爲金價格，常依這兩金屬底相對價值而定，這個相對價值不斷地變動，並且因此不斷地表現在決定過程中。各國內流通範圍中之商品所有者，不得不交互使用金銀以供國外流通、並且因此不得不以國內通用爲貨幣之金屬交換國外需要作爲貨幣之金屬。所以各國都利用兩種金屬即金及銀爲世界貨幣。

在國際商品流通裏，金銀不表現爲流通媒介，但表現爲一般的交換手段。然一般的交換手段僅在購買手段和支付手段底兩個發展的形態底下完成牠的功用，這兩個形態的相互關係，在世界市場上與在國內市場上完全相反。在國內流通範圍裏，具有鑄貨形態之貨幣，不管作爲動的統一C——M——C中的中介，抑作爲商品底不斷的塲所變更中之交換價值底暫時形態底代表，完全擔負購買手段底任務。在世界市場上，正與此相反。當物質交換僅是一方的，而購買與出賣又不一致時，金銀在此表現爲購買手段。例如開什大

（Kiachta）國境裏的貿易在事實上及條約上都是一種物品交易，在這種交易中銀僅擔負價值尺度底任務。一八五七年至一八五八年的戰爭強令中國人徒賣不買。於今銀忽表現爲購買手段。不管條約底條文如何，俄國人竟把法國五佛郎的銀幣變成作爲交換手段之生銀商品。一方面在歐美間，他一方面在歐亞間 銀已時常用作購買手段。在那些地方，銀固定於儲藏貨幣底形態中。再則，凡在兩國間物質交換底常行的平衡忽然破裂時，例如歉收年成迫令某一國購買格外的分量時，貴金屬是用來作爲國際的購買手段。最後，貴金屬是金銀生產國家手中之國際購買手段，在這種國家裏，金銀直接就是生產物和商品，不獨是商品底轉化形態。各國內流通範圍間底商品交換越發展，世界貨幣爲着國際平衡底穩定而擔負支付手段底功用便越重要。

國際流通與國內流通同，需要金銀底不斷變動的分量。所以各國內蓄積的儲藏貨幣底一部份是用作世界貨幣底準備金，這個準備金隨着商品交換底變動而時低時高（註七）。除去各國內流通範圍間所發生之特殊運動以外，世界貨幣更有一般的運動，這運動的起點是在金銀之流普及世界市場各方面所出發之生產底淵源。在金銀穿入國內流通範圍以前，金銀參入世界流通作爲商品，並依商品等價所含之勞動時間底比例來交換商品等價。金銀具有一定大的價值表現於國內流通範圍裏，所以金銀生產費底一漲一落同樣影響全世界市場上之金銀的相對價值，在他一方面，這相對價值與各國內流通範圍所吸收之金銀底多寡完全無關。商品界中各特殊範圍所獲得之金屬之流，一部份直接參入國內的貨幣流通以補償磨滅的鑄貨。一部份閉塞在支付手段及世界貨幣之種種儲藏貨幣貯池裏，一部份轉化爲奢侈品。其餘的完全變成儲藏貨幣。在資本主義生產制度底最高發展階段，儲藏貨幣底形成降爲各種流通過程爲着牠們的機構底自由活動所需之最小限度。這種儲藏貨幣變成靜止的財富，除非牠表現爲由支付底適當的平衡所生之剩餘底暫時形態，表現爲中斷的物質交換底結果，即表現爲商品第一變形中之商品底固化。

　　註七、『蓄積的貨幣補充退去流通界之外以圖實際流通並防止商業底一切可能的混亂之貨幣量。』（克斯托第的前書第十五卷一九六頁上柏立著，"關於經濟學之考察"之卡立(G R Darli)註）。

　　金銀在貨幣底功能上，旣然有一般的商品之味意，則在作爲世界貨幣時，便獲得適應這一般的商品之形態。一切商品交換金銀到甚麼程度，金銀變爲一切商品底化身以及得普遍讓渡的商品也到甚麼程度。具體的勞動所生產之物質交換包括地球底部份益大，金銀作爲一般的勞動時間底具體化之機能也實現益多。構成金銀流通範圍之特殊等價底系列增加到甚麼程度，金銀變成一般的等價也到甚麼程度。因爲在世界流通範圍裏，商品是依普遍的標準擴大牠的交換價值，所以在交換價值轉化爲金銀時，商品獲得世界貨幣底形態。由此，商品所有國旣依牠們的多樣的工業和普遍的商業交易改變金爲貨幣，於是工業及商業，在這些國家看來，僅表現爲從世界市場取得金銀形態中的貨幣之手段。所以作爲世界貨幣之金銀不獨是擴大流通範圍之手段，也正是一般的商品流通底生產物，好比想找製金底方法之煉金術者背後發生的化學一般，世界工業和世界商業底淵源，也是發源於追求魔術形態的商品之商品所有者背後。金銀因豫想貨幣概念中之世界市場的存在，幫助來創造世界市場。貴金屬底這種魔術作用決不限於資本主義社會底幼稚期，而且是商品世界底代表者對於他們自己的社會勞動所抱的曲解之必然的結果；這個已由十九世紀中葉新金鑛底發現所釀成的巨大影響證明了。

正與貨幣發展爲世界貨幣同，商品所有者也發展爲世界人（Cosmopolitan）世界人的人間關係最先僅是商品所有者底關係。這種商品高出於一切宗教的，政治的，民族的和語言的界限之上。價格是商品的一般的語言，貨幣是商品共通的形態。但是隨着世界商品底發展與國家鑄貨對立，逐發展商品所有者底世界主義爲實踐的理性底信

仰，與阻碍人間物質交換之傳統的宗教的民族的
及其他偏見對立。同一金貨，在英國登陸時是美國
的Eagle，到了英國就變成 Sovereign，三天後使用
於巴黎就變成 Napoleon，幾星期後在威尼斯再變
爲許多的 ducat，然而常時保持同一的價值；所以
商品所有者明白國民性 "不過是 Guinea 金貨底
標記"。商品所有者體認全世界之崇高的觀念，乃
是市場底觀念，世界市場底觀念 (註八)。

　　註八、『各民族間的交通已極廣闊地伸張到全世界，因
此幾乎可以說全世界已變爲一個城市，在這城市中開放着
永久的商品市場，各人得坐在家內依賴貨幣底幫助而取得
並享受土地，動物以及人類的勤勞在其他場合所生產之一
切。怪事』』

四

貴　金　屬

資本主義生產過程首先把握金屬流通爲一個現成的因襲的機關，這機關雖然發生漸漸的變形，却常保持牠的基本的結構。至於爲甚麼金銀用作貨幣材料而其他商品不用作貨幣材料底問題，乃屬於資本主義生產底範圍以外。所以我們應專去總括最重要的幾點。

因爲一般的勞動時間僅容許分量的差異，所以用作一般的勞動時間的特殊體現之對象物必然只有表現純全分量的差異底可能，換句話說，在品質上，牠一定是完全調和的與一致的。商品必須足以完成價值尺度底功用，這是首先的條件。假如商品是以牡牛，獸皮，穀物等等來評價，那麼實際上我們是以一個想像的平均的牡牛或平均的獸皮來評價，因為在牡牛與牡牛，穀物與穀物，獸皮與獸皮中間，有品質的差異。反之，作為單純的實體之金銀是常時相等，而且牠們底相等量由此表示價值底相等量(註一)。作為一般的等價之商品所必須滿足的其他條件，即由牠表現純粹分量的差異之功用直接發生的其他條件，乃是，該商品必須有任意區分並再結合底可能，所以計算貨幣可以正好像物質般地表現。金銀獲得這些性質到最優程度。

註一、『因為金屬無論在牠們的內部結構上或外表形態上，並未由自然而賦予品質上的任何差異，所以金屬僅有這個單一的性質，即是關於金銀的一切問題得還元為一個問題，即分量問題。』(加雷亞泥前書一三〇頁)。

作為流通媒介之金銀比其他商品有這個優

點：卽是金銀在小體積裏凝結多的重要之高比重，與小體積裏凝結相對大的勞動時間，卽小體積裏所包含的大量交換價值之經濟的比重相應。這個保證轉運底便利，卽從某人到別人及從某國到別國之移轉底便利，保證出現與消滅有同樣迅速底可能性。總之，保證物質的可動性（Material Mobility），此種物質的可動性構成作爲流通行程底永久動（Perpetuum Mobile）之商品底必須條件（Sins qua non）。

貴金屬底最高貴的價值，以及牠們的耐久性，相對的不破壞性，空中不養化性，黃金在王水外以之酸性中底不溶解性；一切這些自然的性質使着貴金屬成爲儲藏底自然的材料。像是一位最愛朱古力茶之殉教者配第，指說形成了一種墨西哥金幣之朱古力茶袋如次："啊！幸福的鑄貨，供給人類以適意的和有用的飲料，並使鑄貨的所有者免除地獄發生的貪慾病，因爲鑄貨旣不能埋藏，也不能永久保持。"

一般的金屬在直接的生產過程中所以極其重

要,是因爲牠們担負生產工具這作能。不管金銀的
稀少性如何,與鐵甚至銅（銅有硬度,故供古人使
用)相比,金銀因有最大的柔展性,不適於作生產
工具,並且極端欠缺作爲一般的金屬底使用價值
底基礎那種性質。金銀在直接的生產過程中既是
無用的,故容易地不用爲生存手段,卽消費對象。
因爲這個原故,所以社會的流通過程得吸收任意
分量的金銀,而不致損害直接的生產及消費過程。
金銀的個別的使用價值,不與牠們的經濟的機能
發生矛盾。再則金銀不獨是消極地過剩的對象物,
卽可無的對象物,反之,牠們的美觀的性質,却使
牠們成爲奢侈,粧飾,華麗,和歡樂慾底自然的材
料,總之卽過剩和富底積極形態。因爲銀從其本來
的混合中反射出一切光線,金僅反射出最強度的
色彩或赤光,所以金銀表現爲從地下的世界發出
來的自然光。總之,色彩底感覺是審美意思底最普
通的形態。在各種印度歐羅巴(Indo-germanic)語
中．貴金屬底名稱與色彩底關係間之言語學的
連絡,已由格黎牧（Jacob Grimm)證明了。（參

看他的德語史 "Historg of the German Langua-
ge")。

　最後，金銀從鑄貨轉化爲金銀塊，從金銀塊轉
化爲奢侈品之容受性，及相反的轉化之容受性，卽
金銀勝過其他商品之優點，在乎不拘於一定的唯
一的使用形態，這個優點使着金銀成爲必須不斷
地從這一形態變成他一形態之貨幣底自然的材
料。

　自然生產貨幣，與牠生產銀行家或折扣例無
異。但因資本主義生產制度要求財富結晶爲具有
單一物底形態之崇拜物，故金銀表現爲財富的適
應的化身。金銀在本質上不是貨幣，而貨幣在本質
上卻是金銀。第一，金貨幣或銀貨幣的結晶不僅是
流通過程的產物，而且事實上是牠的唯一終局的
產物。第二，金銀是現成的和直接的自然生產物，
沒有任何形態上的差異。社會過程底一般的生產
物，或作爲生產物之社會過程自身，是一種特殊
的自然生產物，卽藏於地中並由地中掘出來的金
屬(註二)。

　　註二、七六〇年，有一羣貧民移居布拉格（Prague）南方。淘洗該地所產的沙金，其中三人每日能採金三馬克。結果從事採金業而捨棄農業底人數非常之多，次年全國顯於饑荒。參考科勒（M. G. Korner）著 "Abhandluug Von dem Alterthum des Bohmischen Bergwereks" 士立堡（Schneeber）一七五八年。

　　我們已知金銀不能滿足人們對於作爲貨幣之金銀所仰望的要求，卽具有不變分量底價值之要求，早知亞歷斯多德所云金銀含有比其他商品底平均更永久的價值量。與貴金屬底價值漲落底一般的影響無關，金銀底價值比例底變動有特別的重要，因爲兩者同在世界市場上通用爲貨幣的材料。這個價值變動底純經濟的原因，必須溯源於這些金屬底生產所需之勞動時間底變動；在古代的金屬價值上發生大影響之征服及其他政治的變革，於今僅有局部的和暫時的影響。金屬生產所需之勞動時間，依其自然的稀少性底程度及獲得純金屬狀態中的金屬之難易而定。事實上，金是人類所發見的最初的金屬。這是由於如次的事實：卽金一部份是依自然本身生產於個別化的及與其他物體的化合物分離的純結晶狀態中，卽煉金術者所常說的處女狀態中；他一部份若不表現在這種狀態中，則依自然在河流底大金鑛淘塲中行工藝的工作。所以無論是在河流中提取金或在冲積土中提取金，人類僅需要簡率的勞動；而銀底提取則預定鑛工及一般的技術熟練底相對的高度發展。因爲這個原故，銀的價值原來是比金底價值大，不管金底絕對的稀少性怎樣。斯特累波（Strabo）所說某阿亞伯部落以十磅金換一磅鐵及兩磅金換一磅銀底事情，似乎不是不足信的。但在社會勞動底生產力已經發展，及不熟練勞動底生產物的價值高出熟練勞動底生產物的價值之後，在地殼被普遍地開掘及金供給底最初的全面的源泉被涸竭了之後，銀底價值開始比金底價值低落。在工藝及交通手段底一定的發展階段中，新的金礦或銀礦底發現成爲決定的因素。在古代的亞洲，金對銀底比例是六比一或八比一，遲至十九世紀初期，後一比例尚通行於中國及日本；撒洛渾（Xenophon）時代

之十比一的比例，得視爲古代中期底平均比例。古
代加泰基人及以後的羅馬人所操的西班牙銀鑛底
採掘，與近代歐洲人的亞美利堅鑛山底發現，殆有
同樣的影響。至於羅馬帝政時代，十五比一或十
六比一的比例可以斷定是大約的平均數，雖然當
時屢屢發生更大的銀價值低落底情形。始於金價
值底相對低落而終於銀價值底低落之同一運動，
復演於自中世紀至現代這時代。在撒洛渾時代，中
世紀金銀底平均比例是十比一，後來因爲美亞美
堅鑛山底發現，變到十六比一或十五比一。奧大別
亞，加利福尼亞及哥倫比亞金產地底發現，使着金
底價值發生新的低落（註三）。

　　　　註三、於今奧大利亞及其他金產地底發現尚未影響金

銀底價值比例。啓瓦立耳（michel Chevalier）的反對意見，

是與這位前聖西門主義者底社會主義一樣有價值。然而倫

敦市場上的銀價表證明在一八五〇年至一八五八年之間，

銀底平均的金價格比一八三〇年至一八五〇年高不到百分

之三。但是這種昂貴僅因爲亞洲對於銀底需要而然。一八五

二年至一八五八年中，僅在某些年月，銀價格是隨這種需要

底變動而變動，從未鹽新發現的金產地之金底重要而變動。

下面卽是倫敦市場上銀底全價格底概要。

每一盎斯銀底價格

年	三月	七月	十一月
一八五二	$60\frac{1}{8}$辨士	$60\frac{1}{4}$辨士	$61\frac{1}{8}$辨士
一八五三	$61\frac{3}{8}$辨士	$61\frac{1}{2}$辨士	$61\frac{7}{8}$辨士
一八五四	$61\frac{7}{8}$辨士	$61\frac{3}{4}$辨士	$61\frac{1}{2}$辨士
一八五五	$60\frac{7}{8}$辨士	$61\frac{1}{2}$辨士	$60\frac{7}{8}$辨士
一八五六	60 辨士	$61\frac{1}{4}$辨士	$62\frac{1}{8}$辨士
一八五七	$61\frac{3}{4}$辨士	$61\frac{5}{8}$辨士	$61\frac{1}{2}$辨士
一八五八	$61\frac{5}{8}$辨士		

c.關於流通媒介及貨幣之諸學說

在近代資本主義社會底幼稚期，即十六世紀與十七世紀間，一般的黃金慾驅使各國君民於十字軍來越海尋求金聖杯底時候(註一)，近代世界底最初的解釋者，即貨幣制度——重商主義僅是這種制度底變體——底創立者，宣稱金銀或貨幣是構成財富之唯一物。從簡單的商品流通底立場來看 他們認為資產階級底任務是在儲蓄貨幣.即建立不能受衣魚鏽菌所侵蝕底永久的儲藏貨幣；這是十分對的。關於貨幣制度,沒有理由說三鎊價格一噸底鐵與值價三鎊的金有同樣大的價值。這裏的問題不是交換價值底大小，而是指甚麼構成牠的適當形態。假如貨幣制度及重商主義以世界貿易及與此種貿易直接相關之國民勞動底特殊部門，目爲財富或貨幣底唯一眞實的源泉，那麼我們一定感到那時代的國民生產底大部份，仍然是依封建的形態而進行的，而且是生產者直接取得生活資料之源泉。生產物底大部份不曾轉化爲商品，所以也不曾轉化爲貨幣，卽不曾參入一般的社會的物質交換，所以不曾表現爲一般的抽象勞動底具體化，而且事實上也不曾構成資產階級的財富。作爲流通底目的之貨幣是交換價值或抽象的財富，然而這不是財富底物質的要素，並且不曾形成生產底動力及動機。那些無組織的預言者，憑信他們在資產階級生產底初期階段中所通行的條件，堅持交換價值底純全的，得觸知的及光輝的形態，卽其作爲一般的商品與一切特殊商品對立的形態。那時固有的資產階級的經濟領域是商品流通底領域。所以他們從那初步的領域來判斷資產階級生產底全部複雜過程,並且混雜資本與貨幣。
近代經濟學者反對貨幣制度及重商主義之無止息
的鬥爭,多半起因於這種制度在殘酷野蠻的形態
中洩露了資產階級生產底祕密,卽其受交換價值
底支配這事實。里嘉圖雖然在關於這事底應用上
是錯誤的,但曾說及卽令在饑荒時期,穀物輸入
不是因爲國民飢餓,而是因爲穀物商要儲存貨幣。
國民經濟學在對於貨幣制度及重商主義底判評
上,攻擊這種制度是純粹的幻想和純粹的謬論,不
曾深入認識這種制度自身的基本的前提底野蠻形
態。此外這種制度不僅有歷史的權利,並且在近代
經濟學底一定領域裏,直到現在還保持着完全的
市民權利。在資產階級底生產制度——在這種生
產中,財富具有商品底基本形態——底一切階段
中,交換價值具有貨幣底基本形態,又在生產過
程底總階段中,財貨再暫時復歸於一般的基本的
商品形態。就是在資產階級經濟最發展的階段中,
金銀作爲貨幣之特殊功用,與牠們的流通媒介底
功用對立,卽區分金銀與一切其他商品之功用,仍

然沒有廢除,而但受了限制,因為貨幣制度及重商主義保持牠的市民權利。所云金銀與其他俗界的商品對立,成為社會勞動底直接的化身,即抽象財富底表現之舊教的事實, 自然中傷資產階級經濟學底新教的名譽,且據以下所云,資產階級經濟學不怕貨幣制度底偏見, 長期失去牠對於貨幣流通底現象之判斷。

　　註一、『黃金是一個怪物!誰有了黃金,誰就是他所希望的一切底主人。有了黃金,即要靈魂上升天堂,也可以成功。』(一五〇三年詹邁加給科侖布的信)。

　　這是十分自然的; 古典經濟學與僅從貨幣的流通底結晶的產物底形態規定來理解貨幣之重商主義相反, 應該首先是從出滅於商品變形過程內部之交換價值底貨幣的流動形態來理解貨幣。而且因為完全從 C ——M —— C 形態 來理解商品流通再又完全從出賣和購買底動的統一底形態來理解 C ——M —— C 形態, 所以竟至從與牠的貨幣功能對立之流通媒介底功能來理解貨幣。且如上述, 當此流通媒介孤立於鑄貨功能中, 逐變為價

值標記。然而古典經濟學爲要將金屬流通目爲流
通底支配的形態，逐確定金屬貨幣爲鑄貨，確定
金屬鑄貨爲純粹的價值標記。按照支配價值標記
底流通之法則，而成立商品價格依通貨量而定之
命題，以替代通貨量依商品價格而定之相反的原
則。我們知道這種見解已由十七世紀的意大利經
濟學者多少明白地說明了。洛克時而肯定這個原
則，時而又否定這個原則；這事已由孟德斯鳩及
休謨在"Spectator"（一七一一年十月十九日）上明
白地說明了。因爲休謨在十八世紀是這個學說
加重要的代表，茲逐從他來開始我們的檢討。

　　在某些假定之下，流通金屬貨幣量底增減，或
流通價值標記量底增減，似乎一樣影響商品價格。
因爲商品的價值尺度底變動，隨着評價商品底交
換價值爲價格之金或銀底高漲或低落，而發生價
格底高漲或低落，因爲價格底高漲或低落，或大或
小的金銀分量便正通用爲鑄貨。但是顯明的現象
是隨流通媒介底分量底增減而發生之價格底低落
——商品底交換價值不變。在他一方面，假如價

值標記底分量高出或低過其必要的水平，這個分量便依商品價格底漲落而強制地還元於必要的水平。無論在那一場合，同一作用似乎是由同一原因而釀成的，所以休謨堅持這種外觀。

關於流通媒介底分量與價格運動間的關係之科學的研究，必須假定貨幣材科底價值為已知的。反之，休謨則全然考察貴金屬底價值底變革，即價值尺度底變革底時代。自亞美利堅的鑛山發現以來，隨金屬貨幣底增加而同時發生之物價高漲，形成他的理論底歷史的背景，而他反對貨幣制度及重商主義之駁論，形成他的理論底實施的動機。貴金屬的生產費雖然依舊不變，而貴金屬底輸入得自然增加。在他一方面。貴金屬價值底減少，即貴金屬生產所必需之勞動時間底減少，首先必表現為貴金屬底供給底增加。所以休謨的信徒說，貴金屬價值底減少 表現為流通媒介底增加的分量，而流通媒介底增加的分量，表現為商品價格底高漲。然而事實上，商品價格底高漲僅影響出口的商品，此種商品 交換作為 商品而非 作為流通 媒介之金銀。於是這些用價值較低的金銀來評價之商品底價格，比仍舊以按照舊生產費的標準之金銀來評價交換價值之一切其他商品底價格高漲。在同一國家中，商品底交換價值底這兩重評價自然只能暫時存在，而金銀價格必然依交換價值本身所決定的比例而平均，結果一切商品底交換價值都依貨幣材料底新價值來評價。這個過程如何發展底問題，以及商品底交換價值如何確立於市場價格底變動底限制內底問題，均非屬於本範圍底問題。然而所謂這個平均化是很遲漫地發生於資產階級生產底低發展時期，並經過一長期，不曾與流通現金底增加持同一步調之說，已由十六世紀中商品價格底運動底新的批判的研究明顯地證明了(註二)。休謨的信徒所引關於古羅馬國的物價因征服馬其頓，埃及，和小亞細亞之結果而高漲之適當的參考，是十分不相干的引證。忽然將儲藏貨幣從此國移入彼國之古代獨特的方法，這是強制移轉的，並且是依單純的掠搶過程而引起某一國貴金屬底生產費底暫時的減少，不能影響貨幣流通底內在的法則，正與羅馬國裏埃及與西西里的穀物底無報酬的分配不能影響支配穀價之一般法則同。休謨與十八世紀一切其他作家同樣，缺乏關於貨幣通用底詳細觀察所必需的材料。這種材料應該從銀行業底完全發展開始；第一包括商品價格底批判的歷史，第二包括關於流通媒介底伸縮與貴金屬底輸入及輸出等等之公開的及經常的統計。休謨的流通學說得總括爲以下諸命題：一，一國的商品價格是依該國現存的貨幣分量（實在的或象徵的貨幣）而定；二，一國的貨幣流通代表該國所有的一切商品。按照這個代表物即貨幣底分量多少底比例，發生被代表物底分量比該代表物底同一分量或大或小。三，假如商品的分量增加，則商品底價格低落，換言之，即貨幣底價值高漲。反之，假如貨幣底分量增加，則商品底價格高漲，而貨幣底價值低落(註三)。

　　註二、休謨承認這個過程底遲慢，雖然這簡直不與他的原理一致。參看休謨著『論文集』(Essays and Treatises on Several Subjects)第一卷三〇〇頁倫敦一七七七年。

註三、斯圖亞特前書第一卷三九四至四〇〇頁。

休謨說:"由貨幣底豐富而引起之凡物昂貴,對於現成的商業是不利的, 因爲貨幣少的國家得在各外國市場上以廉價出賣商品於貨幣多的國家。"(休謨著前書三〇〇頁)。"如果我們單獨考察一國,鑄貨非常的豐富,但因需要鑄貨底較大分量來代表商品底同一分量, 所以鑄貨底豐富不能發生好或壞的影響; 正如不用需要少數字碼之亞拉伯式記數法而用需要多數字碼之羅馬式記數法, 對於商人薄記不發生任何差變。貨幣底較大分量與羅馬字碼同,反而是更不便利的,且在儲藏和運輸時發生更多的麻煩。"(前書三〇二頁)爲證明一切計,休謨應曾指明在一定的記數法之下,使用的數字底數量不是依數目底大小而定,反之,數目底大小是依所用的數字底數量而定。這是絕對正確的:用價值跌落的金銀來評價或"計算"商品價值, 並沒有甚麼益處。此即各國對於流通商品底價值總額底增加往往覺得用銀計算比用銅計算便當, 用金計算又比用銀計算便當的理由。按照各國民致富底比例，他們將價值少的金屬轉化爲補助鑄貨，將價價多的金屬轉化爲貨幣。而且休謨不記得爲要以金銀來計算價值，並不必要有"現存的"金銀。他以爲計算貨幣與流通媒介是一致的，而且都是"鑄貨"。休謨的結論說，商品價格底漲落依通貨量而定，因爲價值尺度底價值底變動，卽作爲計算貨幣之貴金屬底價值底變動，引起商品價格底漲落，而且在流通速度一定底場合，也引起通貨總額底變動。在十六世紀及十七世紀間，不僅金銀底分量增加了，同時金銀的生產費也減低了。休謨得從歐洲鑛山底停閉這事實看出這個。在十六世紀及十七世紀，因爲大批亞美利堅金銀底輸入，歐洲的商品價格高漲，所以任何一國的商品價格是依國現存的金銀底分量而定。此爲休謨的第一個"必然的結語"（前書三〇三頁）。在十六世紀及十七世紀，商品價格不曾隨貴金屬底分量底增加而一樣高漲，在商品價格的任何變動表現很明顯以前，不止經過半個世紀，在開始用價值跌落的金銀來評價一般商品底交換價值以前，卽在這個變革影響於一般的價格標準以前,甚至經過更長的期間。所以休謨與他的哲學的原則十分矛盾,將觀察不完全的事實不分皂白地概括爲如次的結論:商品價格或貨幣價值不依該國現存的貨幣總額而定,而依現實流通的金銀分量而定,然而在長期流動中,一國現存的金銀必須被流通吸收作爲鑄貨(註四)。這是明白的:如果金銀不管關於流通之其他一切法則如何,有牠們自身的價值,那就僅有金銀底一定分量得通用爲有一定價值之商品底等價。所以若不管商品價值底總額多少,一國偶然存在的金銀底每一分量,都須參入商品交換過程爲流通媒介,於是金銀沒有內在的價值,事實上便不是現實的商品。這是休謨的第三個"必然的結語"。他以無價格之商品和無價值之金銀參入流通。這就是他爲甚麼不曾說及商品和金底價值,而但說及牠們的相關分量底理由,洛克所謂金銀僅有想像的或習慣上的價值,即是攻擊貨幣制度主張惟獨金銀有眞實價值之反對說底最初的野蠻的形態。金銀的貨幣資格起於金銀在社會交換過程

中所完成之功能這事實。解釋起來得到如次的結
果，即金銀自身的價值以及這價值底大小是起於
社會的功能(註五)。所以金銀是無價值物，然而這
些無價值物却在流通範圍內部獲得一假擬的價
值，作爲商品底代表物。牠們不是由流通過程轉
化爲貨幣，但轉化爲價值。牠們的這個價值是依牠
們自身的分量與商品的分量底比例而定，因爲這
兩者必須彼此平衡。於是休謨遂將金銀參入商品
界作爲非商品。但是一到牠們表現於鑄貨形態中，
他又反過來將牠們轉化爲純粹的商品，這純粹的
商品必須依簡單的物品交易來交換其他商品。這
樣，假如商品界僅包有一種商品，且說是一百萬夸
脫的穀，這個意思得很簡單地說明如次：假定共有
金兩百萬盎斯，則每一夸脫穀應交換兩盎斯金，假
如共有金兩千萬盎斯，則一夸脫穀應交換二十盎
斯金，因爲商品價格和貨幣價值與現存的金底分
量成反比例而漲落(註六)。但是商品界包含使用價
值底無數差異，這些使用價值的相對價值決非依
牠們的相對分量而定。然則休謨如何思考商品分

量對金分量底這種交換呢？即是以各商品作爲諸
商品總量底一可除部份來交換金分量底—適應的
可除部份，休謨遂以這種無意義的無實質的觀念
自滿。發生於商品中所含之交換價值及使用價值
底對立，並表現於結晶爲種種貨幣形態之貨幣流
通裏的商品運動過程，彼此消滅，變爲一國現存的
貴金屬分量與同時存在的商品分量之想像的構械
的等一化。

註四、休謨前書三〇七，三〇八，三〇九頁。『這是明白
的，商品價格並不怎樣依一國現存的商品底絕對分量及貨
幣底絕對分量而定，寧依能夠或者可以運入市場之商品分
量及流通的貨幣分量而定。假如鑄貨鎖在箱裏，牠對於商品
價格正與鑄貨絕滅時是一樣的事。假如商品儲藏在倉庫或
穀倉裏，也發生同樣的影響。在這些場合，貨幣與商品既永
久不接觸，便不能相互影響。結果價格底全部便與王國現存
的硬幣底新分量成正比例。』

註五、參看羅（Law）和富蘭克林的剩餘價值論，他
們認定金銀是從牠們的貨幣功能而獲得剩餘價值。福朋來
斯（Forbonnais）同。

註六、這個假定已由孟德斯鳩正確地說明了。(這節是馬克斯在資本論第一卷第一篇第三章第二段附註上從孟德斯鳩引用來的。見德文本第二版考茨基註。)

斯圖亞特從休謨和孟德斯鳩底詳細的批判開始他的關於鑄貨及貨幣底性質底研究(斯圖亞特前書第一卷三九四頁)。通貨底分量是依商品底價格而定？抑是商品底價格依通貨底分量而定？他的確是提出這個問題底第一人。雖然他的分析被他的關於價值尺度底空想的概念，關於交換價值底游移的見解，以及關於重商主義底留戀弄得莫明其妙了，但他發見了貨幣底本質形態及貨幣通用底一般的法則，因為他一方面未曾攻擊商品與貨幣底機械的分離，他方面又從商品交換底不同的樣式進而發展牠的種種功能。他說，貨幣是用來達兩個目的：即為債務底清償及為必需物底購買；這兩個目的一同形成"對現金底需要"。商工業底狀況，人民底生活方法及慣常的支出，一同支配並決定"對現金底需要"底分量，即"出讓"底數量。為欲影響這許多支付，需要貨幣底一定的比例。"出讓"底數量雖然不變，而這個比例得隨情形而增減。無論怎樣，一國的流通僅能吸收貨幣底一定分量（斯圖亞特前書第二卷三七七至三七九頁）。"決定一切物底標準價格者，即需要與競爭底複雜的作用；"後者"完全不依一國現存的金銀底分量而定。"然則那不必作為鑄貨之金銀會變成甚麼呢？是被儲藏或供奢侈品底製造。如果金銀底分量低過於流通所必需的標準，則象徵的貨幣或其他代用物便起而補充。如果交換底合適比例釀成一國貨幣底過剩，同時又切斷對於輸出外國底需要，那麼貨幣必然要蓄積在鐵箱裏，從此財富便如藏在鑛山中一般不發生任何影響。"

斯圖亞特所發見的第二個法則，即是信用流通向着牠的出發點之逆流底法則。最後他說明各國利息率底差異對於貴金屬底國際的輸出與輸入的影響。此處我所說及的最後兩點僅在為補充計，因為這兩點對於我們所論究的題目只有一點遙遠的關係(註七)。象徵貨幣或信用貨幣——斯圖亞指尚未區別貨幣底這兩個形態——得在國內流通範圍裹替代作爲購買手段或支付手段之貴金屬，但在世界市場上則否是。所以紙幣是"社會底貨幣"，而金銀是"世界底貨幣"(註八)。

　　註七、『多餘的鑄貨得儲藏，或融化爲金板。……至於紙幣，在用之達到了供給借紙幣者底需要底第一個目的之後，便歸於發行者之手並實現了。……所以卽令一國底硬貨有極大的增減，商品依然是按需要和競爭底原則而漲落，需要和競爭又常依有財產者或有其他可成立的任何等價者底願望而定，絕不依他們現有的鑄貨底分量而定。……假定這個(卽一國現存的硬貨底分量)歷來極少，但有任何名稱底不動產及對於范有不動產的人底消費競爭，物價必然依物品交易，象徵貨幣，相互給付及許多其他發明而高漲。……如果這個國家與其他各國交通，那麼一定有本國各種商品底價格與外國各種商品底價格間底比例，而硬貨底偶然增加或減少，若能直接發生提高或減低物價之效果，勢必因外國競爭而限制牠的作用。』(前書第一卷四○○至四○二頁)『任何一國底流通必須按照生產那運入市場的商品之住民底產業底比例。……所以一國底鑄貨，若低過提供出賣之產業底價格底比例，便仰賴新發明如象徵貨幣來供該鑄貨

—— 249 ——

的等價。但若硬貨高出產業底比例，這個硬貨不會有提高價格底影響，也不會參入流通，但會儲藏為儲藏貨幣。……不管一國與其他各國交通的貨幣分量是多少，絕對不能存留在流通裏，但是這個分量幾乎與富的住民底消費及窮的住民底勞動和勤勉成比例』，而且這個比例不是依『一國現存的貨幣底分量而定。』（前書四〇三至四〇八頁）『一切國民便會努力將國內流通所不需之現金投入貨幣利息比本國高底國家去。』（前書第二卷五頁）『歐洲最富的國家可以是流通硬貨最貧的國家。』（前書第二卷六頁）。關於反對斯圖亞特底論爭，請看楊亞塔（Arthur Young）的主張。（在資本論第二版第一卷第一篇第一章六二頁附註上，馬克斯說，楊亞塔在斯圖亞特的『政治算術』中題為『物價依貨幣分量而定』底一專章上，擁護休謨的理論以反對斯圖亞特及其他諸人底攻擊。德文本第二版考夫基註）。

　　註八、斯圖亞特前書第二卷三七〇頁。布郎克將替代國內的或國民的貨幣之『社會底貨幣』（money of Society）這一名詞譯為『社會主義的貨幣』（Socialist money）

　　這是完全無意義的，徒構成約翰羅（John Law）社會主義者。（參看法國革命史第一卷。』

遺忘自身的歷史,是有歷史法學派所謂"歷史的"發展之諸國民底特徵。關於商品價格與流通媒介分量底關係之論爭,雖在最近半世紀以來,繼續不斷地騷動了英國國會, 並在英國刊行了大小成萬的小册子,然而斯圖亞特却依然是一個"死狗", 甚至過於在勒新(Lessing)時代的孟特爾遜(moses mendelson)所目爲的"死狗"斯賓羅莎(Spinoza)。就是最近的通貨史家馬克拉南（maclaren),也將亞丹斯密司目爲斯圖亞特的理論底發見者, 將里嘉里目爲休謨的理論底發見者 (註九)。 里嘉圖闡明休謨的理論, 而亞丹斯密司則認定斯圖亞特的研究底結果是死的事實。亞丹斯密司甚至以"貨幣積少成多"(money mickles mak a muckle)這句格言應用於他的精神的財富, 並小心地隱匿他所毫不負欠而想獲得極多底出所。當他覺得關於明白規定這問題之計劃勢必要對於他的先驅者清算底時候,他曾屢次寧願中折這討論底要點。關於貨幣論,也是這樣。當他說及一國現存的金銀一部份是用作爲鑄貨, 一部份是替沒有銀行底國家底商

人蓄積爲準備基金，或在有信用流通底國家裏蓄
積爲銀行支付基金，一部份是爲着國際支付底清
算用作儲藏貨幣，一部份轉變爲奢侈品這時候，他
默認斯圖亞特的理論。他沒有提出關於流通鑄貨
底分量底問題，極端錯誤地把貨幣當做純粹商品
(註十)。他的俗化者,卽法國人稱爲"科學底王"之愚
闇的舍易——恰像歌特喜德 (Johann Christoph
Gottsched)，他稱他的斯科來啓(Schönaich) 是荷
馬,稱他自己是對'主要的恐布和優雅的光 (Terror
Principum and lux mundi) 之阿乃悌羅 (Pietro
Aretino) ——將亞丹斯密司底這個不全是無意的
失錯尊爲一條教義(註十一)。然而我們應該說,亞丹
斯密司對於重商主義的幻想底仇視態度，使他對
於金屬流通底現象,不克具有客觀的見解,雖然他
的關於信用貨幣底見解是獨創和深刻的。正與在
十八世紀的化石說中，常感有關於洪水之聖經傳
說底批判或辯護所發生的潛流底存在同，在十八
世紀底一切貨幣論之後，也隱匿着對於貨幣制度
之祕密鬥爭，卽關於看護資產階級經濟學底搖床

並常投影於立法上的魔鬼之祕密鬥爭。

　　註九、馬克拉南前書四三頁以下。愛國主義使着一位早死的德國作家朱留斯(Custav Julius)承認老卜喜(Biish)是反對里嘉圖學派之泰斗。誠實的卜喜將斯徒亞特的雅美的英語譯成漢堡的通俗語，並爲改正原文之故而儘量常將原文改惡了。

　　註十、第二版註：這不是一個正確的叙述。亞丹斯密司曾在許多場所正確地解釋過這個法則。（參看資本論六二頁註一。馬克斯在七年後寫此註時提出以下的解說：『這個說明僅在亞丹斯密司依據職權（ex officio）來論究貨幣時適用。但在對於早昔的經濟學體系底批判上，他一向具有正確正見解。『各國的鑄貨分量是依以鑄貨來流通之商品底價值而定。……一國逐年買賣的貨物底價值，需要貨幣底一定分量來流通這些貨物，並分配給各自的消費者，而不能給別人使用，流通底渠必須引出足夠充滿這個渠之總數，而絕不許多。』國民財富論第四篇第一章』）。

　　註十一、通貨與貨幣底差異不見於『國民財富論』中。誠實的馬克拉南被深知他的友人休謨和斯圖亞特之亞丹斯密司底明顯的公平所騙，說：『物價依通貨分量而定之理論

　　還不曾受人注意；所以斯密司博士與洛克先生（洛克改變了他的見解）同，認定金屬貨幣僅是商品而非其他。』（馬克拉南前書四四頁。）

　　在十九世紀，關於貨幣本質底研究，不是直接由金屬流通底現象所激起，寧是由銀行券流通底現象所激起。前者僅在發見支配後者之法則時才論。一七九七年英格蘭銀行正金支付底停止，此後許多商品底價格底高漲，金底鑄貨價格低過其市塲價格之跌落，特別在一八〇九年以後銀行券底跌價；對於國會內的政黨之爭及國會外的理論的爭論——兩者都本同樣的熱情行動——，予以直接實施的機會。關於這個論爭底歷史的背景，導因於十八世紀間底紙幣歷史：即約翰羅銀行底失策；從十八世紀底初期至中葉，與價值標記底數量的增加同時發生之北美各英屬殖民地底地方銀行券底跌價；其次是獨立戰爭時美政府所發行為法定貨幣之聯合殖民地的紙幣（Continental bills）；最後是按更大額發行的法國土地担保紙幣（assignats）底實驗。當時多數英國學者都將極不同的法則所支配之銀行券底流通，與價值標記或國家法定紙幣底流通混同了，所以當他們要求以金屬流通底法則來說明這種法定貨幣流通底現象這時候，事實上他們走上了正相反的道路，即從前者底現象而推出後者底法則。我們省去自一八〇〇年至一八〇九年中底無數作家，而直接論到里嘉圖，這個有兩層理由，第一因爲他總括了他的各前驅者底見解，並且極精細地正式陳述了這些見解，第二因爲他所給予貨幣論之樣式，直到現在還支配着英國的銀行立法。里嘉圖與他的前驅者同，以銀行券或信用貨幣底流通與純價值標記底流通混同。最令他留意底事實，是隨商品價格底高漲而發生之紙幣底跌價。美洲鑛山之對於休謨亦猶針線街底紙幣印刷機之對於里嘉圖。所以他自己在他的著作的某些地方，明白地將這兩個原因同一起來。他的最初的著作，專門論究關於立在各閣員及主戰派方面之英格蘭銀行與集中在國會反對派，民權黨及和平黨之對敵間底極激烈的論爭時代之貨幣問題。那些著作是一八一〇年金條委員會——該會採用里嘉圖的見解——底著名的報名底直接的前驅。（註十二）稱里嘉圖及他的將貨幣看作純粹價值標記之諸信徒為金條主義者這回怪事，不是起因於該委員會底名稱，而是起因於他們的理論底本質。在他的關於經濟學底著作裏，里嘉圖再又重復發揮這些同樣的見解，但是沒有一處，他曾像研究交換價值，利潤，地租等一般來研究貨幣底本質。

註十二、里嘉圖著『金條底高價，即銀行券底低價之證明』(The High Price of Bullion, a Proof of the Depreciation or Bank-notes 第四版倫敦一八一一年。初版在一八九年出版)更有『對於博山克的關於金條委員會底報告底考察之辯答 (Reply to mr. Bosanquet's Practical Observations on the report of the Bullion Committee)倫敦，一八一一年。

首先，里嘉圖以體化於金銀行之勞動時間底分量來決定金銀底價值，與決定一切其他商品底價值同(註十四)。一國的流通媒介底分量，一方面依貨幣底尺度單位底價值而定，他方面依商品底交換價值底總和而定。這個分量是依支付方法底經濟而修正（註十五）。貨幣底分量即得為流通所吸收的一已知價值底分量既已決定，流通範圍內部貨幣底價值既僅表現在牠的分量裏，故單純價值標記得在流通中替代貨幣，假如這價值標記是按照依貨幣價值所決定之比例而發行的。且在事實上，"通貨在包括全部紙幣並與所代表的金成等價值底紙幣時，是最完全的狀態。"（里嘉圖著"經濟學原理"四三二頁）里嘉圖既經假定貨幣底價值為已知的，以商品價格來決定流通媒介底分量，逐將作為價值標記之貨幣 指為金底一定 分量底標記，而不與休謨同，指為商品底全無價值的代表物。

　　註十三、里嘉圖著『經濟學原理』七七頁。〔貴金屬〕的價值〔與一切其他商品底價值同〕，是依獲得金屬及以金屬運入市場所需之勞動分量而定。』

　　註十四、前書七七，一八〇，一八一各頁，

　　註十五、里嘉圖前書四二一頁。『一國得使用之貨幣分量必須依貨幣的價值而定。若但使用金來供商品底流通，應需要一個分量。若使用銀來供同一目的，僅十五分之一是需要的。』（參看里嘉圖著『關於經濟的及安全的通貨之結議」（"Proposals for an Economic and Secure Currency"）倫敦，一八一六年，八六頁。里嘉圖在這裏說：『流通紙幣底總額依該國流通所必需之總額而定；這個必需的總額是依貨幣單位底價值，支付底總額及現實場合底經濟而規定。』

里嘉圖在忽然走開他的敘述底直徑而抱持極相反的見解這時候，他竟轉向注意於貴金屬底國際流通，引進題外的考察使這個問題陷於混亂。我們權且附和他自己的理解底路徑，而且爲欲除去凡是人爲的以及附隨的一切，我們權且假定金銀鑛山都是位於以貴金屬通用爲貨幣之國家內部。依里嘉圖所述的理論而導出的唯一推論，卽是金底價值旣然已知，流通貨幣底分量必依商品價格而定。所以在一定期間，一國流通的金底分量僅依流通商品底交換價值而定。現在我們且就假定這些交換價值底總額已經減少，減少的理由，或則因爲按舊交換價值而生產之商品過少，或則因爲增加的勞動生產力之結果，同一商品分量僅有較少的價值。或者在他一方面，我們又得假定這些交換價值底總額已經增加，增加的理由，或則因爲商品底分量已經增加，而商品的生產費仍舊一樣，或則因爲減少的勞動生產力之結果，同一或較少的商品分量底價值已經增加。在這兩個場合，流通金屬底已知分量變成爲甚麼呢？假如金是貨幣，僅因爲牠是作爲流通媒介之通貨，卽是假如金同國家有強制通用力的紙幣一樣，強制牠停留在流通裏（這是里嘉圖腦裏所想像的），那麼在前一場合，流通貨幣底分量必然漲過依金屬底交換價值而定之通常水平，在後一場合必然低過這種水平。金雖然有牠自身的價值，但在前一場合，必然變成但有比牠自身的交換價值 更低的交換 價值之金屬底標記，而在後一場合，必然變成有較高的價值之金屬底標記。在前一場合，金必然成爲比牠自身的價值小之價值標記，在後一場合，則成爲比牠自身的價值大之價值標記（而且是從有強制通用力的紙幣而來的抽象推論）。在前一場合，商品如同是以價值比金低之金屬來評價，在後一場合，商品如同是以價值比金高之金屬來評價。所以在前一場合，商品底價格必然高漲，在後一場合，商品底價格必然低落。無論在那一場合，價格底運動，即價格的漲落，必然發生流通的金分量底相對的膨脹或收縮，高於或低於適合金自身的價值之準則，即高於或低於金自身的價值與流通商品的價值間底比例所決定的通常分量。

假如流通的商品底價格總額不變，而流通的金分量高於或低於適當的準則，必然發生同一過程，因爲流通行程中磨滅了的金鑄貨不曾依鑛山底相應的金分量底新生產而補償，故發生第一個情形。因爲金鑛底出產超過流通底需要，故發生第二個情形。總之，無論在那一場合，金的生產費或價值都仍舊不變。

要之，當通貨底分量依牠自身的金條價值而定，商品底交換價值既然已知，通貨是在正常的準則中。當商品底交換價值總額減少，或金鑛底出產增加，通貨遂高出於這個準則，釀成金價值低於牠自身的金條價值之低落，及商品價格底高漲。當商品底交換價值總額或金鑛底出產不足彌補那磨滅了的金分量，通貨低於牠的正常的準則，釀成金價值高於牠自身的金條價值底高漲，及商品價格底低落。在這兩個場合，流通的金變為大於或小於牠所現實含有的價值之價值標記。牠得變成牠自身的漲價的或跌價的標記。恰在一切商品要開始以有這種新價值的金來評價底時候，一般的商品價格要隨之高漲或低落底時候，流通的金底分量必然再適應流通底需要（里嘉圖十分高興地力說的結果），然而與貴金屬底生產費以及作為商品之貴金屬與所有其他一切商品底關係發生矛盾。按照里嘉圖的一般交換價值論，高出於金的交換價值卽高出於依金所含的勞動時間而定的價值之金價值底高漲，必然促進金生產底增加，直到增加的金生產得減低金價值到適當的大小為止。同時，金底價值低於牠自身的價值之跌落，必然釀成金生產底減少，直到金價值再高漲至適當的大小為止。由於這兩個相反的運動，金的金條價值與金的流通媒介價值間底差異必然絕滅，流通的金分量底正常準則必然恢復，價值準則必然再與價值尺度適應。流通的金底價值底這些變動，必然同樣影響具有金條形態的金,因爲照我們的假定,凡不用作奢侈品之一切物品,都當存在於流通裏。金自身旣得變成鑄貨與金條, 卽大於或小於金條價值之價值標記,那麼那些流通的可兌換銀行券不得不分遭同一運命,這不是言自明的。銀行券雖有兌換性,卽牠們的現實價值與名目價值相合,但照上述的理由,"包括金屬及兌換券之總通貨得按照其價值漲過或低過依流通商品底交換價值及金底紙屬價值所決定的準則而增減,由此看來,不換紙幣比兌換紙幣僅有一個優點, 卽是不換紙幣得由兩重原因而低落。或則因爲牠發行得太多,可以跌落到比牠所代表的金屬底價值低, 或則因爲牠所代表的金屬自身巳經跌價, 所以牠也跌價。這個價值低落,不是與金對立的紙幣底價值低落,而是金與紙幣共有的價值低落, 卽一國底通貨總量底價值低落;是里嘉圖的主要的發見之一。奧味斯湯公司利用這些發見, 作成一八四四年及一八四五年皮耳銀行條例底基本原則。

里嘉圖巳證明的事, 乃是商品價格或金價值依流通的金底分量而定。這個證明包括尚待證明的前提，卽是作爲貨幣之貴金屬底分量必須變成流通媒介卽鑄貨，不管鑄貨自身的內在價值所含的比例怎樣，而且必須變成流通商品底價值標記，不管這些商品底總價值怎樣，換句話說，這個證明忽略了貨幣在牠的流通媒介底功用以外所完成之一切其他功用。里嘉圖完全爲價值標記底價值依牠的分量而低落之現象所支配，例如在對於博山克爭論底場合，當他受嚴重壓迫時，他便倚持武斷的杜說。(註十六)

　　註十六　里嘉圖著『對於博山克君的實際觀察底辯答』"Reply to mr. Bosanquets Practical Observation"四九頁。

　　『商品底價格必然依貨幣底增加比例而漲落這事實，我認定是一件毫無疑義的事實。』

　　假如里嘉圖是和我們一樣由抽象的理解來建立這個理論，不導入那些僅昏亂他對於本問題底注意之具體的事實與附隨的事件，這理論的缺限必然是顯明的。可是他是就國際的樣式來着手總的說明。然而這是容易證明的，規模底宏大不曾使他的觀念成爲不細小的。

他的第一個命題如下：當金屬通貨底分量是
依由貨幣底金屬價值來評價的流通商品底價值總
額而定時，金屬通貨底分量是正常的。茲以國際
的意味來解說這命題如次：在流通底正常狀況中，
各國都有"適應該國的商業和財富底狀況"之貨
幣量。貨幣在適應牠的現實價值或牠的生產費之
價值中流通，卽是貨幣在一切國家裏有同一價值
(註十七)。情形旣然如此，"一國與他國間便無法發
生貨幣底輸入或輸出"(註十八)。於是各國間必然
保持通貨底平衡。今則國內的通貨底正常準則是
用通貨底國際的平衡底意義來解說，這事實卽是
指國民性完全不能改變一般的經濟法則。於今我
們再達到了和從前一樣的致命的問題。正常準則
是怎樣攪亂的呢?或者以新的用語來說,通貨底國
際的平衡是怎樣攪亂的呢? 卽貨幣在各國裏怎樣
不保持同樣的價值呢?或者最後,貨幣怎樣不依牠
自身的價值通用於各國呢? 我們已知正常準則被
攪亂,是因爲流通貨幣底分量增減,而商品底總價

值不變，或因爲流通貨幣底分量不變，而商品底交換價值漲落。同樣，依金屬價值自身而定之國際的準則被攪亂，是由於一國新金鑛底發見所引起的金分量底增加(註十九)，或由於某一特殊國家裏流通商品底交換價值底總額底增減。正與在前一塲合，貴金屬底生產增加或低少，是依應縮小貨幣抑應開展通貨以及應增加價格　抑應減少價格而定，於今一國　對他國底　輸出及輸入也發生同樣的影響。在商品價格必然高漲底國家，或在因過多的通貨分量之故金底價值必然低至金條價值以下底國家，金底價值必然比他國低落，而商品底價格必然比他國高漲。所以金必須輸出，而商品必須輸入；在反對的場合，則發生反對的結果。正與從前的金底出產同，於今金底輸入或輸出以及與之相伴的商品價格底低落，必然一直繼續到已經回復從前所謂金屬與商品間之正的價值關係爲止，或現在所謂通貨底國際的平衡爲止。正與從前金底生產是因爲金高於或低於牠的價值而增減同樣，於今金底國際的移動也必然因此理由而存在。正與從前流通的金屬底生產底每一變動必然影響流通金屬底分量及價格同樣，於今國際的輸入或輸出也必然發生這些影響。金與商品底相對的價值，或通貨底正常的分量，一經囘復除去補償磨滅的鑄貨及供給奢侈品工業底消費以外，在前一場合中不會行更多的生產，在後一場合中不會行更多的輸出或輸入。所以"關於輸出貨幣以交換商品之企圖，或卽所謂貿易底逆平衡，除去因通貨過多以外，決不發生。"(前書一一至一二頁)"鑄貨底輸出由牠的低廉所致，但不是逆平衡底效果，而是逆平衡底原因。"(前書十四頁) 既然第一場合中金底生產底增減以及第二場合中金底輸出入，僅發生於金分量漲過或跌過金的正常準則時，卽金的價值比牠的金條價值高漲或低落時，或商品價格太高或太低時，則每一這樣的運動發生修正手段(Corrective) 底作用，因爲由於通貨底結局的伸縮，價格回復到牠們的眞正的準則：這個準則在第一場合代表金和商品底個別價值間底平衡，在第二場合代表通貨底國際的平衡。換句話說，貨幣通用於各國,僅以通用爲每一國之鑄貨爲限。貨幣僅是鑄貨,所以一國所有現存的金必須參入流通,換言之 金得漲過或跌過牠的作爲價值標記的價值。因此我們由這國際的錯誤底循環路徑, 幸而再又達到構成我們的出發點之單純的武斷。

　　註十六　里嘉圖著『金條底高價』("The htgh price of Bullion")『貨幣在各國應有同樣的價值』四頁。里嘉圖在他的『經濟學原理』上修正了這個命題,但沒有方法矯飾這裏所說的問題。

　　註十七　前書三至四頁。

　　里嘉圖不得不照他的抽象的理論底意味來說明現實的事實與現實的事實如何相違,有幾個例證值得指出。例如他說在一八〇〇至八二〇年,英國屢屢發生穀荒的年成間, 金輸出不是因爲缺乏穀物及作爲貨幣之金而常爲世界市場上有效的購買手段,而是因爲那時期金底價值比其他商品低落,故穀荒國家底通貨比其他國家底通貨低落。"因爲收獲不好底結果,流通商品底分量減少,於是從前恰在正常準則中之通貨今則過多,一切商品價格因之高漲（註十八）。與這似是而非的說明相反的事實已統計地證明如次：即是從一七九三年直到現在，每當英國歉收時，通貨底現在量不僅不會變得過剩，反而變得不够。因此有較多的貨幣流通，而且不得不在那些時期流通（註十九）。

　　註十八　里嘉圖前書七四至七五頁。『英國因爲歉收底結果，便處於失去其商品底一部份並需要流通媒介底減少的分量之國家地位。從前與本國支付相等的通貨現在必然過剩，而且按照減少的生產比例而變爲相對的低廉。所以這個總額底輸出必使本國通貨底價值回復到他國底通貨底價值。』他對於貨幣與商品底混同，貨幣與鑄貨底混同，與下節中的滑稽相近：『如果我們得假定凶年之後，英國需要穀底異常的輸入，而他國有穀物底剩餘，但不需要任何商品，結果毫無疑義地，這個國家必然輸出本國穀物來交換商品。但是該國輸出穀物不是交換貨幣，因爲貨幣從來不是該國絕對需要的商品，僅是相對需要的商品。』（前書七五頁）普希金認爲他的叙事詩中的主人公的父親不能理解商品是貨幣這回事。然而貨幣即是商品這回事，俄國人從古就已理解。這個不僅已由一八三八年至一八四二年中英國的穀輸入證明了，並且已由他們的全商業史證明了。

　　註十九、屠克著（Couf Thomas Tooke）著『價格史』（"History of Price"）及詹姆士威廉著『資本，通貨及銀行』（"Capital, Currency and Banking"）。（後一著作係一八四四年一八四五年及一八四七年載在倫敦經濟叢刊（London Economist）上之論文集裏。）

　　關於拿破崙的本陸制（Continental Systerm）與英國封鎖令（English Blockade Decree），里嘉圖同樣主張如次：因爲英國的貨幣比大陸的貨幣較爲低落，所以英國以金替待商品輸出於大陸，所以英國的商品價格較高，使着輸出金是比輸出商品更有利的一種商業投機。照他的意見，英國是一個商品貴而貨幣賤的市場，但在大陸上則是商品賤而貨幣貴。照某英國作家說，事實上，在戰爭底最後六年間，我國製造物及殖民地生產物，因受大陸封鎖底影響，價格逐破壞地低落。例如大陸上以金評價的糖及咖啡底價格，比英國以銀行劵評價的糖及咖啡底價格高出四倍或五倍。那時法國化學家正發見了甜菜糖及菊苣裏的咖啡等代用物，英國畜牧家以糖水及糖蜜正在肥胖的牡牛身上作實驗,即我們佔領喜里耳郭蘭(Heligoland)並在該處組織商品貯藏所以便利商品輸入北歐底時候,是英國輕工業生產物發現了經土耳其到德國底路徑底時候。……幾乎全世界所有的商品都蓄積在英國的堆棧裏，除去法國的特許證——漢堡和阿姆斯特丹底商人曾爲領取這種特許證送給拿破崙四五萬金磅——所蠲免的一小量以外，其餘都停滯在那裏。這些市場一定有些不可思議的商人,支付如許多的金額來取得運送貨船從貴價市場到賤價市場底自由。商人有甚麼明白的選擇權？……或則用銀行券購買每磅六辨士的咖啡，然後運入得直接照每磅金三先令或四先令出賣底場所，或則用銀行券購買每一盎斯值價五磅的金，然後運入每一盎斯可獲金三磅十七先令十又二分之一辨士底場所。…… 自然，要說匯付金是勝於匯付咖啡底商業行爲,這是過於不可思議的。……世界上沒有那一國像英國那樣，一盎斯金底交換能夠獲得如許多量合意的商品。……波那帕脫 (Bornaparte)

經常考察英國物價表，當他看出英國金價貴而咖啡價賤底時候，他就滿意他的"本陸制"施行得有效"(註二十)。

註二十、休謨著『關於穀物條例之信件』，(Letters on the Corn Laws)二九至三一頁倫敦，一八三四年。

正在里嘉圖首先創立他的貨幣論及金條委員會將牠體化在國會報告書上底時候，即一八一〇年，英國一切商品底價格發生比一八〇八及一八〇九年底商品價格更破滅的跌落，而金底價值却因之高漲。只有農產物是例外，因為外國農產物底輸入遇着許多障碍，本國農產物的供給又因收成不好底情形而減少(註二一)。因此里嘉圖完全不克瞭解貴金屬作為國際的支付手段之任務，所以他竟在一八一九年上院的證言上說："與現金支付回復同時，輸出底趨勢必然馬上一律停止。"正在證明他的預言是妄談 那一八二五年 危機勃發之際，他就於此時死了。

註二一　屠克著『價格史』一一〇頁，倫敦，一八四八年。

　　里嘉圖從事著述底時代，正是一般不宜以貴金屬底功能作爲世界貨幣來考察底時代。在本陸制底採用以前，貿易平衡幾乎常常利於英國，但在"本陸制"停頓以後，英國與歐洲大陸底商業交通過於微末，不足以影響英國底交換市場。貨幣運送極帶有政治的性質，而里嘉圖似乎全不明白當時補助貨幣在英國貨幣底輸出上所發生的作用。

　　在形成那採用里嘉圖的經濟學諸原理底學派之里嘉圖同時代人當中，彌爾是最主要的一人。他想根據簡單的金屬流通來說明里嘉圖的貨幣論，沒有里嘉圖用來掩飾他的理論底短處之不適當的國際的亂雜，也沒有關於英格蘭銀行底交易之論爭上的顧慮。他的主要的辯論如次：

　　"貨幣底價值，是指貨幣交換其他商品所按的比例，或交換其他貨物底一定分量之貨幣分量。……至於一國貨幣分量底若干部份得交換貨物或商品底若干部份，則依該國現存的貨幣總額而定。假定該國底一切商品是在一方面，一切貨幣是在他一方面，牠們立時彼此交換，這個道理與在現實的場合全然一樣。一國底商品總量不是立時與貨幣總額對立相交換，而是從年頭到年尾，一部份一部份相交換，常常以極小的部份且在種種期間相交換。同一貨幣片今天擔負這一交換，明天又可以擔負別一交換。有些貨幣片得使用於極多的交換，有些使用於極少的交換，而有些竟被儲藏了的則完全不能交換。在這一切差別中，可有交換底一定的平均數，假如一切貨幣片已完成了同等的交換行爲數，交換行爲，則各貨幣片所完成的交換行爲數也必然一樣。這個平均數我們可以隨意假定爲任何一個數目，例如說100。如果一國現存的貨幣片各完成十次購買，那麼這正與一切貨幣片是以十相乘而各貨幣片僅行一次購買同。在這裏，一切商品底價值等于一切貨幣底價值底十倍。……假如各貨幣片不是一年行十次交換，而是貨幣底總量十倍，每年僅行一次交換，那麼這個總分量新起的增加，必然使分別交換的各小分量底價值發生相應的減少，這是顯然的。假定貨幣立時交換的一切商品底分量不變，則在該分量增加以後，一切貨幣底價值不會比在該分量增加以前多。假定該分量增加十分之一,那麼各可除部份底價值,例如一盎斯底價值,必須減少十分之一。……所以其他事物既然不變,貨幣總量增加或減少若干,全部及各部份底價值就相反地減少或增加若干。這顯然是一個絕對正確的命題。凡在貨幣價值已經高漲或低落時(假定貨幣所交換的商品總量及流通底速度不變),這個變動必然起因於貨幣分量底相應的減少或增加, 不能起因於其他事情。如果商品底分量減少,而貨幣底分量依然不變,這便與貨幣底分量已經增加是一樣的事情。"在反對場合,則發生反對的結果。……"同樣的變動發生於流通速度底變動。……這些購買數底各個增加發生與貨幣總量底增加所發生的同一效果,購買數底減少,則發生反對的效果。……假如每年的生產物底一部份是供生產者自身消費,完全不交換,或不交換貨幣;這一部份便不能計算,因為不曾交換貨幣之生產物,對於貨幣底關係,猶如不曾存在。……凡在貨幣底鑄造自由增減底時候, 貨幣總量依貴金屬底價值而定。……實體上金銀都是商品……這些價值與其他一切商品底價值同，是依生產費而定。"（彌爾著"經濟學要義"（Elements of Political Economy 九五至一〇一頁。倫敦一八二一年)

彌爾的全智力融化爲一系列無理由的和不可思議的假定。他願意證明商品價格或貨幣價值是依"一國底貨幣總量"而定。假定流通商品底分量和交換價值不變，流通速度及依生產費而定之貴金屬價值也不變，同時又假定金屬貨幣底分量是按照一國現存的貨幣總量底比例而增減；則尚待證明的事項顯然就被假定了。而且彌爾因假定是使用價值流通，而不是有一定的交換價值底商品流通，所以他與休謨陷於同一錯誤，而且這事破毀了他的命題，就令我們同意他所有的"假定"。流通底速度可以不變，貴金屬底價值及流通商品底分量也可以同樣不變，然而商品底交換價值的變動却得需要或大或小的貨幣分量來供商品的流通。彌爾知道一國存在的貨幣底一部份在流通，而他一部份停滯底事實。他借助一個最不可思議的平

均計算，假定現實上雖然這平均計算表現爲不同
的，但一國內所有的一切貨幣都在流通。假定一
千萬 Thalers 一年間流通國內兩次，今若每一
Thalers 僅流通一次，則應有兩千萬這樣的鑄貨流
通。因此假如一國所有各種銀幣底總額計爲一萬
萬 Thalers，如果每一貨幣片僅在五年間流通一
次，則可說整個的一萬萬 Thalers 都應參入流通。
同樣我們得假定全世界的一切貨幣都在漢普斯台
(Hempstead) 流通，但每一貨幣非一年通用三次，
而是三百萬年通用一次。爲確定商品價格底總額
及流通手段底分量間之比例計，這一假定與其他
假定是同樣的重要。彌爾覺得使着商品不與現實
流通中之貨幣量直接調和，但與一國現存貨幣底
總供給直接調和，這是有決定的重要底事情。他
承認"不是一國底商品底總量立時交換貨幣底總
量"，而是商品底各部份在一年底各時期交換貨幣
底各部份。爲除去這種困難計，他假定貨幣不存
在。而且商品與貨幣底直接對立及直接交換這整
個的觀念，僅是從單純買賣運動或貨幣作爲購買

手段之功用所得來的一個抽象。已在作爲支付手段之貨幣底運動中，商品與貨幣同時消滅。

十九世紀底商業危機，卽一八二五年及一八三六年底大危機，未曾促成里嘉圖貨幣論底新發展，而但給予這理論以應用的新機會。這些危機再不是個別的經濟現象，如同休謨所感興味之十六世紀及十七世紀間貴金屬底價值跌落，或里嘉圖所遭逢之十八世紀及十九世紀初期的紙幣價值跌落。這些危機是世界市場底大風雨；在這大風雨中，爆發了資本主義生產過程底一切要素底矛盾，又在這過程底最表面的和抽象的範圍裏，卽貨幣流通底範圍裏，尋到了大風雨的起源和防禦。經濟的氣象學派所出發之理論的前提，結果釀成謂里嘉圖曾發見支配純金屬流通之法則這杜說。唯一爲他們所從事的事情，就是使信用流通或銀行券流通受制於同一法則。

商業危機中最普遍的和最明顯的現象，乃是商品價格底長久的一般的高貴以後之突然的一般的低落。商品價值底一般的低落可以解釋爲與一切商品對立之貨幣底相對價值底高漲，而商品價值底一般的高漲，又可解釋爲貨幣底相對價值底低落。在這兩個解釋裏面，僅僅描寫現象，而未說明現象。或者我們這樣地提出這個問題：卽說明隨一般的物價低落以後之週期的一般的物價高漲，或則這樣地形成同一問題：卽說明與商品對立之貨幣底相對價值底週期的漲落。不同的用語毫未使這問題變更，正如將這問題從德文譯成英文不能使牠變更一般。里嘉圖的貨幣論是極端投合人意的，因爲牠給予同義反覆語以因果關係底外觀。從何時候發生週期的一般的物價低落？發生於貨幣底相對的價值底週期的高漲。從何時候發生週期的一般的物價高漲？發生於貨幣底相對的價值底週期的低落。這就無異說，物價底週期的高漲和低落是發生於物價的週期的高漲和低落。這問題本身是在假定貨幣底內在價值卽依貴金屬底生產費而定之貨幣價值不變這個前題下提出的。如果這個同義反覆不只是一個同義反覆，那麼這是立基於最基本的原則底錯誤概念！。假如依 B 來測定之A底交換價值低落，我們知道這個低落得由A底價值底低落而發生，與由於B底價值底高漲而發生同。同樣，依B來測定之A底交換價值底高漲亦然。一經認定同義反覆是因果關係底轉化，其他事情便容易推出。商品價值底高漲是由貨幣價值底低落而發生，然而貨幣價值底低落，據里嘉圖所指示我們的，是依過剩的流通，即依超過貨幣的內在價值及商品的內在價值所規定的準則之貨幣分量底增加而發生。同樣，商品價格底一般的低落，是因過少的流通底結果，依貨幣價值超過其內在價值之高漲而發生。因此，價格是週期地漲落，因爲有週期地過多或過少的流通貨幣。然則可以證明物價底高漲必與減少的通貨相伴，價值底低落必與增加的貨幣相伴，不管因市場上不能用統計證明的商品分量底增減之結果，流通貨幣分量已經雖非絕對地而是相對地增減底事實怎樣。依里嘉圖的意見，已看出甚至純金屬流通也得發生這種一般的漲落，然而這些漲落依牠們的交替作用而彼此平均。例如不足的通貨引起物價底低落，物價底低落釀成商品底對外輸出，商品底輸出再又引起國外的金底輸入，金底輸入又發生物價底高漲。在商品輸入及貨幣輸出底時候，因過剩的流通而發生反對運動。但因不管這些完全符合里嘉圖的金屬流通論之一般的物價漲落怎樣，牠們的劇烈形態，卽牠們的危機形態，是屬於信用制度最發展的時代，所以銀行券底發行不是剛好受金屬流通底法則所支配，這是十分明白的。金屬流通以貴金屬底輸出入爲牠的救濟手段，貴金屬直接參入流通，並依牠們的流出或流入而促商品價格低落或高漲。在物價上面的同一影響，現在又必依銀行利用金屬流通底法則之人爲的模倣而發生。假如金正從國外輸入，這就證明本國通貨不足，貨幣價值太高，商品底價格太低。於是乎銀行券必須按照新輸入的金底比例而參入流通，否則銀行券必須按照從本國輸出之金底比例而退去流通。換句話說，銀行券底發行必須受貴金屬底輸入和輸出或交換率所調節。里嘉圖的錯誤的前題，卽金僅是鑄貨，所以一切輸入的金增多通貨，使着物價高漲,而一切輸出的金則減少通貨,使着物價低落。這個理論的前題成了隨時以等於現存金額之通貨總額投入流通之實際的實驗。英國名為"通貨主義"信徒之奧咮斯湯公爵(銀行家羅易德 Jones Loyd),道南斯大佐(Colonel torrens),諾曼(Norman),蔼來(Clay),阿巴司諾 (Arbuthnot)及其他多數作家,不僅宣揚這種主義,並以一八四四年及一八四五年底庇爾銀行(Sir Robert Peel)條例作為英格蘭及蘇格蘭底現行銀行立法底基礎。由於這次最大的國有規模底實驗所得到的理論上及實施上底不體面的失敗,且待我們提到信用制度論時再來論究。(註二二)然而我們深知把貨幣孤立於通貨底流動形態中之里嘉圖的理論,結果乃以資產階級經濟學上所發生的貨幣制度底迷信家所從未夢想到的影響歸因於貴金屬底增減。所以認紙幣為貨幣最完全的形態之里嘉圖,變成金條主義者底預言家,

　　註二二　在一八五七年底商業危機發生以前幾個月,下院委員會開會審查一八四四年及一八四五年銀行條例底

效果。該條例底理論開創人奧昧斯湯，在他的證言上向委員會誇談如次：『因爲嚴格地迅速地奉行一八四四年條例底諸原則，凡事都照常並容易地過去。金融制度安全確當，國家底興盛毫無疑問，人民信仰一八四四年條例底精確正逐日加強。本會若願意明瞭該條例所根據的原則底正確或該條例所保證的良好效果底更實際的例證，對於本會之確切的充實的答案就是：且看諸君週圍，且看本國現時的商業狀況，且看人民底滿足，且看普及於社會各階級底富足及興盛；這樣考察之後，然後本會得公平地議決，究竟我們可否阻礙已發展這些結果之法令底繼續』。奧昧斯湯竟在一八五七年七月十四日這樣大吹他的牛皮。在同年十一月十二日，內閣不得不辭去他們自己對於一八四四年這奇怪法律所負的責任。

自從 休謨的理論 或對於貨 幣制度之抽 象的反對，已發展到牠的最後結局之後，斯圖亞特的具體 的貨幣概念 遂依圖克而恢 復了原有的 地位（註二三）。圖克不是從任何理論成功他的原理，而是由自一七九七年至一八六五年之商品價格史底嚴密的分析成功他的原理。在他的一八二三年出版之價格史底第一版上，圖克仍然受着里嘉圖理論底完全影響，而且想以里嘉圖理論與現實的事實歸於一致，然而無效。一八二五年危機後所出版的小册子"關於通貨"(On the Currency)，甚至得目為後來由奧昧斯湯予以法則力之諸見解底最初的堅決的主張。然而關於價格史底繼續的研究，使他釀成如次的結論：物價和通貨分量間底直接關係，據這個理論所述，是一個十足的幻想；在貴金屬底價值不變時所發生之通貨底伸縮，往往是物價漲落底結果，決不是物價漲落底原因。在任何場合中，貨幣底流通僅是第二次運動；在現實的生產過程中，貨幣除具有流通媒介底形態外，更具有極不同的諸形態。他的詳細的研究，屬於單純的金屬流通範圍以外，所以與居同一地位的威爾遜（Wilson）和佛拉頓（Fullarton）底研究一樣不能在這裏討論出來(註二四)。這些作家沒有那一個持貨幣底偏面的見解，但就貨幣的種種形樣來研究貨幣。然而他們的研究是機械的，未曾想在這種種形樣相互間或這種種形樣與諸經濟的範疇底總體系之間，建立一個有機的連絡。所以他們陷於以非流通媒介之貨幣與資本混同，甚至或與商品混同底錯誤，雖然在他方面他們又不得不區別這兩者與貨幣(註二五)。例如金輸出外國時，在實際上是指資本送去外國；但在輸出鐵，棉花，穀或任何其他商品時，也發生同樣的事。兩者都是資本，但不區別爲資本，而區別爲貨幣及商品，所以金的國際的交換媒介底功能，不發生於牠的資本形態，但發生於牠的貨幣底特殊功能。同樣，金或代金之銀行券，在國內商業上通用爲支付手段，同時構成資本。然而牠們不能被商品形態中之資本，例如危機所極其明白地指示的，替代出來。這就是說，使金成爲支付手段的，乃是金與商品底差異在於牠的貨幣底功能，不在於牠的資本底功能這事實。就令資本直接作爲資本輸出時，例如爲達利貸一定價值額於外國底目的而輸出時，究竟資本是以商品形態輸出，抑是以金底形態輸出，這就要依市場情況而定。如果以後一形態輸出，這就由於與商品對立之貴金屬作爲貨幣之特殊規定性。總之，這些作家

不是從貨幣的抽象形態來考察貨幣，不認牠是發
展於單純的商品流通範圍內部，並自然地發生於
流通商品底關係中。結果，在區別商品與貨幣之
抽象的 貨幣形態 及潛伏着 資本，收入等 這類具
體的關係之其他貨幣形態間，他們一向游移不定
（註二五）。

　　註二三　圖克完全不懂得斯圖亞特的著作；這個可以
在他的『關於一八三九年至一八四七年之物價史』(History
of price for 1839-1847)上看得出，倫敦，一八四八年。他在
該書上評論諸貨幣學說史。

　　註二四　圖克的最重要的著作，除去與他的合著者紐
馬克 (Neumarch) 分六卷出版的價格史以外，是『關於通
貨原理，通貨與物價底關係之研究』("An Anquiry into
the currency Principle, the connection of the Curreney
with Price") 第二版，倫敦，一八四四年。威爾遜的書我們
已經引用過。最後值得舉出的僅有佛拉頓的『關於通貨底調
節』("On the Regulation of Currencies") 第二版，倫敦，
一八四五年。

　　註二五　『我們應區分作為商品或資本之金與作為流

通手段之金』(圖克著『關於通貨原理底研究⋯⋯』十頁)『金和銀得期待來實現所必要供給底將近正確的總額底目的。⋯⋯從普遍通用爲貨幣底情形看來，金和銀有勝過一切別類商品之無限的利益。無論國內國外，平常訂立契約之債務，都不是以茶，咖啡，糖或鹽來支付，而是以鑄貨支付。所以滙兌無論是用指定的同樣鑄貨，抑是用得由滙到國底造幣局或市場直接變爲鑄貨之金條，須常給予滙兌人以達到此目的之最確實的直接的並正確的手段，以免因需要底減少或價格底變動而發生之失望底危險』。(佛拉頓前書一三二至一三三頁)。『任何商品(金銀除外)在分量或種類上都得超過滙到國底普通的需要』。(圖克著『關於通貨原理底研究)。

註二六　由貨幣到資本之轉化，將在論究資本並形成第一篇底終結之第三章裏研究。

經濟學批判緒言

一．生產一般 註一

　　我們的討論底主題首先是依社會決定的各個人底物質的生產,自然地構成本文底起點。形成斯密司和里嘉圖的論題底起點之個別的孤立的獵人或漁夫,是屬於十八世紀底無味的幻想。牠們都是魯濱孫用語。決不如文化史學家所想,是表現反對過度文明之--種反動,及求達誤解的自然生活之--種復歸。這些幻想與盧騷的"民約"--使自然

獨立的各個人發生關係並有依據契約之相互交接
——同樣立基於自然主義。牠們都是虛構，而且僅
是大小魯濱孫用語底美觀的虛構。總之，這些幻想
是自從十六世紀以來就在發展途中，至十八世紀，
已成功朝向成熟之強盛趨勢之"資產階級社會"底
豫想。在行自由競爭底這種社會裏，個人現得脫離
了以前的歷史時代中使他成爲一定的有限的人羣
底一份子之自然的紐帶等，就斯密司和里嘉圖仍
然皈依着的十八世紀預言家看來，這個十八世紀
的個人，即封建的社會形態底崩壞及十六世紀以
來發展了的新生產力之共同產物，表現爲屬於過
去之一理想物；不表現爲歷史的結果，但表現爲歷
史的起點。

　　註一　這篇緒言最初由考茨基發表在一九〇三年三月
七日十四日及二十一日底 Neue Zelt 上（參看譯者序言第
五頁），附有以下的說明：

　　　　『這篇論文發現在馬克斯底遺著中。這是馬克思斯寫來
　　作他的大著——這個大著他已繼續寫了多年，並且牠的提
　　綱已形成在他的腦中 —— 底緒言之一篇未完成的文稿。原

稿載明一八五七年八月二十三日。因為本文的觀念常常僅表現在一些零斷的文句裏，我便隨自己的意思在體裁及用字等方面到處引進了些改變。……僅照原稿底翻印必然使牠成為不可索解的。……原稿上的每一個字不是都靠得住的。……

『凡是毫無疑義有改正底必要底地方，我便沒有在書上附帶聲明就改正了，其他各處我都將補充的字寫在括弧裏。凡是我不能確信我所解釋的字是否正確底地方，我在那字後面記上了一個疑問符問，其他變更都特別地註明了。至於所有其他各處，是原稿底正確的翻印。原稿底未完成的和不完全的段節，使我們對於隨着馬克斯淹沒在坟墓裏的思想底許多寶物，卽是假如馬克斯不曾熱切地以他的一切理想公之於世，以至從絕對可信的觀點來反覆試驗牠們，並以無可與對的用語給予後代，便永久懂不得的寶物，徒惑無窮苦痛。不管牠的零斷的體格怎樣，牠是我們面前一件新觀點底財產。

既然個人現得與自然相合，又與他們人的性底概念〔適應〕，〔他便視為〕不是歷史底產物，而是自然底產物。這個幻想是過去的每一新時代底特

徵。如貴族般堅持歷史的立場而反對十八世紀底
精神之斯圖亞特，逃免了這種苟且的幻想。我們越
追溯歷史，個人以及生產的個人便越像是依靠大
的全體，並成為大的全體底一份子。首先很自然
地，這是家族及不過是擴大的家族之氏族，以後是
由氏族底崩壞與合併而發生有種種形態之共產團
體。僅在十八世紀底'資產階級社會'裏，社會結合
底種種形態，與作為達他的私人目的之唯一手段
之個人對立，成為一個外的要素。但是孤立的個人
底這種見解盛行底時代，也就是社會（從這個立場
說，是一般的）底相互關係達到發展底最高階段底
時代。人類在政治的動物(Zoon Politikon)這一
個名詞底最正確的意義上，不僅是社會的動物，而
且是僅在社會中能發展為個人之動物。依社會以
外底孤立的個人——即對於偶然陷於野蠻境地並
且自動地處於種種社會力中之文明人，可以算是
例外——而行的生產，是與不曾共同生活並互相
通話的個人之語言底發展底見解一樣極不可思
議。我們不必再討論這一點。若不是含有十八世紀

底人們的解釋及意味之幻想,巳被巴替亞特(Baa-tiat),揆立(Carey),蒲魯東諸人用全副熱忱移植在國民經濟學領域裏,我們便完全不必涉論這一點。蒲魯東諸人,因為不懂得一定的經濟現象底歷史的起源,便自然覺得給予這種現象以近於神話的準歷史哲學的說明,是非常高興的事。亞丹斯密司或普洛米塞斯(Prometheus)投合這個立即可用的計劃,因此這計劃遂採用了云云。什麼也不會比這個夢想的隨處通用的論證(Locus Communis)是更乾燥無味的。

　　所以凡在我們說到生產時,我們的腦子裏常常有在社會發展底一定階段中的生產,或由社會的個人而行的生產。因此要說及一切生產,似乎我們必須從發展的階段追溯發展底歷史過程,或是首先聲明我們是論究一定的歷史時代,例如資本主義的生產,事實上資本主義的生產構成本文底正題。然而一切生產階段通共有一定的特徵,即有共通的目的。生產一般是一個抽象,然而這種生產是一個合理的抽象,以牠脫出並固定共同的特質得免我們反覆爲限。然而由比較而發見的這些一般的或共同的特質，構成有種種形式規定底份子之極複雜的束西。有些份子屬於一切時代,其他份子則是少數時代共通的。有些份子對最近的時代與對最古的時代是一樣共通的。沒有這些份子沒有生產可言。然而因爲甚至最發展的語言與最不發展的語言都有共通的法則及條件,那麽牠們的發展底特徵,便是起於一般及共通之出發點。必須區別一般支配生產之諸條件,方不致迷心由主體卽人和客體卽自然常是同一的這事實而發生之一般的統一而忘却本質的差異點。不克記住這一事實,這是想去證實現存的社會關係底永遠性和調和之近代經濟學者底一切智慧底本源。例如他們說,沒有某項生產工具,卽令這個工具僅是手,什麼生產都不可能;沒有過去蓄積的勞動,卽令這種勞動是由反覆作用而積聚並集中在野蠻人手裏的單純熟練,什麼生產也都不可能。就中資本也是一種生產工具,也是過去人格化的勞動。所以資本是一般的永久的自產現象,假如我們忽視那變"生產工具"及"儲藏勞動"爲"資本"之特殊性，這是眞的。生產底全部歷史，例如像撲立一樣的人看來，認爲是政府方面之惡意的曲解。

假如沒有生產一般，也就沒有一般的生產。生產常常是特殊的生產部門或一總體，例如農業，畜牧，工業等。然而經濟學不是工藝學。在社會發展底--定階段中之生產底一般的規定與特殊的生產形態間底關係，將在他處（以後）說明。

最後，生產不但是特殊的。牠常常是一特定的社會體，卽參與諸生產部門底或大或小的總體之一社會的主體。現實的過程與其科學的敍述間底關係，也落於這個論題底範圍以外。〔因此我們必須區別〕生產一般，社會的生產部門及生產底總體。

從名爲"生產論"（例如彌爾）並論究一般的"生產條件"之總論來開始經濟學的著作，這是經濟學者的習尙。

這個總論的部份是論究或假定去論究：

一．非有牠生產便不可能之諸條件，卽最主要的生產條件。然而事實上如我們以後所述，這個還元爲流於淺薄的同義反覆之少數極簡單的定義。

二. 促進多少生產之諸條件, 例如亞丹斯密司的關於進步的及靜止的社會狀況〔之討論〕。

爲欲給予斯密司所視爲惟一總結以科學的價值, 必須研究各國民底發展中之各時代的生產力底程度。這樣一種研究, 落於本題的範圍以外, 因爲在這裏所要提及的研究是以與競爭, 蓄積等等相關連的爲限。對於這個問題底公認的見解畢竟給予一個一般的解答　即是當產業國家面面達到牠的歷史的頂點時, 牠遂達到牠的生產底頂點。或者某些民族, 氣候, 以及近海洋底地位, 土地底肥沃等自然的現象比較其他現象更對於生產有利。這個再又釀成這種同義反覆, 即是創造財富底難易依牠的要素主觀地和客觀地表現所達的程度而定。事實上在國民的主要目的尚未獲得而但在獲得底行程中, 國家已居於產業的頂點。關於這點, 楊杞斯(Yankees)勝過英國人。

然而所有這一切不是經濟學者在總論後面所現實地研求的。他們的目的寧指述生產與分配相對(參看彌爾)，這個受制於與歷史獨立之永久的自然法則，然後又以卑劣的方法妄指資產階級的關係為抽象的社會底不滅的自然法則。此即全過程底多少有意識的目的。反之當論分配時，又認定人類已耽溺於各種任意的行動。與他們極力打破那結合生產和分配之紐帶底事實完全無關，一開始就必明白如次的事實：即是，不管社會各階段中底分配制度差異得怎樣大，於今在生產場合中，必能發見共通的形態並混和融會一切歷史的差異以形成一般的人類法則。例如奴隸，農奴，工資勞動者，都取得能夠維持奴隸，農奴，工資勞動者的生存之某量食物。而靠貢物生活的征服者，靠租稅生活的官吏，靠地租生活的地主，靠施物生活的修道僧，以及靠什一稅生活的僧侶，都領受社會的生產物底〔一部份〕，這一部份是依與決定奴隸等所領受的那一部份之法則不同的法則而定。所有經濟學者安放在這個題目下面的兩主要點是：一，財產，二，司法警察等對於財產底保護。對於這兩點底異議得很簡單地敘述出來。

一．一切生產是依在一定的社會形態內部並依持這社會形態之個人而行的自然底佔有。照這個意思，不啻說財產(佔有)是生產條件之一同義反覆。但是一到從這一形態忽然躍入一特定的財產形態即私有財產(此外，私有財產包有一反對形態底存在，即無財產之先決條件)，這便成了可笑的事。歷史寧指共有財產(例如在印度人，斯拉夫人及古代的Celts人當中)是原始的形態，這種形態在很晚的時代尚担負重要的作用，成為共產團體底財產。關於在那一財產形態底下何種財富發生較快底問題，這裏也全沒有提到。然說任何形態的財產都不存在的地方，便不能有生產這樣一種東西，並且也不能有社會，這是一個同義反覆。不曾佔有之佔有是一個自相抵觸的矛盾(Contradictio in Subjects)。

二．財產底保護等。歸到牠們的實在的意義，這些陳腐的說話不只解釋牠們的說教師所知道的事。即是，生產底各形態創造牠自身的合法關係，政府形態等等。這個概念底淺薄和缺限，在於僅注意構成有機的連絡之偶然的相互關係底這種傾向。資產階級經濟學者都有一個含糊的觀念，即謂在近代警察底下從事生產事業比在棍棒政治(Club law)底下從事生產事業好些。他們忘記了棍棒政治也是政治，忘記了強者底權利甚至在"法治國"之下，繼續存在於其他形態中。

當適應一定的生產階段之社會狀態，是在成立或絕滅底情形時，生產底攪擾自然地發生，雖然有程度與效果底不同。

總之，一切生產階段都有一定的共通規定，這些規定我們都括概在思考裏。但是所謂一切生產底一般的條件無非是些抽象的概念，這些概念不能理解生產歷史底現實的階段。

二. 生產對於分配交換

消費之一般的關係

在進行生產底詳細分析以前，必須考察一般經濟學者所與生產相提併論之種種節目一下。最淺薄的概念如次：有了生產，社會各成員便利用（生產並形成）自然底生產物以滿足人類的需要。分配是決定該生產中個人的享有底比例。交換給予個人以他欲將從分配所得到的分量來轉換之特殊生產物。最後經過消費，生產物都變成使用和享樂底對象物，即供個人享用底對象物。生產產出適合吾人需要之貨物，分配是按照社會的法則分配貨物，交換是換照個人的需要而再分配已經分配了的貨物，最後在消費中.生產物脫離社會的運動而變成個人的需要底直接對象物。生產物的使用滿足個人的需要。由此，生產是起點，消費是終點，分配和交換是中點，中點有兩重：分配是指依社會而行的過程，而交換則是從個人出發的過程。在生產中，人體化於物，在〔消費〕(註二)中，物體化於人，在分配中，社會在一般的佔勢的規定底形態中担當生產和消費間底媒介，在交換中，這個媒介是依個人底偶然的規定而完成。

　　註二　原文為『人』("Person")

　　分配是決定個人所要獲得的生產物底比例

（分量），交換是決定個人所欲由而分配分與他的部份之生產物。

生產,分配,交換和消費因此形成一個完全的連系:生產指一般, 分配和交換指特殊,消費指聯絡全體之個體。的確這是一個連系，然而不很深刻。〔照一般經濟學者的意見〕,生產是依一般的自然法則而定,而分配是依社會的偶然而定。所以分配對於生產能够有多少刺激的影響，交換橫在這兩者間成爲一形式的(?)社會的運動.而終局行爲的消費——不僅被視爲最終目標且被視爲終局目的——，除去在對於出發點有反作用並促進全過程從開新始底場合,原本落於經濟學底模範以外。

由野蠻地分離有機的總體 (Whole) 來非難經濟學者之反對派 —— 不問他們自己是不是經濟學者，或則與他們立在同一基礎上，或則在他們下面。再沒有比經濟學者認定生產爲--自身目的而過於除棄其他一切這種罪狀更常有的罪狀。這罪狀本身是根據這個經濟的概念: 即分配與生產同時存在而成爲--自足的獨立的領域。或則〔非難經濟學者〕不曾把各因素連結成一整體來研究各因素。猶如是教科書以這個有機的連絡的分隔侵入現實生活，而不是現實生活侵入教科書；然而這裏的問題是諸概念底辨證法的平衡，不是現實的條件底分析。

A. 生產同時也是消費

兩重消費：主觀的及客觀的。在生產行爲中發展他的能力底個人，同時也在生產行爲中用去他的能力消耗他的能力，正與生殖在生殖行爲中是生命力底一種消費同。其次，生產是生產工具底消費，生產工具被使用消耗，並一部份(例如在燃料場合)代爲牠們的自然的原素。原料底消費亦然，原料大部份在生產行程中被吞滅之後，不能保持牠們的自然的形態及性質。所以生產行爲在牠的一切形態中也就是消費行爲。然而這是一般經濟學者所公認的。直接與消費同一之生產或直接與生產同一之消費，他們名爲生產的消費。生產與消費底這種同一，在斯賓挪莎的 "肯定即否定" D termination est negatio) 底命題裏可以找出牠的說明。但是生產的消費底這個定義是專依區分與生產同一之消費及本來的消費——這個秘確定爲生產的破壞的對立物——而定立的。現在我們且考察本來的消費。

消費也直接是生產，正與在自然中之原素及化學的物質底消費構成植物底生產同。例如在生育——這僅是消費底一形態——中，人類生產他自己的身體，這是明白的，然而以各項方法生產人類之其他種種消費都同樣爲然。〔這是〕消費的生產。但是經濟學者說，與消費同一之這種生產，是從第一次的生產物底破壞而發生的第二次生產。在第一次生產中，生產者轉化爲物，在第二次生產中，物轉化爲人。因此，這種消費的生產——雖然構成生產和消費底直接的統一——在本質上與本生產不同。生產符合消費以及消費符合生產之直來的接的統一，不曾干涉牠們的直接的二元性。

由此，生產同時是消費，消費也同時是生產。各是牠自身的反對物。但是同時有一媒介運動發生於這兩者之間。生產由替消費創造材料而促進消費，否則消費便缺乏牠的對象物。但是消費又由供給生產物底主體以生產物而促進生產。生產物在消費中達到牠的最後的完成。無車行駛底鐵路，結果不會消耗，不會消費，僅是一條有可能性的鐵路，而不是一條現實的鐵路。沒有生產便沒有消費，但在他一方面，沒有消費也沒有生產，因爲生產可以是無目的的。消費是依兩種方法而產生生產。

第一，生產物最先變成消費中之現實的生產物，例如衣服成爲現實的衣服，只是因爲被人裝着底行爲；住宅無人寄寓，便不是現實的住宅。因此，與純自然物差異之生產物證明牠是首先變成消費中的生產物。消費由消滅生產物而給予生產物以終局的完成，因爲生產物是生產底〔結果〕，不但成爲活動底物化，而且成爲活動主體的唯一對象物。

第二，消費由創造新生產所需的要素，卽供給構成生產底先決條件之想像的內部的推進的動因而產生生產。消費創造生產底動機，並創造生產

中起决定目的底作用之對象。這是明白的：生產供
給消費底物質的對象，消費則供給生產底想像的
對象，而成為生產的意想，生產的慾望，生產的衝
動及生產的目的。消費本牠的主觀的形態來供給
生產底對象物。沒有需要便沒有生產。但是消費再
生產需要。

生產再又

一，以牠的材料，卽牠的對象物來供給消費。
對無象的消費不是消費，因之生產活動由生產消
費而朝着這方向進行。

二，然而生產所供給消費的不僅是對象物，更
以牠的定形，牠的特質，牠的完成給予消費。正與
消費以作為生產物之終局的完成給予生產物同，
生產也予消費以終局的完成。因為對象物不但是
一般的對象物，而且是照生產自身所規定的某一
定方法來消費之特殊的對象物。餓漢都是餓漢：可
是用刀釵食着熟肉來滿足的餓漢，與以手，爪，齒
來吞食生肉的餓漢不同。不僅消費底對象是生產
所生產的，而且消費底方法也是生產所生產的；這

就是說，消費不但在客觀上並且在主觀上是依生
產而創造的。因此，生產創造消費者。

三，生產非但以材料供給需要，且又以需要供
給材料。當消費脫去牠的自然的粗率和簡陋底最
初狀態時——停帶在這種狀態中的消費必定是依
然留存在自然的粗率狀態中之生產底結果。——
牠自身便由牠的作爲原動力之對象促進了。由消
費所體驗的對於生產物底欲望依生產物底享用而
創造了。藝術對象與任何其他生產物同，創造出審
美的愛美的大衆。所以生產不祇替主體生產對象
物，更替對象物創造主體。

生產於是(一)由創造消費材料，(二) 由決定
消費方法，(三) 由創造消費者對於作爲消費對象
之生產物底慾望，而生產消費。生產因之生產消
費底對象、消費底方法及消費底衝動。同樣，消費
也由給予(?) 生產者以目的並刺激欲望而〔創造〕
生產者底嗜好(Disposition)。消費與生產底同一
性，因此表現爲三重的。

第一，直接的同一：生產是消費，消費是生產。

即消費的生產。生產的消費。經濟學者稱這兩者都是生產的消費，但有一個區別，即稱前者爲再生產，後者爲生產的消費。關於前者之一切問題是論究生產的及不生產的勞動，關於後者之一切問題是論究生產的及不生產的消費。

第二，兩者各表現爲對方底手段，並依對方而發生；這個是表現爲兩者的相互的依存關係，即表現牠們爲互相關連的及不可缺的一種關係，然而彼此分離。

生產創造作爲消費底外部對象之材料，消費創造作爲內部對象之欲望，即生產目的。沒有生產便沒有消費，沒有消費便沒有生產，這個命題從許多形態表現（？）於經濟學中。

第三，生產不但是直接的消費，消費也不但是直接的生產；而且生產不僅是消費底手段，消費也不僅是生產底目的。換句話說，不僅兩者各以對方的對象來供給對方，即生產供給消費底物質的對象，消費供給生產底想像的對象。反之，兩者底各個不僅直接是對方，不（？）僅是供給對方底手段，而且爲着完全牠自身，所以也把對方當作牠自身來創造(?)。消費完成生產行爲，是由給予那種生產物以最後的成途，由分解生產物並消耗其獨立的物質形態。生產欲望發展於最初的生產行爲中，是依反復底必要，依熟練底程度。換句話說，這不僅是生產物變成生產物所經過的終局行爲，而且是生產者變成生產者所經過的〔終局行爲〕。在他一方面，生產由決定消費方法並創造消費動機卽具有欲望形態之消費能力，而生產消費。第三項下所述的這個最後的同一性，已在經濟學中連同需要供給關係，對象欲望關係及自然的欲望與依社會創造的欲望底關係大加說明了。

所以對於一個黑格耳信徒，認定生產和消費同一，這是極簡單的事情。而且不僅是空想的社會主義作家曾如此認定，甚至經濟學者例如舍易也是如此認定。舍易說，如果我們認定一個國家是一個定體或抽象的人類，這一國的生產同時就是這一國的消費。斯托茲(Storch)指出舍易的錯誤，承認國家不完全消費該國的生產物，並且創造生產工具，固定資本等等這事實。至於把社會看做唯一的主體，更是思辯底錯誤的樣式。對於一個主體，生產和消費表現爲一個行爲底相異的兩方面。這裏所要重視的要點乃是這個：如果認定生產和消費是一個主體或各個個人底活動，無論如何，生產和消費是表現爲一過程——在這過程中生產形成實在的起點，因此是佔勢的要素——底兩方面。作爲自然的必要即作爲欲望之消費，構成生產活動底內在的要素，但後者是實現化底起點，因此是牠的佔勢的要素，即全過程最後再開始底行爲。個人生產一定的貨物，並由消費這貨物再復歸於自身；然而他復歸爲生產的及自我再生產的個人。消費因此表現爲生產底要素。

　　然而在社會上，生產者對於他的生產物底關係，剛在生產物完成時，是一個外部的關係，而且生產物復歸於主體是依存該主體對於其他個人底關係。他不行生產物底直接的佔有。當他在社會中生產時，也非生產物底直接的享用構成他的目的。分配參入生產者和生產物之間，這個分配依社

會的法則決定他在生產物界中所佔的部份，這就
是說，分配參入生產和消費之間。

分配是與生產並立且在生產之外而構成一獨
立的領域麼？

B. 生產及分配

在考察普通的經濟學時，我們不得不注意普
通的經濟學中一切都論究兩次這事實。例如在分
配論中表現出地租，工資，利息及利潤，而在生產
論中表現出作爲生產要素之土地，勞動，及資本、
關於資本，立卽明白是論究了兩次：卽第一作爲生
產要素，第二作爲收入底來源，作爲分配底決定的
要素及一定的形態之利息及利潤，也在生產中表
現爲決定的要素及一定的形態，因爲利息及利潤
是資本底增加與增殖的形態，所以也是資本自身
的生產底要素。作爲分配形態之利息及利潤包含
作爲生產要素之資本底存在。利息及利潤是分配
底形態，有作爲生產要素之資本爲牠們的前提。同
樣也是資本底再生產形態。

同樣，工資在另一題目之下考察時，是工資勞

動；勞動所有的規定性，此處表現爲生產要素，他處表現爲分配形態。例如在奴隸制度之下，勞動若不固定爲工資勞動，則勞動參與分配之方法必然不表現爲工資。最後地租，卽同樣最發展的分配形態——土地所有權利用地租獲得牠的生產物底分配部份——包括作爲生產要素之大土地所有權底存在（恰切地說，卽大規模的農業），而不與工資僅表現勞動同，僅包括土地底存在。所以分配關係及分配方法僅表現爲生產要素底反面。參入生產爲工資勞動者之個人，在工資形態中取得他的生產物底分派部份，卽生產底結果底分派部份。分配自身是生產底生產物，不但因爲僅有生產底結果能够分配；所以僅包括物質的貨物，而且因爲參入生產之一定的方法決定分配底特殊的形態，也包括牠的形態，以土地歸於生產論，以地租歸於分配論等等，這是一個十足的幻想。

　　最被人斥爲專注意於生產之里嘉圖等經濟學家，確定分配爲經濟學底唯一題材，因爲他們本能地認定分配形態是一已知社會中表現諸生產要素之最明顯的形態。

對於單獨的個人，分配自然表現爲決定他正在生產的生產範圍裏底地位並促進生產之一社會的法則。最先，個人沒有資本，沒有土地所有權。他從出世就被社會的分配過程作爲工資勞動者。然被作爲工資勞動者底這種情形，是作爲獨立的生產要素之資本和土地所有權底存在底結果。

從整個的社會底觀點看來，分配似乎是依所謂前經濟的事實（Pre-economic fact）那樣的別一方法來促進生產並決定生產，征服民族就征服者分配土地，因此成立土地所有權底一定的分配和形態，並決定生產底性質。或則征服民族變被征服民族爲奴隸，並以奴隸勞動作生產基礎。或則由於革命，某一民族分裂大土地所有權爲許多小土地所有權，並由於這種新的分配給予生產以新的特質。或則法律縣延大家族中的土地所有權，或分配作爲世襲的特權之勞動，並由此固定勞動在各階級（Castls）中。

在這些歷史的事例中，似乎不是生產來組織

並決定**分配**，毋寧反之，是**分配來組織**並決定生產。

在最淺薄的**分配概念**中，**分配**表現爲生產物底**分配**，而且到達表現爲與生產遙離並與生產近於對立之程度。但在**分配**是指生產物底分配以前，第一牠是生產工具底分配，第二牠在實際上是同一事實底別一用語，即是各種生產中之社會成員底分配（個人服從一定的生產條件）。生產物底分配顯然是結合生產過程並決定生產組織之這種**分配**底結果。將生產與生產裏包有的分配分開來考察，顯然是一個無益的抽象。反之，我們知道生產物底**分配**底特質這時候，我們就已知本來形成生產底一要素之其他**分配**底性質。里嘉圖認定生產是近代社會的組織，是最優生產經濟學者，正爲這個原故，他聲明近代經濟學底正題不是生產而是**分配**。這裏我們還有把生產看做永久的眞理，且把歷史驅逐到分配底領域之經濟學者底笨拙底另一例證。

對於生產自身有決定的影響之這種**分配**與生

產有甚麼關係，顯然是屬於生產範圍底問題，假如
認爲生產至少是依持生產工具底一定的分配，而
含有這種意味的分配，是先行生產並構成牠的先
決條件，則事實上生產有牠的形成生產要素之先
決條件這事情可以解答出來。這些要素最先得表
現有自然的起源。利用生產過程自身，牠們由自然
的變爲歷史的，所以假如牠們在某一時期表現爲
生產底自然的前提，在其他時代便表現爲生產底
歷史的結果。在生產本身範圍裏，牠們正發生不斷
的變更。例如機器底使用不獨變更生產物底分配，
且又變更生產工具底分配。近代大規模的土地所
有權是近代商業及近代工業底結果，與近代工業
應用於農業之結果同。

　　一切這些問題一言以蔽之如次：卽一般的歷
史條件如何影響生產並在全歷史行程中起甚麼作
用？這個問題顯然只能與生產底討論和分析合倂。

　　然而在上述的這些問題底淺薄形態中，牠們
得同樣簡約地答覆出來。在一切征服底事例中橫
着三條路徑。征服民族得將他們自己的生產方法

加諸被征服者（例如十九世紀中在愛爾蘭的英國人及在印度一部份的英國人）；或則征服民族因有貢稅來滿足他們，得容許一切舊生產方法繼續存在（例如土耳其人和羅馬人）；或則這兩種制度因相互影響得發生新的生產方法，卽一種合成（這種合成部份地發生於日耳曼民族底征服）。在這一切征服的事例中，生產方法——不管是征服民族底生產方法，或被征服者底生產方法，抑是兩者底混合所發生的生產方法——決定開始發生作用之新分配底性質。雖然新分配現在表現爲新生產時代底先決條件，然而牠自身僅是生產底生產物，不是屬於一般的歷史之生產底生產物，而是屬於一定的歷史之生產底生產物。例如被蹂躪在俄國之蒙古人，是照他們的生產制度而生產。對於這種生產制度，廣漠無人居住的地帶裏之充足牧場是主要的先決條件。自從馬羅諸省已發展的土地所有權底集中完全廢除了舊的農業制度以來，日耳曼野蠻人——利用農奴來生產底農業是他們的傳統的生產制度，而且他們習於鄉付的孤立生活——得比從前容易在羅馬諸省採用同樣的條件。在某些時代中，搶刼搆成生存底唯一源泉，這是一種盛行的傳說。但要有搶刼底可能，必須有些東西好搶刼，例如必須有生產(註三)。而且就是搶刼底方法也依生產方法而定。例如搶刼一個有股份買賣的民族（Stockjobbing notion,）不能用搶刼一個畜牧的民族之同樣方法。

　　註三　以此與紐約 Humboldt 版資本論三四頁註一比較。

　　『實在滑稽的是巴思特（M. Bastiat），他想像古代的希臘人和羅馬人單靠搶刼生活。但是旣然幾世紀來人類都是搶刼，那麼一定當時有些東西供他們掠奪，搶刼底東西必然不斷地再生產』。（考芡基）。

　　就奴隸說，生產工具直接被搶刼了。然而當時以刼掠奴隸爲務之國家底生產必須組織得容許奴隸勞動，或則（如在南美洲等處），採用的生產制度必須適合奴隸制度。

　　法律可以縣延生產工具，假如大土地所有權與社會上盛行的生產制度相調和，例如在英國底場合,這些法律確有經濟的意義。在法國,不管大土地所有權怎樣,已實行小規模的農業,大土地所有權已爲革命所破壞。然而法律如何可以縣延土地底細分(minute subdivision)呢?不管這些法律怎樣,土地所有權正再在集中。法律在分配制度底維持上的影響和其在生產上的終面的影響,待在他處另爲論定。

C.交換及流通

流通僅是交換底一定形態,或者得確定爲視作一總體之交換。因爲交換一方面是生產和其附屬物卽分配間底媒介的要素,他方面是生產和消費間底媒介的要素,又因爲消費僅表現爲生產底要素,所以交換也顯然是生產底---要素。

第一,這是明白的:在生產範圍裏所行之活動底及能力底交換,直接落入生產內部,並構成生產的本質的成分。第二,生產物底交換亦然,假爲這交換是完成供直接消費之一定生產物之手段。因此交換構成包含於生產中之一種行爲。第三,所謂生產者(dealers)相互間的交換(註四),因爲牠的組織之故，是依生產而定，並且交換自身是一種生產的活動。僅當生產物是直接為消費而交換之最後階段，交換方落於生產之外，並與生產無關、然而第一，沒有分工——不管是自然的或歷史的發展底結果——，便沒有交換；第二，私有交換包括私有生產底存在；第三，交換底強度以及交換的範圍和方法均依生產底發展及組織底程度而定，例如城市與鄉村間的交換，城市的交換，鄉村中的交換等等，因此，交換在牠的一切樣式中，現得是直接包含在生產裏，並依生產而定。

我們達到的結果，不是說生產，分配，交換及消費都是同一的，而是說牠們是一個總體底一切成員，即一單元底各方面。生產不獨在這名詞底相反的意義上支配生產自身，並且一樣支配其他要素。有了生產，這一過程遂不斷地重新開始。所云交換和消費不能成為佔勢的要素，這是不言自明的。狹義的生產物底分配亦然。但在生產要素底分配底意義上，分配本身僅是生產底一要素。由此，生產底一定的〔形態〕決定消費，分配，交換〔底諸形態），及各成員間的相互關係。自然，生產在牠的一方面的形態中再又受其他要素所影響。例如因市場擴底張，卽交換範圍底擴張，生產範圍擴大，並進一層地區分。

生產隨着分配底變化而發生變化，例如在資本集中底場合，城市和鄉村中人口底分配底變化等等。最後，消費底要求也影響生產。在各成員間生一種交互作用。每個有機的全體盡都如此。

三. 經濟學底方法

我們若以經濟學的立場來考察某一國家，先從牠的人口開始，然後按照人口的階級分化，城市鄉村及沿海底地位，各生產部門底操作來分析人口，末了我們研究這一國的輸出和輸入，按年的生產和消費，商品價格等等。從現實情形底實在的及具體的方面開始，例如在經濟學上，從全社會底生產活動底基礎和主體之人口開始，這似乎是正確的路線。可是仔細考察起來，這的確是錯誤的。例

《政治经济学批判》刘曼译本考
如我們拋開了構成人口之各階級，人口成了一個抽象。除非我們曉得各階級所根據的要素是些甚麼，例如工資，勞動，資本等，不則這些階級又不過是一句空話。這些要素再包括交換，分工，價格等。例如沒有工資勞動，價值，貨幣，價格等，資本便全無所指。因此，我們若從人口開始，我們是以混雜的全體概念開始，仔細分析起來，我們會漸漸達到一些次第單純的概念。所以我們必然從想像的具體進到逐漸不完的抽象，直到最單純的概念。這個概念一經達到，我們得進行我們的回路，直到最後必然回到人口為止，然而這時候，不是混雜的全體概念，而是有許多規定和關係底豐富的總體。前一方法是經濟學在其開端底歷史上已經採用過的方法。例如十七世紀底經濟學者常常從有生的全體即人口，民族，國家，幾個國家等開始，但是結果他們常依分析達到某些佔勢的及抽象的一般的關係，例為分工，貨幣，價值等。剛在這些分隔的要素已由抽象的理解而多少建立了這時候，便發生經濟學底體系，這些體系從勞動，分工，需要，交換價值這些單純的概念開始，而以國家，國際交換，世界市場終結。後一方法顯然是十足錯誤的方法。具體物所以是具體的，因為牠是有各種規定之許多對象底總合，即種種要素底統一。雖然具體物是現實的起點，而且是觀察和概念底起點，但在我們的思惟中，牠現得是總括底過程，現得是一個結果。由前一方法，完全的概念變成抽象的定義，由後一方法，抽象的定義變成理解中的具體物底再生產。所以黑格耳犯了將實體理解為自我綜合的，自我專注的，自我運用的思惟底結果這錯誤，而從抽象上昇為具體之方法，僅是一種思惟術(A Way of thinhing)，由此具體物把握在我們的腦裏，並再生產為一具體物。然而這決不是親自發生具體物之過程。最單純的經濟範疇，例如交換價值，含有人口底存在，即參加某些條件底下的生產之人口底存在，並包含一定樣式的家族，氏族或國家等底存在。交換價值除去有一已知具體和生存總體底抽象的偏面的關係之外，不能有其他存在。

然而作為一個範疇之交換價值，有洪水以前

的存在。而且因爲我們的哲學的意識是這樣規定的，卽認定人是現實的人，世界是現實的世界，所以這意識逐將範疇底運動誤解爲發生世界之現實的生產行爲（這種生產不幸地（？）僅從外界獲得牠的刺激）。這事情——我們在此不免又遇見一個同義反覆——僅當具體的全體是一個思惟上的全體時，僅當吾人思惟上的具體物事實上是思惟及認識底一個產物時爲然。然而這不是指觀察及想像以外或觀察及想像以上之自生的概念底產物，而是指觀察及想像底心靈的消費底產物。吾人腦中表現爲思惟上的全體之總體，是思惟的心靈底產物，這個思惟的心靈以唯一屬於牠的方法來把握世界，卽以與藝術的，宗敎的或實際的頭腦所使用之方法不同底方法來把握世界。實在的主體被把握之後，如前一樣繼續保持頭腦以外之獨立的存在，因爲頭腦僅思辯地和理論地瞑想實在的主體。所以在〔經濟學的〕理論的方法底使用上，主體或社會，必須常保持在吾人腦中作爲我們所出發之前題。

　　然則這些單純的範疇在比較具體的存在以前，沒有獨立的歷史的或自然的存在嗎？可以有，也可以沒有。例如在他的法律哲學（Philosophy of Law）上，赫格爾正當地從作爲各個人底最簡單的法律關係之佔有開始，但在家族或地主農奴關係——這個大部份是更具體的關係——開始存在之前，並沒有佔有這種東西。在他一方面，吾人得正當的說，家族和氏族僅佔有財產，但不曾保持財產。所以比較單純的範疇表現爲單純的家族團體或氏族團體對於財產之關係。在初期的社會中這個範疇表現爲發展的有機體底單純的關係，然而發生佔有關係之具體的基礎往往包括在內，我們得想像一個佔有財產之獨立的野蠻人，然而在這個塲合，佔有不是法律關係。所云家族是佔有底歷史的發展底結果，這是錯誤的。反之，佔有尋常包含這個"更具體的法律範疇"底存在。然而儘可以說，單純的範疇是諸關係底表現，在這些關係中，未發展的具體物可以實現，不曾參入依具體的範疇來表現於精神上之多面的關係或關聯；但在具體物達到充分的發展時，牠便保持作爲從屬關係之同一範疇。

貨幣在資本，銀行或工資勞動開始存在以前，就得存在於而且確實已經存在於歷史上。記着這個，我們便可以說，單純範疇得作爲未發展的全體底支配關係底表現，或較發展的全體底從屬的關係底表現，卽在全體朝着依具體範疇來表現之方向發展以前就有歷史的存在之諸關係底表現。在此限度中，從最單純升入最複雜之抽象的思惟底法則，適應現實的歷史過程。

在反一方面，我們可說有高度發展的而歷史地未熟的社會形態存在，在這裏，發現如合作及發達的分工等，最高的經濟形態，然而沒有貨幣存在例如祕魯。

在斯拉夫族的共產團體裏，貨幣及發生貨幣之交換，完全不或絕少表現於各個共產團體之內，但出現於這些共產團體邊境裏之其他共產團體底交易中。總之，認定交換是共產團體內部本源的構成要素，這是錯誤的。交換最初寧出現於各共產團體間之相互關係中，而非出現於同--共產團體內部底諸成員間之相互關係中。再則，雖在最古時代，貨幣就開始到處發生牠的作用，然而僅在古代偏面發展的國家即商業國家裏，貨幣方發生支配的要素底作用。甚至在最文明的古代中之希臘和羅馬，僅當崩壞時代，貨幣方達到構成近代資產階級社會底先決條件之充分發展。所以過去這個極單純的範疇，僅在社會底最發展的階段中，達到牠的頂點。就令在當時，貨幣尚未普及(?)一切經濟關係；例如羅馬，在極發展的時代，現物納稅和現物支付尚保留爲基礎。事實上貨幣制度僅完全發展於軍隊內；牠從未支配整個的勞動制度。

因此，單純的範疇，雖得歷史地存在於更具體的範疇以前，牠僅在複合的(?)社會形態中得達到牠的內部和外部的完全發展，然而比較具體的範疇，則是在發展較少的社會形態中達到牠的完全的發展。

勞動是一個極單純的範疇。在這樣意味的勞動概念與一般的勞動同，也是極古的。然而經濟學所簡略確定的勞動，極與已經發展這種單純的抽象之條件同，是一個近代的範疇。例如貨幣制度很客觀地確定財富爲貨幣中之一物（？）（註五）。等到工業主義或商業主義不從對象物來尋求財富底源泉，而從人底活動卽商業勞動及工業勞動來尋求財富底源泉這時候，這個對於貨幣制度底觀點是一大進步。然而就是這種活動，也僅認爲在貨幣的生產活動底限定性中。重農主義〔比這些主義更有進步〕，認定勞動底一定的形態卽農業是財富底起源，而財富本身不是貨幣底假裝，而是生產物一般，勞動底一般的結果。然而這個生產物，與活動底限定性適應，依然僅是一種自然的生產物。農業是生產的，土地是最優生產底源泉。直到亞丹斯密司拋棄財富生產的活動之一切規定性，並確定這種活動是勞動一般而非工業勞動，商業勞動，及農業勞動等等，這是一個驚人的進步。沿看財富創造的活動底一般性，於是我們又有規定爲財富之對象物底一般性，卽生產一般，或勞動一般，然而是過去具體化的勞動。從亞丹斯密司往往復歸於重農學派之這種轉移，顯然是如何的困難和重大。於今這個轉移好像是替從古以來的人類——不管在甚麼社會形態底下——相互參加為生產者之最單純的關係，簡便地發玥出抽象的表現。這個在某一方面是對的，在他一方面是不對的。

註五　原文有兩個字不能缺少，此二字似為"Ausser Sich"(本身以外)。考茨基。

對於特種勞動之漠視包括各種具體的勞動——其中沒有一種再是支配的勞動——底完全發展的總體底存在。所以最一般的抽象僅發生於有最高具體的發展之處，卽一形狀現得為多數所共通且現得與一切共通之處。在那時候，再不能把勞動看作在某一特殊形態中。在他一方面，勞動底這個抽象僅是各種勞動底具體的總體底結果。對於特殊種類勞動之漠視適應一社會形態，在這個社會形態中，各個人容易由這一種勞動移入他種勞動，而且這個社會形態使着個人不關心甚麼特殊種類的勞動得歸入他們的份裏。勞動在這裏不僅範疇地而且現實地變為創造財富一般之手段，而且再不與個人一同發展爲一特殊的規定。這個形態已在資產階級社會底最近代的存在，例如美國中，完成了牠的最高的發展。"勞動"，"勞動一般"，無報酬勞動等範疇底抽象，卽近代資產階級經濟學底起點，僅在這裏始實現爲實際的。因此，近代經濟學確立爲牠的起點之最單純的抽象，卽溯源於上古並通行於一切社會形態底下之最單純的抽象，在這個抽象中實際上僅實現爲最近代的社會底範疇，我們可說在美國表現爲歷史的產物之物——卽對於特種勞動之漠視——，例如在俄國則表現爲自然的素質。然而或則野蠻人有同樣得使用一切勞動之自然的素質，或則文明文是使用一切勞動，這事使一切發生天壤之別。此外，俄國人對於他們所從事的勞動底規定性之這種忽視，與他們存留在極一定的職業底慣習中之傳統的實踐相應，直到他們被外部的影響排出於這種慣習之外爲止。

不管這些最抽象的範疇對於一切時代之適合性如何，正因爲牠們的抽象性，所以勞動底這個例證明示這些最抽象的範疇是歷史的關係底產物，而且對於這些關係完全適應，並在這些關係之下。

資產階級社會是生產底最發展的及最多樣的歷史的組織。作爲資產階級社會本身的組織底理解，使着資產階級社會同時能够洞察已經沒落了的一切社會形態底組織及生產關係；資產階級社會建築在這些社會形態底廢墟和要素上，並繼續這些社會形態底未經克服的殘餘，而過去是單純的暗示之物於今已發展到完全的意味。人類底解剖是對於猿猴底解剖之關鍵。但是下等動物對高等動物之模倣，祇有已經知道高等動物之後方能懂得。資產階級經濟學給予古代經濟學以關鍵。然而那些混同一切歷史的差異且從一切社會形態來看資產階級形態之經濟學者底方法，完全不是這樣。一個人知悉了地租底性質以後方能理解貢稅，什一稅等等底性質，但是一定不可把牠們看做同一的。

而且既然資產階級社會僅是從各矛盾份子底發展所生產的一形態，那麼屬於以前的社會形態

之某些關係逐常常發現於這種社會裏，不過是在
殘廢的狀態中，或像是以前的本身底滑稽的改作，
例如共產團體的財產。所以既然我們可說資產階
級經濟學包有一切其他社會形態底真理，這個說
明是理解貼現（Cum Grano Salis）。資產階級
經濟學底諸範疇得包含一切其他社會形態在發展
的，萎縮的，或滑稽化的形態中，但往往在本質
上是差異的。所謂歷史的發展，在最後的分析中，
總括如次：即是，最後的形態是把牠的以前的諸形
態看作釀成牠自身之諸階段，並且往往是偏面地
解理那些以前的形態，因為最後的形態是很稀罕
的，而且僅在一定的條件底下方能自我批判。自
然，我們在這裏不是說對於牠們自己的同時代的
人表現為崩壞時代之歷史時代。一待耶穌教準備
作某種程度的或所謂自動的（Dynamei）自我批
判，牠便能幫助我們達到對於以前的神話底客觀
的認識。同樣資產階級社會底自我批判一開始，資
產階級經濟學便也隨着理解封建的，古代的，及東
方的社會。在資產階級經濟學尚未把資產階級體

系與過去的體系目爲純粹(?)同一之神話化時,牠
對於尙須攻擊的封建制度底批判像是耶穌教對於
異教徒底批判,或新教對於舊教底批判。

在經濟範疇底研究上, 與在任何歷史的及社
會的科學底研究上同, 必須牢記如次的事實: 卽
在現實中與在吾人腦裏同樣之主體——此處指近
代資產階級社會——是已知的;而經濟範疇所以
僅是這個主體底卽這個一定的社會底存在形態,
存在表現,且常常僅是個別的方面,所以成爲一門
科學之〔經濟學〕底起源,決不始於把經濟學視爲
一科學底時期。這個事情正待牢記,因爲這對於經
濟學分篇底問題,有一個直接的和重要的關係。

例如似乎沒有比從地租及土地所有權來開始
更自然的事,因爲牠與土地卽一切生產底源泉及
一切存在底源泉相結合,並與一切多少固定的社
會裏之最初的生產形態卽農業相結合。但是再沒
有比這個更謬誤的事。在一切社會形態底下,有某
一特定的生產勝過一切其他生產,所以牠的關係
支配一切其他關係底等級和影響。

　　一定的生產是普遍的光，一切其他色彩都由牠而着色，且都依牠的特殊性而轉移。牠是一的特殊的以太，牠決定表現於以太裏的一切存在底比重。

　　我們且舉游牧民族爲例（單純的漁獵部落還未達到現實的發展所起始的階段）。他們四散地操作農業底一定形態。土地所有權底性質從此被決定了。土地所有權共有，並依這些民族所固守的傳說底比例而或多或少地保持這種形態，例如斯拉夫人的土地所有權，在居住固定的農業民族中——居住固定的情形構成大的進步——農業是佔勢的產業，例如在古代社會及封建社會裏，就是手工業及其組織，與適應手工業之所有權底形態同，多少帶有土地所有權底通行制度底性質。當時的〔社會〕，或則如在古羅馬，是完全依靠農業，或則如在中世紀，牠在牠的城市關係中模倣鄉村裏佔勢的諸組織形態。就是資本——純粹的貨幣資本是例外——也在傳統的勞動工具底形態上，有中世紀的土地所有權底性質。

資產階級社會剛好相反。農業僅漸次成爲產業底一部門，而且完全依資本支配。地租也是如此。在土地所有權爲支配的形態之一切社會形態中，自然關係底影響是支配的影響。在資本爲支配的形態之一切社會形態中，支配的要素是歷史上依社會創造的要素。沒有資本便不能理解地租，沒有地租，也不能理解資本。資本是資產階級社會底一切佔勢的經濟力。牠必然形成起點和終點，而且必然發展在土地私有權存在以前。在兩者既被個別考察之後，必須分析牠們的相互關係。

按照經濟範疇居於歷史過程中底決定的要素之順序來排列經濟範疇，這必然是行不通的而且是錯誤的。牠們的順序寧依牠們在資產階級社會中的相互關係及與牠們的自然的順序或歷史發展的順序正相反對的關係而定。我們所討論的事情，不是經濟關係在不同的社會形態底歷史的繼續中所佔有之地位。我們也不討論僅是歷史行程底模糊(?)概念之"想像中"(蒲魯東）底序列。我們所要討論的是近代資產階級社會內部底有機的概念。

明白區分腓尼基人和加泰基人等古代商業民族之分界線（抽象的規定性），依持農業民族底優勢。作為商業資本或貨幣資本之資本，出現在資本還未成為社會底支配的要素之抽象裏。郎巴第人及猶太人，在中世紀農業民族中佔有同樣的地位。

關於在不同的社會階級中佔有不同的地位之同一範疇這事實底詳細說明，我們得述之如次：資產階級社會底最後的形態之一，即股份公司，首先也表現在大的特許獨佔的商業公司底形態中。

十七世紀的經濟學者底腦中所隱藏的並一部份為十八世紀的經濟學者所繼承的國家財富底概念如次：財富完全是國家生產的，但是國家底權威與財富成比例。財富宣告自身及其生產是近代國家底目的，而認定國家僅是財富生產底手段，這種說法仍然是一個無意識地欺騙的方法。

經濟學底程序顯然必是如次：第一，多少適於一切社會形態之一般的抽象的定義，但以上述的意味爲限。第二，形成資產階級社會底內部組織及諸主要階級底基礎之諸範疇；資本，工資勞動，土地所有權；牠們的相互關係，城市和鄉村；三大社會的階級；這些階級間底交換；流通；信用制度（私的）。第三，具有國家形態之資產階級社會底組織；關於資產階級社會自身底考察；"不生產的"階級；租稅；國債：公共信用；人口；殖民地；移民。第四，國際的生產組織；國際的分工；國際交換；輸入及輸出；匯兌市場。第五，世界市場及危機。

四．　生產，生產手段及生產條件。生產與分配底關係（註一）。國家形態及財產形態與生產關係及分配關係間之連絡。法律關係。家族關係。

註一、此處所用的分配（Verkehr）是指貨物底物質的分配，不是指不同的生產要素間之生產物底分佔底經濟的分配。——譯者。

關於這裏所應述及而不可遺忘的諸點之要註。(註二)

註二、下面八節裏馬克斯寫下的要註是非常零碎的，除非稍加削補，便有幾分不能翻譯，又因爲原文不近於書本格式，故 Stone 所用的語句與馬克斯用語略有不同。——重譯者。

1.戰爭在和平以前達到完全的發展；工資勞動，機器等底一定的經濟現象如何在較早的時期由於戰爭發展在軍隊內，而非發展在資產階級社會內部。生產力與交通手段間底關係，在軍隊內特別現得明白。

2.歷史記述底觀念法及現實法之關係；即完全是宗教史及國家史之所謂文化史。

關於這點，可以一述歷史記述上從來所採用的種種方法。所謂客觀的〔方法〕。主觀的記述法（道德的及其他）。哲學的記述法。

3.第二的及第三的。已經更移的或移植的生產條件；總之，即非原始的生產條件。此處〔待論〕國際關係底影響。

4.對於這種見解底唯物論之論駁。對於自然主義的唯物論之關係。

5.生產力（生產手段）及生產關係底概念底辯證法，即其限界尚待決定而未除棄具體的差異之辯證法。

6.例如物質的生產及藝術和生產底發展間之不等的關係。就一般言，進步底概念不是理解爲普通的抽象。就藝術等而言，理解這個不平衡，不如在實際的社會關係上，例如美國教育與歐洲教育間之關係上，那樣重要和困難。然而這裏所討論的眞正的困難點，就是作爲法律關係之生產關係底不平等的（?）發展這一點。例如羅馬民法（刑法及公法少是這樣）和近代生產間之關係。

7.發展底這個概念現得含有必然性。在他一方面是偶然底辯證。種種。（自由及其他點）。（交通手段底影響）。世　史不常在歷史上表現爲世界史底結果。

8.出發點 尚待在主 觀地及客觀 地體現於 氏族,種族等裏之自然底事實裏面尋找。

人都知道藝術底一定的最高發展期與社會底一般的發展不生直接的關係,更與物質的基礎及其組織底骨骼不生直接的關係。證明希臘人比較近代民族或卽莎氏比亞的近代民族之例證。關於藝術底某些形態例如咏古詩,我們承認關在那種藝術開始存在底時候, 決不能在劃分世界爲一時代之這種古典的形態中生產出來。換句話說,僅在藝術發展底低階段, 藝術領域內藝術底某些重要形態方是可能的。假如藝術領域內部各種藝術形態底相互關係是如此, 那麼毫無疑義整個的藝術對於社會底一般的發展之關係也是如此。困難僅伏在這些矛盾底一般的形態裏。這些矛盾經說明之後,也就彼明細記述了。我們且舉希臘藝術對於近代藝術之關係與沙氏比亞時代的藝術對於近代藝術之關係作例。這是盡人皆知的事實:希臘神話不僅是希臘藝術底武庫, 而且是希臘藝術所以發揚底基礎。在自動機器、鐵道，蒸汽機，電信底時代，自然觀及社會關係觀能够形成希臘人的想像及希臘藝術嗎？從何發生與洛柏茲公司對立之希臘火神，與避電針對立之希臘雷神，與摩比利再信託銀行對立之希臘商神呢？一切神話都在想像中，並依想像來制服，支配，形成自然力；所以剛在人類支配自然力底時候，神話就消滅了。Fame 女神隨同印刷街變成了甚麽呢？希臘藝術是希臘神話底前題，即是依民族的空想在一無意識的藝術方法中而創作自然及社會形態之前提。那就是希臘藝術的材料。然而旣不是亂舉的神話，也不是自然（此處所指的自然包含一切對象物以及社會）底無意識的藝術的創作。埃及的神話決不能是得發生希臘藝術之基礎或胚胎。然而不拘在甚麽事故中，必須有一神話。所以在排除對於自然之一切神話的關係以及神話化的關係之社會中，決不能形成希臘藝術的基礎。

　　從他一方面來看：希臘勇士能够與彈藥一同存在麽？歌謠，傳說及文藝女神不是必然隨印刷棒底出現而消滅嗎？咏古詩底必要條件不也會消滅嗎？

　　然而難點不在於瞭解希臘藝術及咏古詩是與某些社會的發展形態相結合這個觀念，寧在於理解爲甚麼牠們對於我們依然構成藝術的享樂底源泉，並在某些方面通用爲準則及不能達到的模範。

　　成人不能再變成兒童，即不能變成兒童氣的。然而他不是喜好兒童底純樸他不是必須在較高階段中努力去再生產兒童的眞純嗎？各時代底性質不是殘留着與兒童本性底特質完全相合嗎？在人類已經達到最美滿的發展之幼年期，爲甚麼不能保持永久的魔力成爲一永不再來的階段呢？有劣生的兒童及智慧早開的兒童。多數古代民族都屬於後一種。希臘人都是常態的兒童。他們的藝術所給予我們底魔力不與發生藝術之社會秩序底原始的性質衝觸。這種魔力寧是後者底結果。牠寧起因於未成熟的社會條件──藝術發生於這些條件底下，而且祇能出現在這些條件底下──永不能還元這事實。

后记

"马克思主义经典文献传播通考"丛书经过三年多的立项、写作、编辑，终于呈现在广大读者面前。

"十月革命一声炮响，给我们送来了马克思列宁主义。"从此，以李大钊为代表的中国先进分子选择了这一思想并积极推动马克思主义政党的建立。中国共产党成立后，坚定地把马克思主义作为指导思想和理论基础，推动着中国革命、建设和改革事业不断胜利，推动着中华民族复兴伟业不断前行。2018年是马克思诞辰200周年，2020年是《共产党宣言》第一个完整中译本出版100周年，2021年是中国共产党成立100周年。在这样的背景下，我们推出了"马克思主义经典文献传播通考"，就是要探寻马克思主义经典文献是如何传入中国的；在传播过程中，无数前辈付出了怎样的努力和牺牲；这些经典思想又怎样与中国实际相结合、与中国文化相融合，从而成为指导中国革命和建设的强大思想力量。

辽宁出版集团和辽宁人民出版社秉承出版理想，担当出版使命，以强烈的主题出版意识，承担了这一重大出版工程的编辑出版工作；积极组建工作团队，配备优秀编辑力量，为此项出版工程的顺利推进提供了多维度保障。

在出版项目实施过程中，杨金海、李惠斌、艾四林三位主编以高度的责任意识、严谨的治学态度、扎实的学术功底和深厚的专业素养，为丛书的研究方向、学术内容、逻辑结构、作者选择、书稿质量把关等贡献了大量的智慧，是这套丛书得以顺利出版的根本保证。王宪明、李成旺、姜海波三位副主编全力配合丛书主编工作，为丛书的编写付出了大量心血。特别是常务副主编姜海波全身心投入丛书的编写工作，从丛书所附影印底本资料的搜集，到书稿编写的整体协调和联络，都精心负责，其认真的工作精神和勤奋的工作态度，令我们感动。原中央编译局的领导和研究人员为本丛书的出版作出了积极贡献。原副局长张卫峰在选题立项、主编人选的推荐和丛书的设计上给予热心指导；中央编译出版社原社长和龚先生和我们一起全力推动丛书的出版，贡献了智慧和力量。清华大学马克思主义学院作为项目的主持方，为项目的平台建设和未来学术发展提供了强有力的支持。每本书的作者都殚精竭虑、勤奋写作，奉献了自己的学术和研究成果，成就了如此大规模丛书的出版。我国理论界和翻译界的著名专家陈先达教授、赵家祥教授、宋书声译审等对丛书的出版给予鼎力支持，为丛书的出版立项积极推荐，给我们以巨大鼓舞。我们出版行业的老领导柳斌杰对丛书的出版给予大力支持，提出许多宝贵建议，提升了其出版价值。辽宁出版集团专家委员会的许多成员对该丛书的出版给予了智力和业务上的支持帮助。作为丛书的出版方，我们向他们表示深深的谢意！

　　一项浩大出版工程的背后，必定有一批人的智慧付出和竭诚奉献。今天，当出版成果摆在读者面前之时，我们由衷地向每一位对本丛书问世作出贡献的人致以崇高的敬意和诚挚的谢意。由于我们水平有限，在编辑出版过程中难免出现疏漏，还望广大读者批评指正。

编　者

2019 年 7 月